A Concise History of
PORTUGAL

CAMBRIDGE CONCISE HISTORIES

(………ケンブリッジ版世界各国史………)

ポルトガルの歴史

David Birmingham

デビッド・バーミンガム

著

高田有現＋西川あゆみ

訳

創土社

ポルトガルの歴史

デビッド・バーミンガム 著
高田有現・西川あゆみ 訳

目次

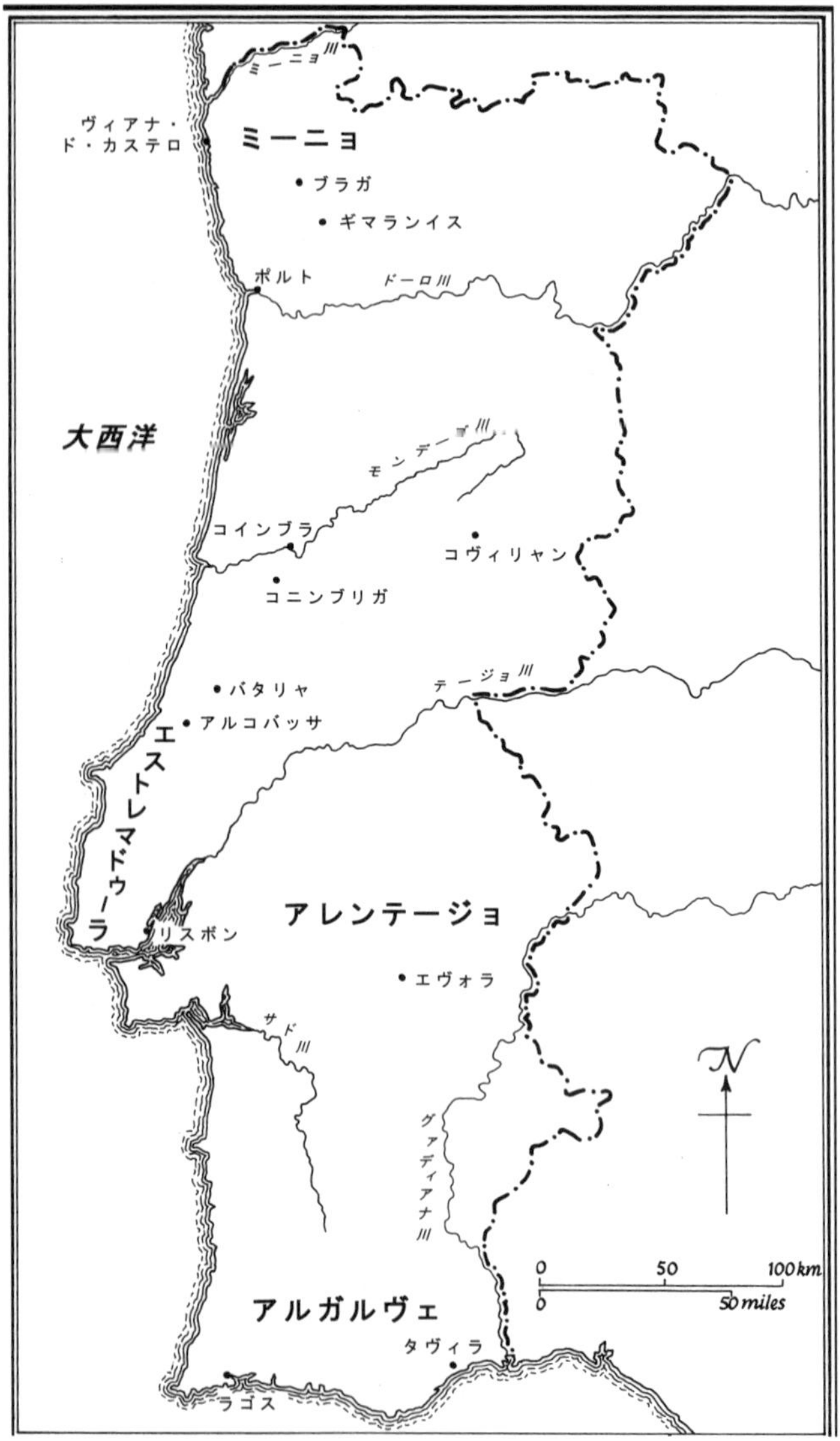

ミーニョ川
ヴィアナ・ド・カステロ
ミーニョ
ブラガ
ギマランイス
ポルト
ドーロ川
大西洋
モンデーゴ川
コインブラ
コヴィリャン
コニンブリガ
バタリャ
アルコバッサ
テージョ川
エストレマドゥーラ
アレンテージョ
リスボン
エヴォラ
サド川
グァディアナ川
0
50
100km
0
50 miles
アルガルヴェ
タヴィラ
ラゴス

地図1　　ポルトガル

序章

ポルトガルは、世界史上もっともうまく生き残ってきた国のひとつである。八〇〇年のあいだに人口が一〇〇万人から九〇〇〇万人へと緩やかに増加してきた小国でありながら、そのあいだに、政治的にも文化的にもヨーロッパのなかで自立した地位を獲得し、また、世界各地に植民地を建設し、入植者の活動と植民地貿易によって富を獲得した。ヨーロッパの他の小国と比較すると、偶然とはいえ、ポルトガルがいかにうまく独立を保ってきたかが見て取れる。カタロニアはポルトガルよりも豊かに繁栄していたが、ポルトガルが十七世紀にスペインの支配から逃れたのに対し、カタロニアはスペインから独立を勝ち取ることはできなかった。スコットランドはポルトガルとほぼ同等の国力をもち、両国ともイングランドを経済的な後ろ盾としていたが、十八世紀になってそのイングランドに政治的に吸収されたのはスコットランドのほうだけだった。その後も十九世紀には、ナポリやバイエルンといった中規模の王国が、拡大路線を走る強大な諸帝国による統一の波に呑み込まれたのに対して、ポルトガルは独立を維持したし、二十世紀には、ドイツやイタリアが二度の世界大戦を経験するあいだにアフリカの植民地を失ったのに対し、ポルトガルはアフリカの領地を維持することができた。また、アイルランドやデンマークのような他の農業国と違って、一九八〇年代になるまで、ECに加盟せず、ヨーロッパ経済圏の外にとどまっていた。

とはいえ、現代史におけるポルトガルは、単にしぶとく生き残ってきただけの国ではない。ヨーロッパの歴史が進むなかで、ポルトガルはさまざまな点で先駆者でもあった。中世には、ヨーロッパ西端の覇権をめぐり、ポルトガルのキリスト教徒がイギリスの傭兵の力を借りて、十三世紀までイスラム系ポルトガル人と激しい戦いを繰り広げた。ポルトガル人はヨーロッパで最初の「近代的」な国民国家を形成し、その国境は、アルガルヴェ地方のイスラム「西方王国」が倒れて以来、今日まで変わっていない。十四世紀、すなわち国民国家誕生から一世紀後には、大西洋の島々を海外植民地とする政策を他に先駆けて打ち出し、十六世紀には、ヨーロッパ諸国で初めてアジアへの航路を発見した。ポルトガルが胡椒帝国だった年月は決して長くはなかった。しかし、オランダとイギリスがその後を継いで巨大な貿易帝国を築く道を開いたのはポルトガルだったといってよい。アメリカ大陸でも、ブラジルにおけるポルトガル支配地は、後にアメリカ合衆国を形成する英領十三州よりも面積の点で勝っており、また、ブラジル高地で産出される金は、十八世紀にイギリスで起こった産業革命の火がヨーロッパ全土に燃え広がるための重要な燃料を供給することになった。

ポルトガルが先頭に立ったのは、これら海外進出事業だけではない。ヨーロッパにおける新しい社会秩序を模索する点でもポルトガルは先陣を切った。ポルトガルのリベラリズム（自由主義）は、行き過ぎたクレリカリズム（聖職権重視）から国を解放し、民主主義と人道主義への道を開こうとした。ポルトガルは、ヨーロッパの旧世界に属する国々のなかでフランス式の共和政治を採り入れた最初の国のひとつだった。

同時にまたポルトガルは、決して豊かとはいえない国土を統治するために、たいへんな努力を強いられた。十七世紀、自国の独立を守り大西洋の植民地を奪回するための海戦費用を捻出するために、国庫は常に無理な出費を迫られた。十八世紀になると、大規模な公共事業が行なわれるようになり、小さな農業国に見合う建築規模をはるかに超えた壮大な王宮が建設された。十九世紀になると、最終段階にあったアフリカとの奴隷貿易による利益と、アメリカ大陸に渡った多数の入植者から送られてくる現金によって、ポルトガルは優雅なビクトリアン・スタイルに身を包む洗練された中産階級を抱えるまでになった。ここで歴史家はいくつもの疑問を抱くことになる。これほど小さな国家が、何世紀にもわたって、どのようにして、これほど多くのことを成し遂げたのだろう。

近代以降、ポルトガルの歴史のなかで何度も繰り返し追求されてきたのは、経済の近代化である。独立当初から、つまり、スペインによる支配に抵抗して一六四〇年に反乱が勃発した時点から、ポルトガルは海軍の後援者イギリスと経済的に結ばれることになった。その結果、当然ながら、自分たちもイギリスのように発達した多様な経済活動を展開したいという野望を抱くことになる。ここにきて、未加工の原料を輸出して加工された製品を買うという「低開発」国の落し穴から抜け出すことが第一の目標となった。産業革命を起こそうという試みが、それぞれ異なる世紀に四度にわたって行なわれたが、成果はまちまちだった。十七世紀、独立戦争が終わると、毛織物工業の発達を背景として、市民と地主貴族とのあいだで激しい争いが展開された。結局は地主が勝利を収め、市民たちの関心はブラジルという新たなチャンスに満ちた土地へと向かうようになった。十八世紀末、ブラジルの金産出量が低下すると、ようやく再び工業化がポルトガル政府の優先事項となる。だが製造業は、上質のワインを輸出するのに比べて外貨獲得の手段としてはあまりに弱かったため、ブラジルの鉱山が衰退して以後、ポルトガルではワインがほぼ唯一の産物となった。十九世紀後半、ワイン貿易が落ち込み、他国の競争相手がこの分野でポルトガルと肩を並べるようになると、製造業を改革し新たな主要産業を育成しようとする三度めの試みが始まった。機械化された産業の発生は都市労働者を生み出した。彼らは政治的に新しい役割を担い、一九一〇年の共和制施行を促す力となった。しかし、一九三〇年の世界恐慌や、さらには、農夫のつましさを美化し、極度に特権的な寡頭政治を守った長年にわたる前時代的な独裁政権によって、景気低迷の時代が訪れる。ポルトガルが産業面でやっと四度めの飛躍的発展を見せたのは、一九六〇年代に入ってからのことであった。この時期、世界の多国籍企業が、高賃金で組合の強い伝統的な工業地帯から工場を移転するために、よく訓練された低賃金の労働市場を求めていた。そうした流れにともなって起こった労働力の世界的な分散によって、ポルトガルはかなりの恩恵を受けたのである。同じ時期、ポルトガル国内の事業家たちも、遅まきながら、アフリカの植民地を活用し、ポルトガル本国とヨーロッパ諸国との地理的な近接性を利用して、繊維、プラスチック、造船、軽工業などの産業を発達させるようになる。一九八六年、ポルトガルがようやくヨーロッパ共同体（ＥＣ）に加盟した時点では、経済的な近代化へ向けて四度めの試みが順調に進行している最中だった。

ポルトガル近代の歴史をいくつかに分けるとすれば、何通りもの時代区分が考えられる。十七世紀は本質的にナショナリズムの時代だった。スペインからの独立は、近代初期に国家的アイデンティティーをかけた大規模な戦いが相次いで起こるヨーロッパの片隅で、一六四〇年から三十年ほどのあいだ間欠的な戦いを繰り返した後、一六六八年に正式に承認された。だが、ナショナリズムには、それに賛同する同盟国の認知と支援が必要であり、それを得るためにはかなりの見返りが必要となる。ポルトガルの強みはブラガンサ家の王女カタリーナであった。彼女は、当時イングランドよりも格上であったフランス王家との婚姻がまとまらず、結局、莫大な持参金を携えてイギリスに嫁いだのだった。とはいえ、王室間の縁戚関係だけで国家の存続やイギリス海軍の継続的な協力が保証されるわけではない。一七〇三年、十四世紀のワインと毛織物の取引に端を発する英葡同盟を再度強化する形で、かの有名な――悪名高いと言うべきかもしれない――条約がジョン・メシュエンによって調印された。この「メシュエン条約」は、たしかにポルトガルを英国の「新植民地主義」による従属国の立場に置きはしたが、実際にはそれほど不平等なものではなく、それなりの犠牲を強いられたとはいえ、ポルトガルが十七世紀に勝ち取ったナショナリズムを永続的に保証する力となった。

十八世紀の歴史を画する出来事は、一七五五年のリスボン大地震である。これはヨーロッパ文化圏の人々の記憶に刻まれることとなったポルトガル史上唯一の出来事といえるかもしれない。しかし一方で、十八世紀は、教会、王室、貴族が互いに競い合うようにして、ブラジル産の金で飾りたてた礼拝堂や宮殿を建築するといった華々しい勢力誇示の時代でもあった。当時、ブラガンサ家は世界一裕福な一族であると見なされていた。サン・ロッケ教会の付属礼拝堂のひとつは非常に高価な大理石を使ってローマで建てられ、教皇が祝福を与えた後に解体され、リスボンに運ばれて再び一片ずつ組み立てられたのだという。マフラの巨大な宮廷修道院は壮大なスペイン様式で建てられ、また、リスボンの水道橋は二〇〇フィート近くの高さをもつローマ式石柱に支えられて市街に水を供給した。だが、そうした富の象徴も地震のあとには姿を消し、ポルトガルはその運命を、十八世紀最大の啓蒙的独裁者のひとりポンバル侯爵に委ねることになる。ロンドンとウィーンで長年にわたり外交手腕を磨いたポンバルは、国の近代化に力を注ぎ、ユダヤ人を教会の迫害から解放し、植民地外での奴隷制度を廃止し、さらに、貴族階級の権力制限、ブルジョアジー隆盛の促進、対英ワイン貿易の利潤拡大、行政と経済の体制再編といった改革を断行した。

十八世紀は二つの段階を経て終わりを迎える。第一の段階はナポレオン軍のポルトガル侵攻によって始まった。王家は大勢の家臣を伴って、大西洋の向こうの豊かな領地リオデジャネイロへと逃れた。ウェリントン率いる軍隊が即座に進出して、ナポレオン軍を駆逐した。これによって、十九世紀に芽生えた新たな革命思想とポルトガルとの出会いは十年間遅れることになり、その結果、ポルトガル革命の成立は一八二〇年に持ち越されることになる。時期的に遅れはしたものの、ポルトガルの革命は激しい動きを見せた。先に起こったフランス革命と同様、ポルトガルでも、革命は、立憲制に向けての急進的な動き、反動による鎮圧、内戦、民衆の蜂起と市街地テロといった段階を踏んで進行したのである。革命の成功により、一八五一年には、ポルトガルは大きな変貌を遂げていた。十八世紀の旧ブルジョアジーは新興貴族となり、国家の指導者たちは修道院を解散させ、教会の土地を分配し、王家の財産を売却し、新たに貴族の称号を設けた。財産によって参加が厳しく制限されてはいたものの、庶民を代表する「下院」が設置され、それに貴族を代表する上院を合わせた二院からなる議会システムが誕生した。三十年にわたる動乱の革命期が終わり、新たに爵位を得た新興貴族たちは、その後、半世紀にわたり、固定化し安定した政治体制をつくりあげていく。

ポルトガルの「ビクトリア時代」は、さまざまな点で英国サクス・コバーク家の支配を受けていた。ポルトガル女王マリア二世の夫、ザクセンのフェルディナンドとその息子たちがポルトガルにおける芸術のパトロンとなり、また、リスボン植物園は、当時の有名なベデカーの旅行案内書でヨーロッパ一と絶賛された。上流の人々は競って高価な衣装を身にまとい、マリア二世歌劇場に集った。リスボンはパリと同時期に鉄道時代の投機熱に湧き、市内には有名なエッフェルの技術指導のもとでケーブルカーや市電網、公共エレベーターが整備されるなど、活発な公共事業によって政府の役割は拡大していった。この時代、唯一の経済的逆風は一八七〇年と一八九〇年に起こったワイン価格の急落だった。しかし政府は、過去の帝国主義に立ち戻ることでそうした損失を処理しようとした。三番めの帝国を今度はアジアでもアメリカ大陸でもなくアフリカにつくろうとする試みは、ポルトガルの投機家たちが用心深く投資を手控えたのと、競合するイギリスの帝国主義者たちが中央アフリカに野心を抱いていたことにより一時的に中断した。だが、植民地への投機的事業に民衆の国家意識が集中するようになると、この状況は一変し、植民地征服は民衆のあいだに英雄を生み出すようになった。その後、これらの植民地を失うことで、長く安定したポルトガルのビクトリア時代は終わりを告げることになる。

ビクトリア時代のリベラリズムは、三つの段階を経て終焉を迎える。第一の段階は、一八九〇年、ポルトガルがアフリカで英国と衝突を起こし、イギリスの植民地政治家セシル・ローズの要求に屈する形でモザンビークのザンベジにおける中核地域の支配権を放棄せざるを得なくなったことに始まる。国の威信を失墜させるこの事件によって、政府は信頼を失い、王室は国民の不興を買った。その後二〇年たらずで、一九一〇年、民主派と無政府主義者を合わせたポルトガルの共和主義者が君主制を打倒し、自由主義共和国を宣言する。だが、共和制になっても、依然として植民地から富を得ることはできず、また、英国から自立するための外交政策を展開することも、新興プロレタリアートや中産階級の下層に位置する人々の正当な要求を満足させることもできないという点では、ブルジョア君主制となにひとつ変わるところはなかった。共和制もまた打倒されたが、今度は軍の上級幹部からなる右翼的なカトリック教徒によるものだった。この一九二六年の政変は、ポルトガルの近代史における四つめの、そしてまた最後の段階への入口だった。十七世紀の重商主義、十八世紀の絶対王政、十九世紀の自由主義君主制を経て、二十世紀は独裁的な反動政治の時代になったのである。

一九二六年、軍部はクーデターを成功させた。しかし新政権は組織内の意思統一をはかることができず、二年と経たぬうちに、コインブラ大学の金融法教授で筋金入りのカトリック信者であるサラザールに権力を預けた。サラザールは、国政に関して独裁的な自由裁量権を手にするかわりに、財政の安定と軍の社会的地位の保全を約束した。ヨーロッパにおけるファシズムの初期に生まれたこの不自然な同盟関係により、ポルトガルに厳しい経済不況と、独裁的な警察国家、二極化した階層社会を生み出すことになる。四〇年にわたる厳しいマネタリズム療法の後、ようやく一九六〇年代に経済自由化の兆しが見えはじめた。それでも、人々が民主主義を取り戻すのは、さらにその一〇年後、一九七四年から七五年にかけて短期間のうちに成功を収めた革命の後であった。ポルトガルがヨーロッパ共同体に迎え入れられたのは、その後のことである。

ポルトガル史の全体像を眺める場合には、他国の動向から切り離された伝統主義的な農村部と、世界史の展開に緊密に組み込まれた都市リスボンの両方を見ていかなくてはならない。かつてアフリカ、ヨーロッパ、ラテン・アメリカを結ぶ三角形の頂点に立っていたポルトガルは、その時々の最大のパートナーと劇的な出会いと別れを繰り返すことによって自律性を保ってきた。一六四〇年にスペインと決裂、一八二二年にブラジル、一八九〇年にイギリス、そして一九七四年にはアフリカとの関係を絶った。ポルトガルは実に多くの点で歴史から切り離されてきた。フランス革命からは、皮肉にもイギリス占領軍によって、およそ三〇年のあいだ、ほぼ完全に隔離されていた。十九世紀の産業革命期には、リベラル・エリートがどれほど経済の産業化を進めようとしても、本格的な改革はついに果たせなかった。なかでも特に目を引くのは、第二次大戦後の世界的な変化からも取り残され、一九六〇年代にいたるまで英国のエドワード時代（英国エドワード七世の時代。一九〇一〜一〇年）さながらの保守的な価値観が浸透したままであったという点である。

ポルトガルは、とりわけ農村地域が政治的・社会的に孤立していたのだが、リスボンやポルトだけはヨーロッパの発展に歩調を合わせてきた。たしかにスペインとの対立があり、愛国的な歴史書ではそれをことさら誇張する傾向はあるが、スペインでの政変に伴う新たな政治的イデオロギーは、その都度すみやかにポルトガルの首都にも伝わり、そのおかげで、隣接する二国間の比較歴史学は従来認識されていた以上に多くの成果をあげている。ヨーロッパの両端に位置するポルトガルとスコットランドのあいだにも、十八世紀には明らかな相似が見られる。両国とも漁師と羊飼いと農夫の国で、イングランドの経済的影響下にあった。両国とも大勢の移民が集団でアメリカに渡ったが、彼らにとっては、それが貧困を脱する唯一残された手段だったのである。両国とも自国の農産物をイングランドの上流階級向けの高品質アルコールに加工することで価値を付加するという方法を見いだした。つまり、ウィスキーとポートワインである。それ以後になると、両国に共通した点は見られなくなり、ポルトガルはスコットランドよりもアイルランドと似通った点が多くなってくる。どちらもカトリック系の農民社会で、近隣の工業国に経済的に従属しながらも政治的な統合は免れてきた。また、大規模な産業を興すだけの鉱山やエネルギー資源をもたず、黒人奴隷貿易廃止後の新大陸で、白人移民労働者の大きな供給源となった。どちらの国民もアメリカ大陸に文化的な足跡を深く残している。

ポルトガル文化の独自性は内外のすぐれた研究者や学者を惹きつけてきた。ポルトガル語で書かれた初期の文献としては、十六世紀のカモンイスによる帝国叙事詩、十七世紀のアントニオ・ヴィエイラの説教集、エリセイラ伯の政治経済学に関する論文などが挙げられる。十八世紀は、文学よりむしろ美術と建築の分野に注目が集まっている。この黄金時代には、いくつかの素晴しい図書館がつくられている。十九世紀には、歴史家で活動家のオリベイラ・マルティンス、才気あふれる風刺作家エサ・デ・ケイロスといった傑出した「七〇年の世代」が活躍した。二十世紀には、特にすぐれた王室歴史家チャールズ・ボクサーの著作によってポルトガルに世界の注目が集まった。経済史におけるボクサーの同時代人にマガリャンイス・ゴディーニョがおり、その傑作の大半は亡命先のフランスで書かれた。もう一人の著名な亡命者オリヴェイラ・マルケスは、合衆国からの帰国とともに伝記研究の新しい方向性を唱えた。第三の歴史革新者ボルゲス・ド・マセドは十八世紀研究に新しい地盤を切り開いた。一九七四年から七五年の革命後、ポルトガルの歴史家は、特に社会史・産業史の分野で学問上の新しい流れに追いつくことができた。イギリスの学問の伝統がジョゼ・クティレイロ、ヴァスコ・プリド・ヴァレンテ、ジル・ディアス、ジャイメ・レイスらの研究に影響を与えた。帝国の役割は、アメリカのジョゼフ・C・ミラー、イギリスのW・G・クラランス＝スミスによって根本から偏見なく再評価された。一方、ポルトガル人の知識欲は、ヘルマーノ・サライヴァが編纂した六巻からなる豪華絵入り歴史シリーズの登場により、ある程度は満たされた。ポルトガルは、その豊かな歴史にふさわしい学問の伝統を手にしたのである。

第一章

民族、文化、植民地

この時代の主な出来事

19　B.C.	ローマのイベリア半島支配完了
409 A.D.	ゲルマン人（西ゴート族）が半島に侵入
711	イスラム教徒のイベリア半島侵入――西ゴート王国滅亡
1096	エンリケ・デ・ボルゴーニャがポルトゥカーレ伯となる
1128	アフォンソ・エンリケスがポルトゥカーレ伯となる
1131	エンリケスがコンブラに遷都
1139	エンリケスがポルトガル王を自称
1143	カスティリャ＝レオン王アフォンソ７世がエンリケス（アフォンソ１世）をポルトガル王として承認――ポルトガル王国の誕生。ボルゴーニャ王朝の成立
1153	アルコバッサ修道院（シトー派）の創設
1179	ローマ教皇がポルトガル王国を承認
1249	アフォンソ３世、ポルトガル王国のレコンキスタを完了
1255	リスボン遷都
1290	コインブラ大学創立
1348	ポルトガルにペスト蔓延
1369	対カスティリャ戦争（～82）
1383	ドン・ジョアンを支持する民衆暴動が発生――「1383～85革命」
1385	コルテスがジョアン１世を国王に選任――アヴィス王朝の成立
1386	英国とウィンザー条約を締結
1411	カスティリャと和平条約締結
1415	北アフリカのセウタを攻略――ポルトガル大航海時代の始まり
1420	エンリケ航海王子がキリスト騎士団長に就任
1425	マデイラ諸島への植民が始まる
1427	アソレス諸島の発見と植民の開始
1439	ペドロがアフォンソ５世の摂政に就任
1441	アフリカから最初の奴隷
1444	カボ・ヴェルデ諸島の発見
1482	ギネにサン・ジョルジュ・ダ・ミナ商館を設立
1488	バルトロメウ・ディアスが喜望峰の迂回に成功
1496	マヌエル１世の改宗令――ユダヤ教徒をキリスト教に強制改宗
1498	ヴァスコ・ダ・ガマ、海路でインドに到達
1500	カブラル、ブラジルに到達
1510	ゴアを征服――ポルトガル領インドの首都に

1532	ブラジルへの移民が始まる
1536	異端審問所の設立
1540	ジョアン３世によりイエズス会がポルトガルに入る
1543	ポルトガル人が日本の種子島に漂着
1549	フランシスコ・ザビエルが鹿児島に到着
1557	マカオが中国よりポルトガルに譲渡される
1559	イエズス会がエヴォラ大学を設立
1578	アルカセル・キビールの戦い——セバスティアン王が戦死
1580	スペインがポルトガルを併合——フェリペ２世がポルトガル王フィリペ１世として即位を宣言（翌年承認） 1600年あたりからオランダやイギリスに植民地を次々と奪われるようになる
1637	エヴォラでフィリペ３世の増税政策に反対する民衆が反カステリャ暴動を起こす

ポルトガルの起源　近代ポルトガルの成立は、一六四〇年の革命とそれに続くスペインとの「二八年戦争」がその幕開けとなった。しかし、ポルトガル人の起源は、この近代国家よりもはるかに古く、その歴史は長く豊かである。実際、中世のポルトガルに成立した王国は、現在まで生き残っているものとしてはヨーロッパ最古の国家であると考える歴史家もいる。ポルトガル社会の文化的な起源は、中世の王国よりもいっそう古い。石器時代、イベリア半島西部では移住生活が営まれており、繁栄した部族はなかったが、指導者の死に際して相応の規模の巨石墓を残した。新石器時代には、家畜あるいは半家畜として動物を飼育し、穀物を栽培する試みが始まった。またこの時期、海で魚を捕る技術が発達し、その後のポルトガル人の食生活を支える安定した栄養源となり、経済を支える要素にもなった。ポルトガルの美術は、宝石を数珠状に繋いだ装飾品や骨彫に始まり、後には、陶製の装飾品がつくられるようになった。この装飾陶器の技術は、形を変えて現在まで継承され

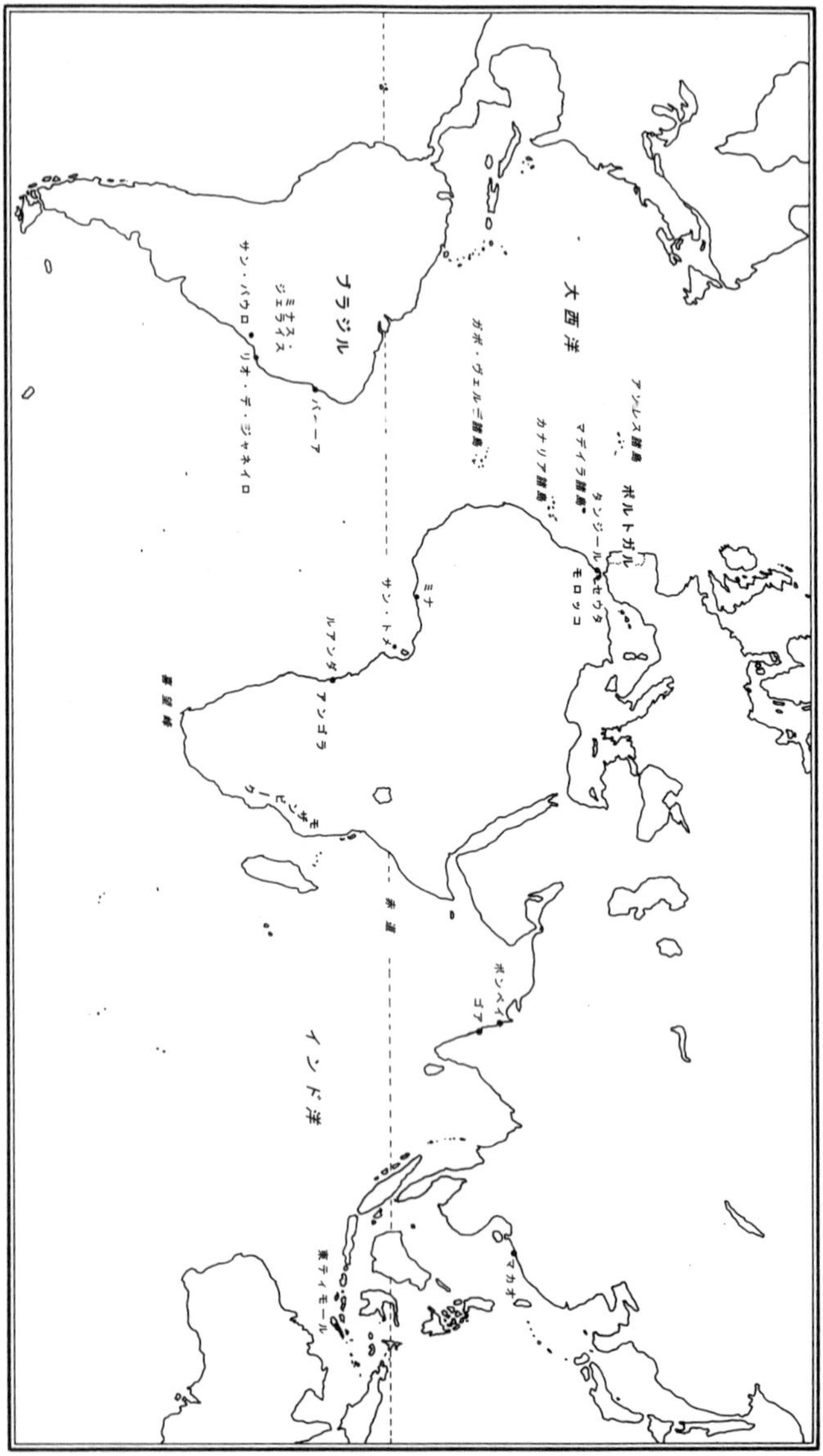

地図2　ポルトガルの海外拠点

ている。北と東の境界が比較的解放されていたため、移住者が自由に出入りし、その度ごとに、銅細工、青銅の鋳造、鉄器の製造法といった新しい技術が持ち込まれ、金細工の発達とともに贅沢な宝飾品がつくられるようになった。それ以来、国の内外を問わず金を探索することが、ポルトガル史を貫く一本の細い縦糸となった。

鉄器時代のポルトガル文化は、地中海沿岸地域やアフリカなど、ヨーロッパの外部から渡来した民族や文化によって着実に豊かさを増していった。ブルターニュ人やウェールズ人と言語学的につながりの深い古代ケルト人が、農耕牧畜と定住の場を求め、陸路を通って渡来した。ポルトガル北部の家族構成や集落の組織にはケルトの影響が見られる。芸術の面でもケルト人は重要な影響を与えた。バグパイプを中心としたケルト音楽の伝統は永く後代まで伝えられた。沿岸地域に影響を与えたのは、レヴァント地方のフェニキア人の都市から入植した海上商人だった。ポルトガルの鉱山は、英国コーンウォールの鉱山と同様、地中海世界の「諸文明」を潤した。フェニキアの海上商人に続いて、ギリシャ人やカルタゴ人もポルトガル大西洋岸の港や海岸に足跡を残した。遠方からの商人たちによって造船技術が伝えられ、また、地元産のビールに加えて壷入りの輸入ワインが好まれるようになった。しかし、古代ポルトガルにおける最大の入植者はローマ人であった。彼らは内陸と沿岸部の両方に植民地を建設したのである。

ローマの支配

イベリア半島を支配していたカルタゴを紀元前二〇一年の第二次ポエニ戦争で打ち破ったローマ人は、紀元前二世紀に入り、ポルトガル人の前身であるルシタニア人征服に向けてイベリア半島西部へ侵入を始める。一〇〇年以上におよび多くの犠牲を強いられる戦いを続けた後、古代ローマ共和国は、ポルトガル中部の高地に展開していた抵抗勢力を制圧するためユリウス・カエサルを派遣した。カエサルは一万五〇〇〇人の兵を引き連れ、山岳地帯を越えて大西洋に到達し、さらに北進してドーロ渓谷に至る地域を制圧した。彼は、「ポルトガル」が十分に豊かで、戦費を提供したローマの債権者たちを満足させるに足る戦利品が手に入ることに気づく。この四〇年後の紀元前一九年、ローマ軍はイベリア半島北西部に血みどろの「和平」を成立させた。これ以後、四世紀にわたる知的・経済的ローマ化によってルシタニア人の生活は徐々に変容していく。リスボンの巨大な港と肥沃な北部は軍用路で結ばれた。ローマ人が建設したこの街道は、二〇〇〇年後に鉄道の時代が到来するまで手を加えることなく使われた。大きな川には石の橋がかけられたが、その工学技術は今日もなお使用に耐えうる公共建造物を生み出すほど優れたものであった。さらに見事な建築美を見せているのは、乾燥した南部の平野に水を供給するアーチ型の水道橋である。国の中央部では、後の中世都市コインブラにほど近い場所で、ローマ人の都市コニンブリガが繁栄をきわめた。

ローマ人の植民は、イタリア半島からの移住者の他に、務めを終えた退役徴集兵も交えて長期にわたり精力的に行なわれたため、民衆の言語はしだいにラテン化していった。同様に各都市でローマ型の法と政治が採り入れられ、都市はそれぞれ独自に財政と司法に関する権限と責任を手にした。こうして、法と政治のシステムは以前よりも複雑に体系化され、現在にまで引き継がれている。グアディアナ川沿いのメルトラのような主要都市では、独自の硬貨が鋳造された。要するに、自治都市の政治がポルトガル全体の政治体制の要となったのである。これは、ローマによる古代世界の支配が終わった千年後にポルトガルが植民地の建設を始めた際に世界中で採用した支配形態でもあった。都市部以外では、ローマ人の荘園が、後に「ラティフンディオ」と呼ばれるようになる広大な私有地の中心をなした。南部平野には、時には一万エーカーを超える広さをもったローマ人の所有地が点在し、従属民や売買された奴隷がオリーブやブドウ、小麦、ライ麦、イチジク、チェリーといった農作物の生産に従事した。穀物や家畜に加え、タグス川沿いのいくつかの荘園は、貴重なルシタニアン種の馬の飼育で知られていた。富裕な荘園主はパティオに美しいモザイクを施し、浴室を備えた豪華な客室をつくり、葬儀用に専用の会堂を建てた。だがその一方で、使用人や妾たちは、ソラマメのスープや粟の粥を常食としていた。

古代ポルトガルの産業は、ローマ文明が生み出す需要と結び付いていた。建築用の石材や道路舗装用の敷き石、碑文を刻むきめ細かな石を供給するための採石場が開かれ、建築物を美しく仕上げるために使われる大理石も採掘された。また露天掘りの鉱山も開かれ、北部では金と鉛が、南部では銅と鉄が採掘された。鉱山はいずれも公有で、厳重な監督のもとで契約者によって採掘作業が行なわれた。夜間に鉱石を運び出すところを見つかると、密輸と脱税を防ぐ意味で例外なく重い罰金が課せられた。労働力を構成するのはもっぱら奴隷であり、ポルトガルでは十八世紀までそうした生産方式が続けられた。南部の沿岸地域およびサド川河口付近では、魚の保存加工が主要産業となっていた。フェニキア人が調味料として開発したポルトガルのツナ・ペーストは古代アテネで珍重され、ローマ時代には「アルガルヴェ」の主要な輸出品となった。魚の保存処理に必要な大量の塩は、ポルトガル沿岸部一帯で採取された。魚の乾燥処理は、陶器や織物同様、現代に至るまでポルトガル経済に根をおろすローマ時代の産業のひとつである。だが、ローマの遺産のうちもっとも長く生きつづけたのは、墓碑彫刻や大理石像、モザイクの舗道といった芸術的伝統であり、これらは応用と模倣を繰り返し、中世を越えて生き残った。

ゲルマン人の侵入

ローマ帝国に大きな変化をもたらしたゲルマン人の侵入は、他の諸地域と同様、ポルトガルにも影響を与えた。ポルトガル北部に入り込んだゲルマン人は、ローマ化したルシタニア人の居住地に隣接した土地で平和に定住を始めた。ゲルマン人は、たとえば通貨制度を模倣するなど、さまざまな点でローマの伝統に従おうとした。移住したゲルマン人の一部は、五世紀になると、ブラガを首都とする王国を建てた。このブラガ王国はビザンティン帝国を国際的な後ろ盾としていたが、その独立もビザンティンとの同盟関係も、イベリア半島で大きな勢力を誇ったゲルマン人の王国、つまり西ゴート王国への併合に抵抗できるほど強力なものではなかった。ゴート族のポルトガル支配は七世紀いっぱい続いたが、法律、文化、経済への影響は弱く、きらびやかに飾られた首都は遠くスペインのトレドに置かれていた。ポルトガルのゲルマン時代は、先行する高度なローマ文化が支配した五〇〇年間と、その後の高度なイスラム文化に支配された五〇〇年との幕間に位置する間奏曲であると見る歴史家が多い。とはいえ、ゲルマンの遺産のうち現在まで生きつづけているものもある。たとえば、強化されたキリスト教がそのひとつである。地中海世界に生まれたこの新たな宗教は、ローマ時代後期にはすでにポルトガルに広まりつつあったが、ゲルマンの君主たちは、それをさらに推し進めたのだった。ブラガはポルトガル最高位の司教座となり、他方、トレドはスペイン教会の大司教座となった。イベリア半島のキリスト教は、その後五〇〇年におよぶイスラム教徒の支配にも耐えて生き残った。

イスラムの支配

ポルトガルのイスラム化は、イスラム暦の一世紀後半に始まった。西暦七一〇年から七三二年にかけて、北アフリカから渡ったアラブ人の軍隊は、ベルベル人の非戦闘従軍者とともにイベリア半島を縦断し、フランスに侵入した。アラブの襲来にともない、地中海文明は新たな開花期を迎える。首都となったコルドバは、林立する大理石の柱のあいだに空高くそびえる巨大なモスクがグァダルキヴィール川にかかる古いローマの橋をあたかも支配者のごとく見下ろす裕福な大都市であった。イスラム化はコルドバから西へと広がり、ポルトガル人の大多数を改宗させる結果となった。ローマ時代の神殿は新しいモスクに改装されたり建て替えられたりした。強固な信仰をもつ少数派のキリスト教徒やユダヤ教徒も容認されはしたが、イスラム教は民衆の宗教となっていった。唯一、ゲルマンの影響がもっとも濃かった最北部だけはイスラムの浸透を抑えることができた。これは、教会を長とするキリスト教の諸地域が、コルドバの帝国に抗してもちこたえたためである。それ以外の地域では、野心的な若者たちが、西の故郷を離れて巨大なイスラム都市で役人や商人として成功することを夢見て東へと向かった。年をとると、彼らは多くの思い出とともに故郷に帰り、かぼちゃを育て、アラビア語の韻律にのせて田園詩を書いた。移住するという伝統と、生まれ育った土地の牧歌的な美しさを懐かしむという伝統は、九世紀のポルトガルにすでに根付いていた。これは、インドから故郷を思うポルトガル人の詩をカモンイスが書くよりも、さらに五〇〇年も前のことである。

イスラム文化の遺産

イスラム系の学者は、科学と学問の面でポルトガルの文化に極めて大きく貢献した。彼らの努力により、古代ギリシャの哲学者や数学者がアラビア語訳を通じて再発見された。また、天体観測儀と羅針盤の導入によって外洋航海が可能となり、地図や天体図の作成も容易になった。静かな地中海よりもむしろ外海のインド洋に合わせて発達してきたイスラムの造船技術は、ポルトガルに移植され、大西洋の航海に適した形で応用された。アラビア語の専門用語は、造船術のみならず国内の建築物にも採り入れられた。レンガによる舗装、有蓋煙突、タイル張りの壁といったものは、この時代以降、ポルトガルの家屋の変わらぬ特徴となっている。イスラムのタイルは幾何学模様であったが、後代になると、キリスト教徒がタイルを用いて武勇伝や日常の風景を描いた大きく複雑な壁画をつくるようになった。ポルトガル内のイスラム教圏となった地域でも常用語はラテン語のままであったが、植物や道具、度量衡、馬車や馬具などに関する専門的な用語はアラビア語から借用された。イスラム文化から経済の面でもっとも大きな影響を受けたのは農業だった。巨大な水車が造られ、水が川から農地へ引き上げられるようになり、灌漑が発達した。多大な労働力を要する粉砕器に代わって、製粉の機械化が広がった。イスラム時代のリスボンは公衆浴場とすぐれた衛生施設を備え、社交界はもっぱら音楽とダンスと華麗な衣装比べに終始した。ポルトガルがイスラム教による統治からキリスト教による統治へと代わった後も、しばらくのあいだ、大きな国家行事では「ムーア人」の舞踏家が招待されて踊りを披露するという習慣が続いていた。

イスラム時代の名残はリスボンのアルファマ地区に息づく民俗音楽のなかに今なお探ることができよう。曲がりくねったイスラム時代の裏通りは、一一四七年にイングランド十字軍が制圧を果たした当時の姿を今もなお留めている。

ポルトガルのレコンキスタ　ポルトガルにおける宗教戦争は、ヨーロッパで十字軍運動が起こり、傭兵たちが海を渡って聖地にやってくるよりもはるか以前に始まっていた。イベリア半島北部の山間部には、イスラム時代のほぼ全体を通じてキリスト教徒の小国家が存続していた。十一世紀になると、これら北部の民はイスラム教圏の懐深く侵入し、ポルトガルのブラガを越えてスペインのトレドに達した。同じころアフリカからは、新興のアルモラビド王朝が、イスラム圏のイベリアに進出すべく強力な軍勢を送り込んできた。諸外国に支援を求めるキリスト教徒の声に対し、フランスの諸勢力が反応した。クリュニー修道院は、フランスの騎士と武装した従者に対し、ポルトガルの宗教戦争に参加するよう呼びかけた。十一世紀末、ブルゴーニュの騎士アンリ（エンリケ・ド・ボルゴーニャ）が、港（ポルト）の地、つまり「ポルトゥカーレ」として知られていたドーロ川河口のポルト港一帯を掌握した。フランスのノルマンディ公によるイングランド征服から三一年後の一〇九七年四月九日、アンリはミーニョ川からモンデゴ川に至る大西洋岸の平野部をブルゴーニュ伯領とすることを宣言した。これがイスラム国家に対抗する、城壁都市と高い城をもつキリスト教国家誕生の第一歩であった。

レコンキスタに伴う混乱

ポルトゥカーレ伯領は、その後まもなくポルトガル王国への昇格を目指すようになり、エンリケの息子アフォンソ・エンリケスは、大司教座のあるブラガ付近の要塞都市ギマランイスに王都を建設した。彼の野心は二つの地域で厳しい抵抗に遭う。北では、後にカスティリャを倒したキリスト教諸侯が覇権を主張し、ポルトガルは軍の訓練や装備、石造りの要塞工事に莫大な資産を投じざるを得なくなる。南では、タグス川流域の平野部を支配しようとするポルトガルの野望の前に、アルモラビド朝統治下のイスラム教徒が立ちふさがった。それにもかかわらず、十二世紀前半には、ポルトガルは南へと勢力を拡大し、都をまずコインブラへと遷し、続いて、十字軍が特に悲惨な流血戦を経て陥落させたリスボンへと遷した。十二世紀後半、モロッコからヨーロッパへ渡ってきたアルモハド朝のもとでイスラム勢力が息を吹き返すが、十三世紀に入ると再びキリスト教徒が優位に立った。一方そのあいだ、北部の国境では相変わらず激しい戦闘が繰り返され、中世ポルトガル社会を大いに圧迫していた。貴族と君主の協調関係はしだいに崩壊し、封建契約はなしくずしに崩れ、それに代わって、イタリアのボローニャ大学で学んだ教会の法学者たちが実権を握り、王権を強化していった。こうした王権による独裁への反発は徐々に高まりを見せ、一二四五年にはキリスト教徒の内乱を引き起こすことになる。

この宗教戦争は、イスラム時代には長く安定していたポルトガルの国を多くの点で疲弊させた。戦争は、飢饉、難民の流出、病気の蔓延を招いただけでなく、経済発展の道を阻むことにもなった。キリスト教徒がさらに南部へ勢力を広げ、なかには永住する者も出てきたため、イスラム系ポルトガル人は、より平和で豊かな土地を求めてスペインやモロッコに移住した。キリスト教徒が征服した諸地域では人口が激減したところも多く、北部からの移住者は、先進的で生産的な農業に投資をするというよりも単に広い土地を食いつぶしていくだけだった。土地にとどまったイスラム教徒は、奴隷になるか、よくても低い身分に落とされる者が多かった。一方、イスラム都市内のキリスト教徒は、新たに町の指導的立場についた。キリスト教徒の移住により生まれたもののなかで芸術的にもっとも大きな意味をもつのは、旧イスラム支配地にシトー修道会の僧院が建てられたことである。このアルコバサの大修道院は、中世建築全盛期のポルトガルを代表する唯一無比の建造物である。修道会の植民と農業の発達は、戦争で指導的役割を果したテンプル騎士団のような教会付属騎士団の利権目当ての活動とは対照的なものであった。しかし国家建設への動きは、一二五〇年以後になると、二つに分かれたポルトガルを一つにまとめるという建設的な形態を帯びるようになる。

レコンキスタの完了と王権の確立

一二五六年、王制の復活とともにフランス式の初期民主制が採り入れられ、「コルテス」と呼ばれる議会が召集されて、国内の利害の調整が図られた。貴族たちの望みは、領地の拡張によってある程度は満たされた。隣接するアルガルヴェをポルトガルのキリスト教勢力が征服し、昔ながらの略奪という方法で富を獲得したのである。大西洋に臨むイスラムの「西方王国」アルガルヴェの巨大なムーア式城郭が、征服者であるキリスト教徒に報奨として与えられた。この新しい支配者は、生産者層の意欲低下を避けるため、被支配者であるイスラム教徒にも一定の市民権と財政権を与えた。キリスト教徒が示したイスラム崇拝への寛容度は、かつてイスラム教徒がキリスト教に対して示した寛大な態度とは比較にならないほど小さなものであったが、それでも農民や職工のあいだでイスラム教は数世紀のあいだ生きながらえた。また、温暖な土地に散在する果樹園や漁村もまた、ポルトガル王の支配のもとで、半自治的な王国として平和に繁栄を続けた。

カスティリャとの衝突

キリスト教勢力のアルガルヴェ征服は、カスティリャとの激しい衝突という強烈な副作用を伴った。この衝突は、その後七〇〇年にわたりポルトガルの外交政策を左右することになる。中央スペインの高地から南進したカスティリャの領土拡張は、ポルトガルの拡大と地理的にほぼ並行して進んでいた。だがポルトガルには、大西洋岸を自由に使えるという利点があった。海への出口を必要とするカスティリャは西方のイスラム領の所有権を主張するが、それはポルトガルのアルガルヴェ占領により無視される形となった。カスティリャは、ラゴスやタヴィラといった海港を手に入れたいと強く望みながらも、アンダルシア、セビーリャ、コルドバなど征服地の河川港を拠点として貿易を行なうしかなかった。両国の衝突は、アルガルヴェ陥落で終結するどころか、いっそう激しさを増した。領土を守るために前線の城を維持するという軍事的伝統は、今や南の仇敵イスラムではなく、東の同胞キリスト教徒に向けられることになったのである。辺境の城塞は定期的に増強され、それはポルトガルの独立戦争が始まる一六四〇年まで延々と続けられた。防衛費の捻出がポルトガルの財政を圧迫し、レコンキスタ以後の社会でしのぎをけずる各層のバランス調整をいっそう難しいものにした。

宗教戦争以後の社会――北部・中部・南部

宗教戦争以後数世紀にわたり、ポルトガル社会は互いに大きく異なる三つの地域に分かれていった。北部では、契約関係に基づく封建的な階層制が農業主体の経済を支配した。農民は領主に労働を提供する代わりに、作物の分配と近隣の侵略者から最小限の庇護を得るというのが契約の基本であった。この制度は搾取的かつ暴力的であり、しかも不安定ではあったが、イングランドを襲ったのとまったく同時に同じような形でポルトガルにも発生したペストの流行と「農民一揆」という十四世紀の大事件をも乗り越えて存続する。これに対して中部地方では、都市を中軸として、それまでにない新しい階層が生まれつつあった。中流市民層、すなわち「ブルジョアジー」が自治都市で影響力を獲得し、手工業や商業を通して富を蓄積していったのである。権力は、領主よりもむしろ都市が握っていた。都市の食料需要は中部平野の地主を潤しはしたが、都市が労働者を必要としたために、農場は働き手を奪われ、労働力の不足に苦しんだ。地主は、隷属農民を確保するために、現金やそれに代わる現物で支払いを済ませることを条件に、制限付きで土地所有権を農民に与えるようになった。一方、南部の社会で支配力を振るったのは、北部のような領主でも中部平野のような都市でもなく、宗教騎士団の騎士たちであった。彼らの農場では、移住してきたキリスト教徒とイスラム系の隷属民を労働力としていた。この時期、ポルトガル各地では、労役を強要された農民から繰り返し抵抗が起こっていた。一三七三年、リスボンの市民は、外国からの侵入者に加え農民の反乱からも市を守るため新たな城壁の建設を決議し、同時に、極めて苛酷な労働税を賦課した。緊張が高まり、一〇年後には農村部で暴動が相次ぎ、王は自らの王国を制御しきれなくなった。

革命とアヴィス王朝の成立

こうして一三八三年に起こった革命は、ポルトガル近代初期の社会を基礎づけるものだった。農民が領主に反抗しただけではなく、市民が王権に逆らうようになったのである。空白の王位をめぐって摂政権を競い合う者たちが、それぞれに都市と農村で支持をとりつけ、結果的に、各層の人々が広く政治に参加するきっかけをつくった。この混乱のさなか、リスボン司教がリンチを受けて殺され、一人の庶出の王子が王宮襲撃を指揮し、民衆は喝采とともに王子を王国の防衛者として迎え入れた。その王子こそ、アヴィスのジョアンであった。アヴィス騎士団長であった彼は、内乱の際に街を出て国じゅうの支持を集め、また他の騎士団からの支持獲得にも成功していた。この混乱を介入の好機と見たカスティリャは、自国に都合のよい王室内の派閥に政権を握らせようと画策し、リスボンを包囲する。だが、ペストが突如リスボンを襲い、カスティリャ軍のなかにも感染者が出たため、彼らは包囲を解かざるを得なかった。蜂起から二年後、ポルトガル議会がコインブラに召集され、王位の空白が宣言された。そのうえで、一一人の僧侶、七二人の貴族および騎士団員、五〇人の都市を代表する平民議員は、アヴィス騎士団長をジョアン一世としてポルトガル王に選んだ。カスティリャは直ちに侵攻を再開するが、一三八五年八月一四日、アルジュバロッタの激戦でポルトガル各派の連合軍の前に敗走した。勝利者ジョアン一世は、戦勝の記念として、ポルトガルでもっとも美しいバタリャ修道院の建設に着手し、一方、リスボン市も神への感謝のしるしとしてカルメル修道会の大聖堂の建築を支援した。ポルトガルが議会により選出した王朝は、世界の列強のひとつに完全な勝利を収めたことで国内の支持を獲得し、他の諸国からも一目置かれる存在となった。

図1 バタリャ修道院　アルジュバロッタの戦い(1385年)の後に着工される。この戦いでカスティリャの侵略軍を駆逐したアヴィス騎士団のジョアンは、議会により王に選任され、アヴィス王朝が成立した。同時にポルトガルとイングランドとの同盟関係が強化されることになった。

対英同盟と黄金時代の始まり

アヴィス王朝の外交面の第一歩は、将来再びカスティリャと対決する時に備え、しっかりとした同盟国を得ることだった。もっとも有望な相手は、強力な武力外交が展開されるヨーロッパの西端に位置する大西洋上のもうひとつの小王国、つまりイングランドであった。ポルトガルとイングランドの関係は、ひとりのイングランド十字軍戦士がリスボンの初代司教に就いて以来、絶えず不安定に変化しながら続いていた。一三三七年に百年戦争が始まってからは、ポルトガルは断続的にイングランドに加勢していた。そこでジョアン一世は、一三八六年にウィンザーで「永年同盟」に署名し、両国のあいだに正式に条約が結ばれた。このウィンザー条約は、その後、実に二十世紀に至るまでポルトガル外交の基本原則となる。さらにジョアン一世は、イングランド王エドワード三世の孫にあたるランカスター家のフィリパと結婚した。彼らの息子たち、つまり王子たちは、ポルトガルを近代の最先端へと導いていく。ドゥアルテは王位につき、貴族の支持を得た。ペドロは都市を保護し、リスボンの商業発展を奨励した。そして、航海王子と呼ばれるエンリケはキリスト騎士団の指揮官となり、世界にまたがるポルトガル帝国の礎を築いた。ジョアン一世の庶子アフォンソだけは、後になって王家を意外な方向へと導くことになる。彼は自らが所属した軍の指揮官の娘と結婚し、カスティリャとの戦争で手に入れた広大な地所を譲り受け、ポルトガルでもっとも裕福な侯爵家であるブラガンサ家を開いたのである。彼らこそ、一六四〇年に政権を手中にし、八〇年間におよぶカスティリャ捕囚の後にイギリスとの同盟を復活させ、四〇年間にわたるオランダの攻撃により奪われた帝国植民地領を奪回した一族であった。しかしそれはまだ先の話で、アヴィス朝というアングロ=ポルトガルの正統な血筋のもと、ポルトガルは最初の黄金時代を謳歌する。

植民地建設と農業生産の拡大　二〇〇〇年にわたりフェニキア人、ローマ人、イスラム教徒、キリスト教徒といったぐあいにさまざまな外来民族によって支配を受けてきたポルトガルも、ついに自ら他の領地へ侵入し、帝国拡大と植民地建設に乗り出すことになった。最初に植民が行なわれたのは大西洋の島々であった。カナリア諸島では、まず土着のベルベル人を奴隷化し、征服者は地主となって、本国からの依託によりブドウの栽培とカナリア・ワインの売買を請け負った。植民事業は順調に進み、なかでもテネリフェ島には土地を求める多くの移民が押しかけたが、およそ半世紀にわたる植民活動の後、この島を含むカナリア諸島全体は、イベリア半島内の対立の緩和を目指すいくつもの和平協定のひとつとしてカスティリャに譲渡された。この他に、長期的な植民計画がエンリケ王子とキリスト騎士団によって進められ、マデイラやアゾレスといった無人島にポルトガル人が入植した。これらの島では小麦の栽培が盛んに行なわれ、ポルトガル本土の農産物の流通を補うべく、穀物が船でリスボンに向けて出荷された。本土からさらに離れたカボ・ヴェルデ諸島の植民地では、奴隷が栽培する綿花とインディゴ染料を用いた繊維業が発展した。さらに熱帯を下った西アフリカのサン・トメ島ではサトウキビを栽培し、黒人奴隷に収穫作業をさせた。こうして、約百年にわたり、ポルトガルは大量の農作物を育てるべくさまざまな植民形態を試みた。これらの作物は以後何世紀にもわたり、世界の貿易市場を支配することになる。

セウタ征服——帝国時代の幕開け

帝国の建設に向かうポルトガルは、次の段階として、島への植民よりもさらに冒険的な企てを始めた。アヴィス朝はジブラルタル海峡を渡り、アフリカ本土の征服を目指したのである。以前から、イベリア半島とアフリカ北西部のマグレブ地方はともに、ローマ、ゲルマン、イスラムによる被征服の歴史が示すとおり、一つの政治文化圏に呑み込まれるのが常であったのだが、今度は、キリスト教徒の王がポルトガルとモロッコの統一を目論んだのである。北部の貴族と南部の騎士を惹き付けた魅力は土地にあった。ポルトガルの土地は、北部では肥えてはいるが不足しており、南部では豊富にあるがやせていた。北アフリカは、かつてローマの穀倉地帯であった。そこに暮らすイスラム系農民を、ポルトガルの南部平野やアルガルヴェを支配したのと同様にキリスト教の騎士団が支配するようになれば、ポルトガルは、小麦が豊かに育つ大平原を手に入れることになるだろう。ジョアン一世と息子たちは、十二世紀のポルトガル中部の征服と十三世紀のアルガルヴェ征服に続いて三度めのレコンキスタに乗り出し、過去の成功例にならって新たにアフリカの領地と隷属民を獲得し、王家の支持者に富をもたらそうと考えた。この冒険的事業はさほどの成果をあげずに終わったが、ひとつの武勲が歴史に刻まれることになった。つまり、要塞都市セウタの攻略である。一四一五年、ポルトガルはモロッコ人のレジスタンスからセウタを奪い取ったのである。この一件はエンリケ王子の名声を一気に高め、またヨーロッパ全体にとっても、内部に目を向けた中世という時代の終焉と、外部に目を向ける拡張の時代の幕開けとを象徴する出来事となった。

図2　聖ヴィセンテの祭壇画　　ヌーノ・ゴンサルヴェス作と伝えられ、15世紀の宮廷の様子が描かれている。黒の帽子をかぶった口髭の人物はエンリケ航海王子であるとする説もある。エンリケ航海王子については、確かに本人を描いたものであるということが証明された肖像画は現在のところ一枚も存在しない。

アフリカ進出と金の流入

ヨーロッパの拡張の時代を先導したのはポルトガルだった。ポルトガルが順調に領地を拡大することができたのは、土地に飢えた領主や騎士のはたらきによるものではなく、王子ペドロの支援を受けて繁栄したリスボンやラゴスといった都市在住の市民層の功績であった。アフリカの第二の魅力は金だった。地中海世界の金の大半がモロッコの隊商によって西アフリカから運ばれてきているというのは、イスラム教国とキリスト教国の両方で活動するイタリア人金融業者のあいだではよく知られた話だった。そこでポルトガル商人は、サハラ砂漠北部の市場を押さえ、十一世紀にアルモラビド朝がとったのと同じ方法を使って、外部からヨーロッパへの金の供給を一手に握ろうとした。軍隊が何度も果敢に遠征を行なったが、ついにモロッコ征服はかなわなかった。だが、ポルトガル人はしだいにうまく商才を働かせるようになり、やがて、サハラの海岸線をまわって金鉱にいたる別のルートを探るようになる。一四六〇年代にはセネガルで金の買付が始まり、その後二〇年足らずで黄金海岸（現ガーナ）に到達し、頑丈な城壁をもつ交易所をつくり、サン・ジョルジュ・ダ・ミナと名づけた。こうして、以前はラクダによって陸路で運ばれていった金の一部が、この交易所に流れてくるようになった。ここでの取引は王室が独占し、リスボン港に置かれた役所が管理した。これにより、年間五〇〇キロの金という桁外れの富がポルトガルに流れ込むようになったのである。

奴隷貿易の始まり

植民地拡大で利益を得たリスボンの上流ブルジョアジーとその取り巻きたちは、ドゥアルテ国王が没し弟のペドロが摂政につくというポルトガルの国政を揺るがす政変に際して、商人の味方であるペドロを全面的に支持した。敵対する王党派の地主層はブルジョアジーの台頭を快く思わず、結局ペドロ王子は摂政職を解かれ、戦いのなかで命を落とす。アフリカとの交易は長い低迷期に入り、ついには貴族たちも、優雅ではないが新しい国力伸張の方式である帝国主義というものから自分たちも利益を得ることができるのだということに気がついた。ポルトガル南部の広大な私有地ラティフンディオがもつ大きな経済的弱点のひとつは労働力不足だった。それゆえ、モロッコに攻め入った騎士たちは、現地で次々と婦女子を誘拐し、戦争捕虜を集め、ポルトガル南部平野の荘園やアルガルヴェの果樹農園に奴隷として売り払った。ラゴスの商船員も、こぞって奴隷狩りに加わった。探検家たちは、西アフリカに到達すると、ときには馬を売って対価を支払い黒人奴隷を買いはじめた。一四五〇年代に入って交易が再び活発になると、モーリタニアでの奴隷売買による利益は七倍にもふくれあがった。ポルトガルへの黒人移民は増加し、南部の地主層は、もはや新たな未開地を侵略せずとも十分やっていけるようになった。キリスト教徒によって最初に征服された南部最大の都市エヴォラでは、ヨーロッパの奴隷貿易が頂点に達した時期には、人口の一〇パーセントを黒人が占めていた。アフリカ奴隷は、農場労働者であれ家庭の使用人であれ決して幸福とは言えず、征服戦争時に隷属民となった数世代前の白人奴隷とは違って、法的な権利の多くを与えられずにいた。たとえば黒人女性には、白人の使用人には与えられていた性的虐待からの保護が与えられず、また、若い混血の少女は愛人としては好まれたが、必ずしも妻として求められたわけではなかった。とはいえ、こうして混血が進むうちに、かつてポルトガルにいた三万五〇〇〇のアフリカ系黒人は、三〇〇年から四〇〇年をかけて、いくぶん褐色の肌をもつポルトガル人の主流のなかに溶け込んでい

図3　アフリカの黒人奴隷（15世紀）　ブラジルを植民地化するよりも前の15世紀には、アフリカからの黒人がポルトガルの農場や家庭内で数多く奴隷として使われていた。

く。唯一リスボンには今でも小さな黒人地区が残り、家の塗装など特殊な仕事を請け負っている。黒人奴隷の売買は、その後、十五世紀の南米における植民地開拓にまで長く引き継がれていった。

西アフリカ・南米帝国の確立　アフリカ沿岸部の探検に続いて植民活動が大きな躍進を遂げたのは、一四九二年、かつて一時期ポルトガルに仕え、この当時はカスティリャに雇われていたジェノヴァ人の船長コロンブスが大西洋を横断し、アメリカに新たなヨーロッパ帝国の展望を開いた時だった。コロンブス本人の探検によってヨーロッパ人の土地となったのはカリブの島々だけだったが、一五〇〇年にはポルトガルの船団が南の大陸にブラジルを発見し、教皇の特認を得て統治権を獲得した。王は、ムーア人の土地を占領した時と同じように新大陸の開拓に資産と才能を投入したいと考える植民事業者に対し、占領地の支配を認める勅許状を与えた。アフリカの島々で発達した栽培技術が海を越えて南アメリカに持ち込まれ、奴隷化した原住民に組織的な仕事の仕方を教え込む努力がなされた。だが、こうした事業家の個人投資が失敗に終わると、今度は国王自らが搾取的な経済開発を指揮し、すでにヨーロッパで大きな成功を収めていた方法をそのまま採用して、アフリカから組織的に黒人奴隷を輸入した。すなわち、黒人奴隷の供給を増やすためポルトガルの特許植民地をアンゴラに建設し、ポルトガル人の征服者にアフリカ人の首長を支配させ、封領税として輸出用の奴隷を強制的に差し出させる権限を与えたのである。このやり方は大成功を収め、奴隷貿易は着実な伸びを示し、十七世紀には、男女、子供、赤ん坊を含めて毎年一万人がアフリカからブラジルへ送られるようになる。こうしてブラジルは、悲劇を宿しつつ繁栄した植民地となった。

インド航路の発見とアジア進出

ポルトガル帝国の次の躍進は一四九八年に始まった。この年、ヴァスコ・ダ・ガマ率いる小艦隊がアフリカ大陸の喜望峰をまわってインドの海岸に到達し、ヨーロッパとアジアを直結する航路を発見したのである。以来、インドから胡椒と綿が、インドネシアから香料と香辛料が、中国からは絹と磁器が大規模な武装船団によってリスボンの王立取引所に集められるようになる。これにより、ヴェネチアの東方交易所は大きな打撃を受け、かつて陸上貿易によって占めていた大きなシェアをオスマン帝国と力を合わせて取り戻すまでに三〇年を要したほどだった。海上ルートは距離が長く、木造の船は朽ちやすいうえに難破の危険性や海賊に襲撃される怖れを伴いはしたが、インドから無事に帰還できれば、手にする利益はそれこそ膨大なものであった。航路の安全を確保するため、ポルトガルは東アフリカのモンバサに巨大な要塞を建造した。インドのゴアには植民都市を、中国のマカオには物資集散市場を開き、さらには日本の長崎にもキリスト教改宗者のコミュニティーをつくった。この長崎での布教・貿易活動は、日本に誕生した強力な中央政府、つまり徳川幕府によって押し潰されることになるが、それまでは極めて大きな収穫をもたらした。こうしてポルトガルは、一〇〇年にわたって、アジア航路をほぼ完全に独占した。

帝国の繁栄と王権の強化

アフリカの富は、一四八一年に王位を継いだジョアン二世のもとに集められた。ジョアン二世はその富を使って、二代前のペドロ王子が摂政の立場で行なったのと同じように、貴族に対する王権の再強化につとめた。王と貴族の対立は、ポルトガルの筆頭公爵ブラガンサ公の処刑で頂点に達する。これは、王直轄の都市エヴォラにおける国王の強大な権力を広く世に示す出来事であった。その後もそうした公開処刑が行なわれるにつれ、宮廷は反王権諸派と孤立した国王とに二分されるようになる。王は官吏を徴用し、行政部門を再編して運営にあたらせるなど、政治機構を刷新することによって王権を維持した。一四九五年、ジョアン二世が貴族からの反撃を受けるなかで没すると、王とは疎遠であった義弟が貴族側の長として王位に就いた。この新たな国王マヌエル一世は、ジョアン二世がつくった近代的な行政システムを受け継いで海外貿易を統治し、アジアから流れ込む富をもとに未曾有の繁栄を見せていたポルトガル帝国の黄金時代に君臨する。マヌエル時代は、華麗な装飾をほどこした建築様式で特によ

図4　ベレンの塔　リスボンを流れるテージョ川の河口にマヌエル様式の装飾を施して建てられた砦。マヌエル様式とは、マヌエル１世が好んだ華麗な建築様式を指す。この時代は、1498年にインドとのあいだで開始された海路による香辛料貿易により、ポルトガルに莫大な富が流れ込んでいた。

く知られている。富が集められたのはリスボンやラゴスの港であったが、それが誇示されたのは国内各地に新築ないしは改築された王宮においてだった。新たな繁栄を祝う気持ちは、神への感謝や教会による美術の庇護という形でも表された。地主貴族、聖職貴族、宮廷の三者の結びつきは、港湾都市の商人層を支えとしながらも依然として強固であった。マヌエル一世は、貴族が伝統的に保有していた権力を保護するためにスペイン式の制度を採り入れ、王権を強化し、十五世紀に入ってそれまで二度にわたって自由市民としての権利を手にしていたブルジョアジーを再び従属的身

図5　トマールのキリスト修道院の窓　　この窓は、マヌエル様式の華麗な石彫装飾のなかでも、とりわけ精巧なものである。

分に押し込めた。

異端審問所と新キリスト教徒

ヨーロッパが海外に帝国を建設しはじめたのと同時期にイベリア半島内部の社会状況に根本的な変化が現れたのは、決して偶然の一致ではない。一四九二年、コロンブスがアメリカに到達する少し前に、カスティリャはグラナダとのあいだの長年にわたる同盟と対立の周期律を一挙に破壊した。歴史あるイスラムの王国グラナダが、不意の攻撃を受けて陥落したのである。この奇襲戦は政治的には成功したが、経済的には大きな代償を支払う結果となった。キリスト教徒の侵略者たちは、西ヨーロッパ最後のイスラム王国を保護するのではなく略奪したため、大勢の富裕な商人や絹織物業者がスペインを離れて他国へ移住したのである。

ひとたびイスラム勢力が打ち破られると、イスラム崇拝に対する寛容度は急速に後退し、異端審問所による迫害が制度化された。スペインにおける宗教的寛容の時代が終わると、すぐにポルトガルもそれに倣った。一四九七年、ヴァスコ・ダ・ガマがアフリカまわりのインド航路発見に向けて旅立った年、ポルトガルはイスラム教徒とユダヤ教徒の礼拝式をともに禁ずる法案を可決する。強制的な改宗の結果、「新キリスト教徒」という新たな社会層が出現した。ユダヤ人の新キリスト教徒は、その多くが職人や商人で、都市や港、そして何より植民地で重要な経済的役割を担っていた。それゆえ彼らは、北部を支配する地主貴族と、ポルトガル中部の都市で勢力を振るう中産階級との紛争に巻き込まれることになった。地主層は、商人の力を抑えるために、真偽にかかわらず異端信仰の咎で彼らを告発した。一四四〇年代の内戦時における王子ペドロや一四八〇年代のジョアン二世のような保護者をもたない中産市民にとって、王室の保守的な締めつけに対する抵抗は死の危険を伴うものだった。能力ある事業家を必要とする国家的需要と、中産市民の勢力に対する貴族の危機感とのあいだには、以後三世紀にわたり緊張関係が続くことになる。

帝国の衰退とポルトガル併合

マヌエル一世時代のポルトガルの莫大な富は、王自身より短命に終わった。インドへのもうひとつのルートがイタリアの都市国家によって復活し、また、西アフリカの金鉱には英国エリザベス女王の認可を得た半海賊的な商人たちが入り込んできた。一方、貴族たちは、再び王家どうしの婚姻を手段としてイベリア半島を統一する手だてを探ろうとしていた。こうした状況のなか、一五七〇年代後半、若く好戦的な国王セバスティアンが、国家の命運を握る鍵は陸路の征服にあるという旧来の考え方にとりつかれ、軍を率いてモロッコに遠征し、アルカセル・キビールの戦いに敗れて行方不明となった。セバスティアン亡きあとの王位継承は、スペインのハプスブルク家に有利な形で決着する。一五八一年、スペインのフェリペ二世がポルトガル王フィリペ一世として即位し、これにより、ポルトガルは事実上スペインに併合されることになったのである。フェリペはこの時、ポルトガルを指して、「我相続せり。我購入せり。我征服せり」と言ったと伝えられている。スペイン王がポルトガル王を兼任することになっても、ポルトガルの特権支配階級のなかには、アンダルシアやアラゴンを含めた多国家・多文化をイベリア帝国として統一しようという永年の望みがついに実現したのだと感じている者が多かった。民衆レベルでは文化面での愛国主義が存在していたが、国家主義的な分離独立への動きは政治の上層部で

図6　16世紀のポルトガル船　16世紀のポルトガル船は、探検や貿易に出かける航海の途中、海上や停泊地でしばしば敵の攻撃にさらされた。

は重要な論点とはならなかった。新しい国王は、律儀にもポルトガル王フィリペ一世を名乗り、ポルトガルの司法と憲法の自律性は護られると保証した。短期間ではあるが、フィリペ一世は、立法府をスペインの高地から、新たに手に入れた大西洋への出口であるリスボンへ移しさえした。だが、その後まもなく王の意識は、「政治的現実」を前にして、新しく建設された連立王国の心臓部マドリッドへと引き寄せられることになる。

イベリア半島の統一は、多くのポルトガル人にチャンスと豊かさをもたらした。何より大きかったのは、何世紀にもわたる国境紛争が終結したことだった。紛争は、軍人や傭兵、馬の飼育者や武器商人、密輸業者などを潤しはしたが、国家の政治エネルギーをあまりにも多く吸い取っていたのである。ポルトガルの貴族たちは、封建時代以後の狭く限られた自国の宮廷上流社会に比べ、はるかに幅広い宮廷文化に出入りできるようになった。司教や上流階級の人間たちは、アンダルシアのカスティリャ領や、さらには地中海の属国に、正規の手続きなしで高職を得ようとした。中産市民層は、アメリカのスペイン人植民地を自国の貿易に利用し、不法ながら着実に利益を得ていった。ポルトガル移民のなかには、アフリカやブラジルの非衛生的な奴隷植民地よりも、銀で潤うスペイン領のペルーを好む者も多かった。カスティリャ人たちは、ポルトガル人との競合を不服とし、ペルーに移住したポルトガル人を指してカスティリャでの虐殺を免れたユダヤ人であるとして異端告発を行なった。だが一方で、植民地の富の拡大を目指すカスティリャの権力者たちは、商才に富むポルトガル人を歓迎していた。フェリペ二世が没する一五九八年までにスペインによる両国の統一は完成し、スペインは西インド諸島からアジア東南部に至る世界を支配するようになった。

第二章　十七世紀の反乱と独立

この時代の主な出来事

1640	スペインから再独立（12月1日）。ジョアン4世即位。ブラガンサ朝の成立。
1642	対英友好通商条約の調印
1649	ブラジル総合会社設立（-1720）
1654	対英友好同盟条約の調印。
1656	ジョアン4世没。アフォンソ6世即位
1661	ブラガンサ家の王女カタリーナ、イギリス王チャールズ2世と結婚 タンジールおよびボンベイをイギリスに譲渡
1662	カステロ・メリョール伯爵が政治上の実権を掌握
1667	アフォンソ6世退位。ペドロ2世が摂政に就く 対オランダ平和条約の締結
1668	対スペイン平和条約の締結——スペインがポルトガルの独立を承認
1672	奢侈禁止令の公布
1675	エリセイラ伯の改革——工業化が推進される
1682	アフォンソ6世没、ペドロ2世即位
1693	ブラジルで金鉱発見
1703	メシュエン条約の締結

ブラガンサ革命と再独立

　ポルトガルの政変は一六四〇年一二月一日に起こった。スペイン・ポルトガル連立国王への攻撃はまったくの不意打ちだった。併合の当初、国王フィリペは、スペイン王国を優先してポルトガル王国に不当な重荷を背負わせることのないように慎重な配慮を見せていたが、一六四〇年ごろには、そのような気配りも失われていた。そうしたなかで、スペイン軍に緊急の行動を迫る事件が起こった。一六四〇年六月、長年カスティリャの傘下にあったイベリア半島東部のカタロニア王国で、スペインに対する暴動が発生したのである。カスティリャはすぐさまポルトガルに対し、徴兵部隊を組織し、半島を横断してカタロニア暴動を鎮圧するよう求めてきた。連立国王の名によりマドリッドから押しつけられたこの新たな徴兵義務に対し、ポルトガル平野の大地主たちが特に強く反発した。彼らにしてみれば、そのような遠征のために貴重な農場労働者を武装兵にしてスペインに差し出す義務はなかったのである。地主たちは、ポルトガルの筆頭公爵であるブラガンサ家のジョアンに対し、ポルトガルの独立を宣言してカスティリャの不当な要求から自分たちを永遠に解放するよう焚きつけた。スペインは二つの反乱を同時に制圧することはできない。それゆえ、カタロニアで暴動が起こっているうちに自由への戦いを始めれば、反乱が成功する確率は高くなる。エヴォラ市からカスティリャ国境までの広大な土地に君臨する大貴族ブラガンサ家は揺れ動いた。万一計画が失敗すれば、ブラガンサ家の当主ジョアン公は、ポルトガルのどの公爵よりも多くの土地を失うことになる。だが結局、彼は反乱の先導役を引き受け、一族の名前を反政府王朝に冠することに同意する。反乱軍はただちにリスボンの王宮を襲撃し、スペイン・ハプスブルク家の駐在使節を追い出した。

政変の背景

ブラガンサの政変は、そもそも民衆革命ではなかった。この三年前の一六三七年、純然たる草の根レベルでの反乱がエヴォラで発生していた。スペイン・ポルトガル連立王国が課した重税に対し、農民たちが反抗したのである。彼らの蜂起は、いかなる民衆運動も自分たちの地位と特権を脅かすものであると考える地主層の支持を得られなかった。それどころか、地主たちがブラガンサを擁して起こした一六四〇年の反乱は、連立王国の課税がさらに重くなった際に新たな民衆暴動が起こるのを未然に防ぐための予防措置だったのではないかという見方さえある。ブラガンサの擁立者たちは、当時のイギリスを脅かしているような社会秩序の転覆だけは、なんとしても避けたいと考えていたのである。

ポルトガル独立運動の出発点に民衆の先導がなかったとしても、民衆のあいだにスペインからの解放を望む気運がなかったというわけではない。カスティリャとの何世紀にもわたる戦争によって、ポルトガル国民と、国境を接する隣人とのあいだには、根強い敵対心が生まれていた。諺はカスティリャ人を信用するなと警告し、流行歌は両者の文化の違いを強調した。北アフリカで行方不明となったセバスティアン王の武勇を思い起こさせる一種の「救世主ナショナリズム」が広まり、ポルトガルの民衆は、王家の救い主がモロッコから生還し、窮乏に喘ぐ人々を救ってくれることを願った。国民としてのアイデンティティに関わるそうした民衆感情は、社会の上層には大きな影響をもたなかった。宮廷文化は革命勃発のころには国境を超えたものになっており、ポルトガル最大の愛国詩人カモンイスでさえ自分はスペイン人だと考えていたほどである。ポルトガル国民の共通語となった野卑な地方語は、上流社会では使用されなかった。カスティリャ化にともない、ポルトガル人劇作家も他の芸術家と同じく、自国の狭い上流社会ではなくマ

図7　セバスティアン　　遠征先のモロッコで1578年に行方不明となったセバスティアンは、1640年の独立回復後、民衆のあいだでポルトガルの愛国主義を象徴する英雄となった。

ドリッドの王宮にパトロンを求めるようになっていった。

ポルトガルで貴族による反乱が起こったのは、上流社会における文化的ナショナリズムの感情によるものでは決してなく、スペインとの連立を受け入れた彼らを徐々に蝕んでいた十七世紀の経済危機によるものであった。一六二〇年以降、植民地における銀の産出量が低下し、スペインへ流入する富がしだいに減少を始めると、イベリア半島全体に経済的な危機感が漂いはじめた。景気後退は社会に緊張を生み、ポルトガル人のなかにもスケープゴートにされる者が出てきた。銀山を抱えるペルーの植民地に古くから入植していたスペイン人たちは、後からやってきた移民に「不安」の原因を押しつけ、ポルトガル商人はユダヤ人であるという人種差別的な言いがかりをつけて追い払った。両国民の敵対意識はヨーロッパ本国にも波及し、一六三〇年代にはイベリア半島全域で対立が見られるようになった。ポルトガル人がスペインに対して抱く敵意は、カタロニアの暴動とその鎮圧に際して援助が要請された一件によってさらに燃え上がり一六四〇年の反乱勃発へと至るのだが、しかし貴族層は一枚岩となって団結して反乱の徒を支援したというわけではなく、ポルトガル貴族の約半数はスペインへの忠節を守った。彼ら忠節派の多くは連立国王によって貴族に列せられた者たちであり、ハプスブルク家に忠義を尽くす見返りとして土地や金銭を求め、あるいはスペイン領の地中海諸国で総督の地位に就くことを期待したのである。ブラガンサ擁立派は忠節派から爵位を剥奪し、支持者のために徐々に三〇の爵位を新たに設けた。こうして最後には擁立派の貴族の数は以前と比べて二倍になり、新王朝の誕生地エヴォラ周辺の平野に裕福な地主貴族が集中することになった。

中産階級　十七世紀のポルトガルで反乱に消極的な態度をとったのは貴族だけではなかった。港湾都市リスボンの中産階級も、分離独立政府に対して態度を二分していた。早い時期から官僚がブラガンサ派に移ったため、政府は最初の段階で途切れることなく政治機能を維持してはいたものの、金融界や商業界では多くの事業家がスペインとのあいだに開かれた国境を望み、ポルトガルの周囲に愛国的な壁をつくりかねない国家主義的な考えに危惧を抱いていた。彼らは、セビーリャやアメリカ大陸に対してポルトガルが行なってきた投資が、スペインからの分離独立によって回収不能になるのではないかと恐れたのである。しかし一方で、独立によってスペインの旧属国オランダと交易を始めるきっかけが生まれ、さらにはライン川流域の巨大な内陸の市場へ参入することが容易になるのではないかと考える者もいた。オランダ問題は、ポルトガルの独立戦争においてきわめて重要な要素となっていた。オランダ人は、ハプスブルク時代を通じてポルトガル植民地で活発な貿易を行なっており、また、多数のユダヤ系ポルトガル人亡命者にとって、オランダは政治的・経済的な迫害を逃れる避難所でもあった。彼らは、スペイン支配の下で宗教弾圧が厳しさを増すと、自らの船でアムステルダムに逃れたのだが、これはポルトガルから事業資本が流出することを意味したのである。

教会　カトリック教会もまた、貴族やブルジョアジー同様、反乱の勃発により思わぬジレンマに直面した。農村の司祭や質素な修道僧は、ブラガンサ公の蜂起に喝采を送り、ポルトガルの自律的な民衆文化を支持する側に立っていたのだが、カスティリャ化したエリート層の一員となっていた大修道院長や大司教は、スペインとの親密な関係を断つことを望まなかった。というのも、国家の分離独立が民衆暴動を抑止するどころか刺激剤となって、彼らの特権を保証していた身分制度を揺るがせるのではないかと恐れていたからである。こうした教会関係者の保守的な見方に対し、もっとも大胆に対抗する立場をとったのがイエズス会士たちだった。その結果、彼らは新しい宮廷で発言力をもつようになり、急進的な政治・経済思想の提唱者にもなっていく。

イエズス会　イエズス会は、反宗教改革運動の一翼を担うべく、一五三四年にスペインで創設され、はやくも一九四〇年には、ジョアン三世の招きによってポルトガル支部が設立され、一五五九年には、古風なコインブラ大学に対抗する近代的な大学をエヴォラに創立するに至る。イエズス会の教育者たちは、彼らを危険分子であるとする保守派の言いがかりに対し、たしかに自分たちは学問的見識を深めてはいるが、しかし同時に人道主義と民族主義の波を食い止めてもいるのだと反論した。イエズス会の教育課程では、もっぱらラテン語が用いられたが、それは、当時のヨーロッパで盛んになっていた現地語による文学をポルトガルから排除するためであった。検閲目録を厳格に守り、デカルトやニュートンの哲学を講ずることを禁じ、新しい科学時代の自由な知的探求を排除して、トマス・アクィナスの服従の教義を奉じた。こうして伝統と近代性のバランスをとることによって、イエズス会は教育と告解の場で各世代に台頭するエリート層に影響力を振るうようになったのだが、しかし、息子たちがエヴォラの近代的な世界や金融都市リスボンに出ていってしまうことを快く思わない地主貴族からは反感を買うことになった。十六世紀、

図8　コインブラ大学　中世に設立されたコインブラ大学は、16世紀のイエズス会、18世紀の啓蒙専制君主、20世紀の共和主義者などに対抗し、一貫してポルトガルの保守主義の砦でありつづけた。この大学を卒業した人物のなかでもっとも有名なのはアントニオ・サラザールである。サラザールは財務担当大臣になる前の1928年に、コインブラ大学で財政法の講義を担当していた。

イエズス会はアフリカとブラジルで帝国拡大を目指すリスボンの方針を強力に支持し、自らもアジアの布教地で威光を高めると同時に、植民地における所有地から莫大な富を得た。十七世紀になると、パトロンである教皇の反対にもかかわらず独立への動きに賛同し、ブラガンサ王の擁立を唱える者たちを支持した。これによりイエズス会は、異端審問所と長期にわたり対立を続けることになる。

異端審問所　ポルトガルの異端審問所は、スペインにならい、反宗教改革を指導するのではなく抑止するための機関として、ジョアン三世により一五三六年に設置された。審問所は、国王や教皇の干渉さえ及ばぬ一個の自治都市にも似た強大な権力をもち、その官吏と密告者は、後世の「秘密」警察と同様の恐怖をポルトガル社会に生んだ。異端の嫌疑をかけられた者への残虐な扱いは、社会を取り締まる意味で広く公表され、その処刑は最大の効果を生むように演出された。ハプスブルク時代の異端審問所は、議会や司法の承認を得ずとも独自の判断で動く権限をそなえた秘密警察のような役割をもつ重要な政府機関になっていたのである。古い保守的な秩序を維持しようとする地主貴族は、対抗勢力を抑えるための強力な武器として審問所に肩入れした。伝統やカトリック信奉、人種的純粋性といった大儀のもとにあらゆる改革を破壊しようとする異端審問所の狂信的活動は、ポルトガルの近代化を推進する勢力と、ことあるごとに衝突を続けた。一六四〇年にブラガンサによる蜂起が起こった際に、異端審問所が連立王国を支持し、スペインによるイベリア支配を維持しようとする側に立ち、自らの支持層に対して反乱を鎮圧するよう説いたのは、むしろ当然である。一六四一年七月、異端審問所の大審問官は、公爵一名、侯爵一名、伯爵三名、大司教一名による反革命の陰謀を支援した。スペインとの関係保持を目指したこの謀略は、ブラガンサ「簒奪王」追放には失敗した。だが、この一件は、その後も幾度となく国内の対抗勢力によって危機的な状況に追い込まれることになるブラガンサ新体制の独立への長く険しい道のりを象徴する出来事であった。

教皇庁とポルトガルのカトリック教会

スペインは、ブラガンサによる反乱を制圧し、いまや失地となったポルトガルを取り戻すうえで、強力な大義名分を手にしていた。すなわち、ポルトガルの動きを断固として否定する教皇庁の態度である。十七世紀のバチカンは、ナショナリズムというものに対して警戒心を抱いていた。この時期の歴代教皇の目には、国家の政治的な独立と、北ヨーロッパを席巻したプロテスタントの宗教的な独立とが重なって見えていたのである。かりに一六四〇年の時点でバチカンにポルトガル独立を支持する気持ちがあったとしても、カトリック世界に残された最大の勢力であるスペインを怒らせるようなまねはとうていできるものではなかった。要するに、ポルトガル反乱軍は、教皇の認可もなければ神が味方であるという神聖なる保証もなしに戦うことを余儀なくされたのである。こうして教皇から排斥を受け、死亡した司教の後任を決めることすら許されないほど極度に権限を奪われた状態に置かれながらも、ポルトガルのカトリック教会は、いわば自治的な組織として、二八年間におよぶ独立戦争を生き抜いた。修道院の多くは豊かな土地を所有し、経済的に潤っており、また貴族たちも、戦時下の地元の教会を芸術その他の面で支援した。農村部の神父は、恐怖感に支配されやすい信徒たちを以前と変わらず指導し、平信徒から選ばれた管財人は空位となった司教座の資産をしっかりと管理した。ポルトガルは、最大のカトリック王国スペインとの長年の反目にもかかわらず、カトリックの一方の砦でありつづけたのである。

独立政府の政治体制

ブラガンサによる新体制は、政治スローガンとして「復古」を掲げたが、現実はかなり違ったものになった。彼らが目指した政治体制は、実はハプスブルク家のものを範としており、十六世紀への回帰を基礎に置いたものではまったくなかったのである。スペイン支配の下では、国王の権力は、王室の役人や政府の評議会によって行使されていた。ジョアン四世は、これと似たような制度を導入しつつ王権を強化することによって、貴族と平民と聖職者のあいだに野放しにされていた野心を、バランスを保ちつつ制限したいと考えたのだった。ここでジョアン四世を悩ませたのは貴族たちであった。彼らは、革命を求める民衆の暴走を未然に防ぐ意味で積極的にブラガンサ家を担ぎ出しはしたが、国王が絶対王政を敷くことを許さなかった。ポルトガル国王は議会によって任命されるべきものであって、神が選定するものではなかったのである。そのうえ新しい国王は、歳入に関わる一切を議会の承認に委ねることとされた。対スペインの防衛費でさえ例外ではなかった。貴族は絶えず納税免除を要求し、教会は歴史ある不輸不入権（租税の納入を免除され、役人を領地内に入れさせない特権）の放棄を拒否しつづけた。教会も貴族層も、従来どおり、第三身分つまり平民から国家歳入を得るように促したのである。しかし、国王は増税を実施するだけの力をもっておらず（スペインのハプスブルク王朝ですら増税には失敗していた)、また、貴族や教会を押し切るにはあまりに孤立した存在だった。推されるままに王となったジョアン四世は、議会が神授の王権を制限できるだけでなく、王の私有財産を財源として強制的に供出させて独立戦争の資金に充てることもできるのだということを認めざるを得なかった。

フランシスコ・デ・ルセナ　新国王ジョアン四世が王権を維持することができたのは、初代宰相フランシスコ・デ・ルセナの機転の利いた手腕と技量によるところが大きい。ハプスブルク支配のもと、ポルトガル行政評議会の事務官を三六年間つとめたルセナは、国内でもっとも経験豊富な行政官だった。リスボン王宮に誕生した事実上の新政府に仕えるようになると、ルセナはスペインを無用に刺激するようなことは努めて避けようとした。彼の息子はスペインのハプスブルク家に仕えており、ポルトガルの分離主義者に対するスペイン側からの報復の標的にされることを恐れたからである。宰相ルセナは、組織や社会を無意味に変えずにすむよう官吏の職務を固定化し、革命支持者が報償を名目にして政治上の役職を手に入れる余地がないようにする一方で、マドリッドと「共謀した」スペイン支持者に対する一切の告発を禁止した。こうして政治体制の移行が円滑に進められていた矢先、それに水を差すような出来事が起こった。一六四一年二月、期待を裏切られた急進的な民衆の不満が沸騰したのである。失敗に終わった一六三七年のエヴォラ暴動で実現できなかった社会正義を求める声が民衆のあいだで沸き起こったのだった。貴族たちは震え上がり、これを「リスボンの恐怖」と呼んだ。スペインは有産階級のパニックを煽り、ブラガンサ「簒奪王」が退位する以外に秩序の回復はありえないと警告した。だが宰相は断固とした態度で貴族たちによる反革命を阻止し、高貴な生まれの首謀者たちを見せしめのために処刑して、ブラガンサの王座を守った。

こうして一六四一年に反革命主義者を処刑したことによって国王の権力が強まった結果、自らの勢力を維持し政府の力を制限したいと願う貴族は不都合な状況に置かれることになった。ジョアン四世に代わる王の候補者も見あたらず、また、オランダのような共和制を敷くことで解決を図るわけにもいかなかったからである。そこで、絶対王政に対抗する貴族たちは、王自身ではなく王を助ける官僚に攻撃の矢を向ける。宰相ルセナは、独立後の数カ月間は貴族に都合よく働いていた。単に貴族の手足として奉仕をする平民であったからこそ、高職も大目に見てやっていたのだが、それが今では貴族を処刑するほど強い権力を手に入れてしまっていた。国王に対してルセナが示す忠誠は、ほぼ同時期のフランスの宰相リシュリューを連想させるものであり、その権力は貴族の勢力を脅かすものであった。ルセナは反逆罪に問われ、王の助けを得られぬまま有罪を宣告され、反革命貴族の処刑に使われたのと同じ剣によってエヴォラ市の広場で公開の斬首刑に処された。その後も王と議会の対立は続くが、王にあてがわれた宰相は、ルセナとは比べようもないほど能力の劣る者ばかりであった。強大な権力を回復した貴族が国王の居室すら制限するに至って、ジョアン四世は援助を求めて海外へ目を向けるようになる。

国際社会におけるポルトガル革命の意味

一六四〇年のポルトガルの反乱は、単にイベリア半島の片隅で起こった国内の権力闘争でありながら、独立国家誕生の引き金となったばかりでなく、それ以上に大きな意味をもつ出来事でもあった。この時期、ヨーロッパ全体が大きな変革期のなかにあった。三十年戦争、近代フランスの台頭、イギリスの名誉革命――これらはみな、スペインからの分離を目指したポルトガルの長い戦いと直接の関係があった。近代初期のヨーロッパ全体を覆う危機は、ポルトガルもまた植民地政策を通してその一端を担っていた世界の国際貿易に影響を及ぼし、ローマカトリック教会による学問の独占に対して科学が大いなる挑戦を開始するきっかけとなり、さらにはイデオロギーといったものにも深い影響を及ぼしたのである。ヨーロッパ全体の危機は各国の外交をも左右し、ポルトガルは衝突し合う各国の戦略上の道具となった。これらの糸がすべて一つにより合わさって、全ヨーロッパ規模で南北対立の構図ができあがっていた。こうした軋轢のなかで、南ヨーロッパのカトリック諸国のうちイデオロギーの面でもっとも保守的な国のひとつであったポルトガルは、北部のプロテスタント陣営に支配された経済的な飛び地となった。

当初、ヨーロッパの列強は、スペインの田舎で再発した反乱にはほとんど注目していなかった。ある程度は気になっていたとしても、ポルトガルよりも豊かで強大なカタロニアで同時期に起こった反乱や、南のアンダルシアで一六四一年にジョアン・ブラガンサの姻戚が率いて起こした暴動の陰に隠れて目立たぬものになっていたのだろう。ポルトガルの革命が国際的な注目を集めぬままに進行しているあいだ、フランス、イギリス、オランダといった大国は、近代初期の世界における国家としての地位や威信を確立すべく、自らも内乱や宗教戦争、あるいは他国との戦争を繰り広げている最中だった。ヨーロッパとインドを結ぶ架け橋としてのポルトガルの国際的重要性は、十七世紀初頭にオランダの貿易会社が台頭したことによって大きく後退していた。プロテスタント諸国の政治家は、ローマ教皇がポルトガル革命政府との外交を禁じたことに対してあまり大きな関心を示してはいなかったが、それでもやがて反乱が成功するのではないかと見るようになり、ポルトガルの独立を承認することが自分たちにとって有利に働くのではないかと考えるようになった。独立承認のイニシアチブをとったのはイギリスだった。イギリスは、オランダにとって海運上のライバル国であり、ポルトガルにとっては中世に南北ヨーロッパ協調のための同盟を結んだ相手である。ここにきて、ポルトガルがアジアに築いた帝国の未来が争点として賭けに出されることになった。

ポルトガルのアジア帝国

一六四〇年ごろ、アジアにおけるポルトガルの胡椒帝国は斜陽の時代を迎えていた。経済的に衰退していたにもかかわらず、インドは依然としてポルトガルの民衆にロマンティックな巨像のようなイメージを与えていた。東方の帝国は、いまだに五〇あまりの海岸堡、要塞、在外商館をもち、さらにはザンベジ川から太平洋にかけて広がる島々を領有していた。総督はゴアからのんびりと商業網を監督していた。街の北にはインド綿の織物と染色の中心地が広がり、南にはゴアが統治するマラバールの胡椒農園が広がっていた。帝国側がおそらく水増しして発表した数字によれば、十七世紀初め、ゴアにはおよそ二五万人が居住していたという。額面どおりに受け取るとすれば、これはロンドンやアントワープにも匹敵する数である。人口の半数以上は奴隷が占め、植民地の各家庭には通常一二人の護衛、給仕、メイドが主人に仕え、まるでローマ時代のような贅沢な暮らしをしていたという。奴隷として働く職人や職工はモザンビークで雇い入れられ、また、自由民であるヒンズー教徒の移住者は、鋳掛け屋や金細工、床屋や雑貨屋などの店を開いていた。アルメニアやマレーシアのような遠方から来た外国人のコミュニティーも存在したが、植民地で「貴族」といえばヨーロッパ人を指す言葉であった。欧亜混血の人々は、本国から移住してきた王国生まれの白人とは同列に扱われず、有事の際には黒人奴隷やインド人キリスト教徒とともに徴兵され、兵卒として軍隊に加わった。

ポルトガルから移住した軍人入植者は、兵役終了後に現地で結婚をすれば入植市民になることができた。一部の者は、持参金がないためアジアへやってきた白人の孤児と結婚したが、大抵はアジア人か欧亜混血女性と結婚した。一六四〇年のゴアで、完全な市民権、つまり市会議員を選び教会の慈善事業を監督する権利をもった既婚市民は、おそらく一〇〇〇人にも満たなかっただろう。当時のゴアには、選挙権をもつ市民よりも修道士のほうが多かったという。人種に関しては、教会も国家と同様、因習を厳格に守っていた。聖職者の昇進には、教育や教養よりも肌の色が大きく関係した。裕福な家庭は、自分たちの娘が下品な移民やそれ以下の身分の男と不釣り合いな結婚をしないように、白人女性がみだらな行為を受けて妊娠させられてばかりいるような生活から隔離できる安全な女子修道院に寄付を行なった。しかし一方で、都市部の親たちは、少なくとも白人の花嫁を確保できる程度に女子修道院の数を制限しようとした。要するに、この帝国の中心地ゴアでは、国家も教会もともに豊かさと優雅さを享受していたのである。

聖職者も軍人も事務官も武官も、それこそすべての人がシナモンと胡椒に投資をしたこの豊かなインド社会に、実にさまざまな脅威が降りかかるようになる。貿易収入が減少するにつれて防衛に手がまわらなくなると、海賊はより大胆に活動するようになり、インドの王族はより強硬な姿勢をとるようになった。オランダとの休戦協定が一六二一年に失効すると、総督はイエズス会の外交官たちに促され、一六三五年、イギリスとのあいだに、ゴアのみに限定した局地的な平和条約を結んだ。一隻のイギリス船がポルトガル領の中国に送られ、ゴアをオランダから守るための大砲を積み込んで戻ってきた。聖職者は不安げな信徒に向かって、イギリスの関心は胡椒貿易に集中しており、異端の信仰を広めるつもりではないはずだと説いた。このカトリックとプロテスタントのあいだに新たに結ばれた協力関係は、アジアで台頭するオランダ経済の勢いを止めるには至らなかったが、後にヨーロッパの本国間で一六四二年と五四年に結ばれるイギリス・ポルトガル通商条約に向けて、外交上の先例となった。しかしその他の点では、アジアがポルトガル独立戦争において重大な役割を果たすことはなく、外交上の重点は、カルヴァン派のヨーロッパ諸国とカトリック・ヨーロッパ諸国が激しくしのぎを削る大西洋植民地に移っていった。

大西洋帝国——オランダとの覇権争い

ポルトガルが大西洋に築いた帝国は、「スペイン捕囚」のあいだ、アジア帝国と同様の苦境にあった。一五八〇年代にスペインからの独立を勝ち取ったオランダは(ちょうどその時期、ポルトガルはスペインにより独立を失っていた)、大西洋の覇権をめぐる長い戦いを通して、ポルトガルの帝国領域内に食い込んでいった。一六〇五年には南大西洋上にオランダの輸送船が何隻も航行するようになっており、その年だけで一八〇隻のオランダ船が南アメリカの塩田を訪れた。一六二一年になると、オランダは砂糖輸送の支配権をも手中に収め、ブラジルとの交易のために年に一二隻の船を建造し、二九の製糖所を稼動させて四万箱の粗糖を精製するまでになった。ポルトガルの植民地における物資輸送のうち半分以上が、政治や外交とは無関係にオランダの船によって行なわれるようになっていた。ポルトガルの海運業者の多くは、リスボンに暮らす新教徒の商人層に属し、祖先の代にやむなく改宗したユダヤ人の家系だった。彼らは、大半がポルトガルからの亡命者で構成されていたアムステルダムのユダヤ人社会とおおむね良好な関係を結んでいた。ポルトガル・オランダ両国の商人は活発な貿易活動を展開し、フランスやヴェネチアから国家やイデオロギーを超えて大規模な投資を引き出すほどだった。

しかし、商業上の協力と競争のみがポルトガルとオランダとの関係の特徴であったわけではない。両者のあいだで大西洋を舞台に激しい戦争が起こることもあった。一六三〇年、オランダは二度めの攻撃で、砂糖の生産地であるブラジル北東部の征服に成功し、以後二〇年以上にわたって、この一帯を占領した。一六四一年には、アフリカにおけるポルトガル最大の奴隷貿易の地盤を掌握し、七年にわたってアンゴラの港湾都市ルアンダを占領した。オランダはさらに二カ所を侵略し、ポルトガルはその両方を永遠に失うことになる。そのひとつは西アフリカにおける金貿易の要塞エルミナであり、もうひとつは南アフリカの喜望峰である。オランダがエルミナを侵略したのは一六三七年であり、喜望峰を奪って要塞化したのは一六五二年のことであった。この二つの植民地は、最終的にはともにイギリス領となる。

大国フランス

大西洋の覇権をめぐる戦いが進行するあいだに、ヨーロッパ内でも、ポルトガル国王の承認をめぐる外交上の主導権争いが起こっていた。ブラガンサ王朝は、最後にはプロテスタントの国イギリスとの同盟を受け入れたのだが、そこに至るまでは、イギリスを凌ぐ大国でありカトリック教徒の多いフランスとの同盟を取り付けるために、外交上の努力が懸命に続けられていた。フランスは南北ヨーロッパの中間に位置し、ユグノーと呼ばれる半ば容認されたプロテスタントの少数派が中心となって経済改革が進められていた。フランスは、三十年戦争を通して、ドイツとの和平が結ばれる一六四八年までに北方で勢力を拡大し、南では、ピレネー条約によりスペインとのあいだに最終的な和平が成立する一六五九年まで戦争を続け、スペインの優位性を失わせた。こうした勢力の伸張や、カトリック教会とつながりを保ちつつ国家のアイデンティティを確立した点から、フランスこそが新生ポルトガルを誕生させる助産婦役の第一候補と考えられたのだった。だがフランスにとってポルトガルは同盟相手として役不足だった。スペインを弱体化させるポルトガルの反乱をフランスは大いに歓迎したし、またそれによってカタロニアまで国境を延長する見込みも高まりはしたが、ポルトガルからの求愛はフランスの外交にとって価値の低いものにとどまった。野望に燃えるポルトガルは、ブラガンサ家の王女カタリーナを若いルイ十四世に嫁がせるという世紀の結婚を実現させようとするが、その望みは実を結ばなかった。ルイ十四世は、教会から承認を拒否されるような血筋の怪しい革命王朝との縁組みを嫌い、あくまでもスペイン王家とのあいだに婚姻関係を結ぶことによってカトリック大国どうしで同盟関係を築く方向に進んでいった。フランスは、ポルトガルを補欠候補として押さえておくためにジョアン・ブラガンサの息子にフランス王族の娘を嫁がせ、ポルトガルの独立を慎重に援助し、スペインの出方をうかがいつつ、その国力を探ろうとした。

ポルトガルの宮廷では親仏派がしだいに力をつけ、ポルトガルの独立紛争が軍事的にも政治的にも大詰めを迎えた段階で重大な役割を果たすことになる。しかし、その一方で、ポルトガルにとって再び大きな存在として浮かび上がってきたのがイギリスだった。

イギリスとの同盟

独立戦争のあいだ、ポルトガルとイギリスとの外交関係は、紆余曲折を経て複雑に展開した。スペイン捕囚以前に二国を結びつけた「旧同盟」によって、過去にイギリスは、ワインの供給、毛織物市場、外洋航路における安全な停泊地を確保し、さらには、イギリス王家のライバルとして古くから敵対するカスティリャに対抗する盟友を得ていたため、ポルトガルとの同盟復活についてはイギリスも魅力を感じていた。ポルトガルは、イギリスの絶対専制君主チャールズ一世の時代に、イギリスによる反逆王朝の承認に向けて交渉を始めた。だが、話し合いが実を結ぶ前にイギリスは内戦に突入する。ポルトガルはドン・キホーテのごとき騎士道精神で王党派を支援した。チャールズ一世が倒れると、今度はなりふり構わず、王殺しのクロムウェル（イギリスのピューリタン革命で国王軍を破り共和制を樹立）に王権強化の手助けを求めた。一六五四年、ウェストミンスターで調印された条約で、ジョアン四世は、クロムウェル父子による「護民卿」統治時代のイギリス商人たちがポルトガル国内で自由に活動することを認め、彼らが新教のバイブルを使用することを許し、さらには驚くべき寛容さを見せて、カトリックの土地ポルトガルにプロテスタント教徒を埋葬する許可も与えた。この条約は、チャールズ二世がイギリスに王政復古を果たした後の一六六〇年、ポルトガルの摂政をつとめていたジョアン四世の未亡人の求めにより、ホワイトホールにて改正される。改正後の条約には本格的な軍事援助規約が含まれ、最終的にこれが独立戦争を終結に導く助けとなった。ポルトガルは、対スペイン戦の傭兵としてイギリスで二五〇〇人の兵士と馬を現行の市場価格で徴用することを許され、また、それよりもコストは高かったが、スコットランドとアイルランドの英領ケルト国家から四〇〇〇人の兵士を集め、二四隻のイギリス船を借りて彼らを輸送することも認められた。これら派遣軍にはポルトガル到着時にイギリス製の武器が支給され、宗教の自由も保証された。さらに翌年には、騎兵隊と歩兵がイギリスで追加徴用されている。両国の同盟は、カタリーナとイングランド=スコットランド王チャールズ・スチュアートとの結婚により、いっそう強固なものとなった。王女は莫大な嫁資として金貨二〇〇万枚を持参し、同時に、ポルトガル帝国植民地の拠点であるアフリカのタンジールとインドのボンベイの両港を差し出した。持参金による負債は、以後半世紀にわたりポルトガルの国家財政を圧迫する。これだけ対価を支払ってもポルトガルの独立を保証するにはまだ十分ではなかったが、まったく予想外のところから別な支援の手が差し伸べられるようになった。ポルトガル自身がブラジルに築いたラテン・アメリカ帝国である。

ブラジルの援護　ブラガンサ一族は、もともとポルトガル平野の農村地帯の出身であったため、植民地の事情には通じていなかった。それゆえ、ジョアン四世は、ブラジルが外交上の中心的な役割を演じるようになるとは思ってもいなかった。イエズス会の院外勢力が率先して国王の説得にあたり、南米の植民地をうまく使えば革命の成功は保証されるのだと訴えた。イエズス会は、ヨーロッパ人を所有者とする農園を建設し、改宗者をそこのキリスト教のコミュニティーに受け入れることで南米に大きな影響力をもつようになっていた。しかも宣教師たちは、彼らに敵意や妬みを抱くはずの世俗の入植者とも協力関係を結んでいた。両者にとって、ブラジル北部に入り込んでいたオランダ人が、共通の宗教的、経済的、政治的脅威となっていたからである。ポルトガル本国でブラガンサによる革命が起きたという知らせがブラジルに伝わると、リオデジャネイロの指導的市民サルヴァドール・デ・サはイエズス会と共闘関係を結び、ともにポルトガル独立を支持する点で合意した。

サルヴァドール・デ・サがイエズス会を支援し、自らもブラガンサを支持するようになった動機のひとつには、アフリカにおける損失が関係している。アンゴラのポルトガル・オランダ戦争は、三十年戦争のなかでヨーロッパからもっとも遠く離れた場所で起こった戦いだった。オランダが最初にルアンダの港を攻略しようとしたのは、一六二四年のことであった。この時は、ハプスブルク家に任命されたポルトガル貴族出身の知事による素早い対応により、南アメリカへ年間一万人輸出されるアンゴラ人奴隷の供給源をオランダに奪われずにすんだ。一六四一年、和平交渉によりポルトガル独立王朝が承認されるよりも前に植民地を掌握しておこうと考えるオランダは、ルアンダに対する攻撃を再開した。アンゴラのポルトガル守備隊は川の上流へと敗走し、遠く離れたアフリカの地で流浪の身となりながら、オランダの支配を受け入れるかハプスブルク家に対する忠誠を守り通すか、それともブラガンサ王朝のために反旗を翻すかの決断を迫られた。彼らはブラガンサの側に立って戦う道を選び、小さな飛び地を要塞化し、そこでアフリカ人やオランダ人の攻撃をしのぎながら、リオデジャネイロに救援を求めた。彼らがようやく救出されたのは、その七年後、サルヴァドール・デ・サがアフリカに到着し、ブラジル人がオランダをルアンダから追い払った一六四八年のことだった。ジョアン四世の手元には思いもかけずルアンダが戻ってきたわけだが、彼は、オランダに約束した和平が辺境で破られたことに少々当惑をおぼえた。だが、オランダからの植民地の奪回はこれだけでは終わらず、六年後には、ブラジル人自身が、大農園が広がるブラジル北東部の植民地を取り戻し、それ以後オランダは、貿易活動をカリブ海に集中させることになる。こうしてポルトガル独立への歩みは、南米植民地と、それら植民地のアフリカへの依存関係とによって後押しされたのであった。

独立の達成　一六五六年、ポルトガル王ジョアン四世が没した。王はブラジルとアンゴラにおける南大西洋帝国の支配権は取り戻したが、宗主国スペインの同意を得ずに行なった一方的な独立宣言をヨーロッパ諸国に承認させることはできなかった。ジョアン四世は、ブラガンサ王朝の正当性を認めさせ、また戦争に備えて歳入を増やすため、在位中に三度にわたって議会を召集したが、完全な成功は得られなかった。王の死後、未亡人となったスペイン生まれの王妃は、革命王朝の摂政の座につくと精力的にスペインとの和解をとりつける仕事を引き継いだが、戦争は長びく一方だった。国内では、貴族が王の死に乗じて影響力を強め、王室政府の権力を制限しようとした。だが、一六五九年を境にポルトガル情勢は急展開を見せる。ピレネー条約によってスペインとフランスとのあいだの長い戦争に終止符が打たれ、国際情勢が大きく変化したのである。ピレネー条約による和平の実現は、ポルトガルに外交的利益をもたらすどころか、ポルトガルの反乱を制圧するための軍隊を振り向ける余裕をスペインに与える結果となった。スペインはフェリペ四世の息子に率いられて再びポルトガルに侵攻したが、ポルトガルを取り戻すには至らず、逆に戦闘の最終局面では、他国から多数の傭兵を借りたポルトガルが勝利を飾るところとなった。

ポルトガルの独立戦争が成功の階段を上りはじめるきっかけとなったのは、一六六二年にリスボンの宮廷内で起こったクーデターであった。莫大な出費をともなったカタリーナとプロテスタントの英国王との結婚は、ポルトガル国内の支持を得られず、政治的にも不評で、単に摂政政治への激しい批判を招いただけだった。スペインによる再侵攻は民衆のあいだに緊張を高め、貴族の財産が略奪を受けるに至って深刻なパニックがリスボンに広がった。業を煮やした若手貴族の一派が王妃による摂政を倒し、二六歳のカステロ・メリョール伯爵を戦時「執政官」に就任させ、粗暴で知的障害とも見られる王妃の息子をアフォンソ六世として名目上の王座につけて新体制を支持させるという形をとった。新政権は、従来の外交方針を根本的に改め、同盟相手をイギリスからフランスへと乗り替えることにした。カステロ・メリョールは、青年期にあったアフォンソ六世をフランスの王女と結婚させ、枢機卿制度を含むブルボン王朝の絶対王政をポルトガル新政府の範とし、フランスびいきの執政官制度に対抗する王弟ペドロ王子と姉のカタリーナ英国王妃を中心とする勢力を排除した。軍事的な能力に優れたカステロ・メリョール伯は、多国籍の傭兵部隊を組織し、フランス人とドイツ人の両親をもつ名将ションベルクを司令官に据えて、疲労の色濃いスペイン軍を相手に三年にわたって精力的に軍事行動を展開し、いくつか決定的な戦闘を制したのち、一六六五年にポルトガルの勝利を確実なものにした。だが二年後、親仏派と執政官は新たな宮廷クーデターにより失脚し、ペドロ王子と親英派が権力を掌握する。そうして一六六八年、スペインはついにブラガンサ王朝を「正統」と認め、ウェストミンスター平和条約が批准され、その後四十年にわたってポルトガルは、ペドロのもとで一貫した政治体制を維持することになる。

ペドロ王子による王位簒奪により、ポルトガルの政治は根底から変化した。無能な若い国王アファンソ六世は、ただちに大西洋の真ん中に浮かぶアゾレス諸島に追放された。絶対主義への野望を絶たれた若い執政官カステロ・メリョールは祖国を逃れ、皮肉なことに、イギリスに庇護を求めた。ペドロはフランスとの同盟を解消しながらも、追放を機に兄アフォンソと別れたフランス出身の元王妃を妻にして、政治的な地盤を強化した。ポルトガル独立戦争が終結する時点でスペインに占領されていた領地は、ジブラルタル海峡を見下ろすモロッコの要塞都市セウタを唯一の例外として、すべてポルトガルに返還された。執政官制の下で見られた絶対主義的傾向は薄れ、かつての貴族たちが一時的に勢力を盛り返した。国政は、王が任命した役人が取り仕切るのではなく、再び少数の廷臣の手に握られることになった。対英同盟が復活すると、リスボンは、北ヨーロッパの重商主義国の飛び地となり、アムステルダムで造られた新型の貿易船が集まるミニチュア版ロンドンのような趣を呈した。リスボンの周囲には田園地帯がひろがり、地方貴族が建てたイタリア風の礼拝所や、地主たちが建設した華麗なフランス趣味のマナーハウスが点在していた。商業都市リスボンは、農業とキリスト教の海に取り囲まれた孤島のような存在だったのである。

ポルトガルの産業構造

一六六八年の和平により、ポルトガルは防衛費の支出から解放され、疲弊した国家財政の建て直しが一気に進むかに見えた。だが、富の蓄積は、またしても先送りとなった。ポルトガルの国内産業のうち国際市場でそれなりに重要な位置を占めていたのは製塩業であり、塩は独立戦争を通してポルトガル経済にとって不可欠な資産であった。当時、オランダの塩市場はバルト海まで広がっており、一六六〇年代には、塩はアムステルダムで高値で取り引きされていた。ポルトガルの独立が最終的に達成されたのは、この塩から得られる利益によるところが大きかった。塩の出荷の時期になると、ポルトガル商船の輸送力では取引先への配送にまったく対応しきれないため、いつも何百艘もの輸送船が南下してきては、総量にして八万トンもの塩をポルトガルの海岸で買い入れていった。塩はほとんど付加価値をつけることのできない産物ではあったが、ポルトガルは塩を輸入品の対価支払いに充てたため、製塩業者は大きな利益を手にすることができた。だがこれは一方で、国内の製造業の発達を鈍らせることにもなった。リスボンの上流社会は、国内の工芸技術を育成したり農村の生産力を向上させたりしなくても、塩から得られる利益で外国の織物や衣類、日用器具、金属製品、陶磁器、装身具、高級品などを買うことができた。開発途上国の落とし穴——原料を売って加工品を買う——は、新生ポルトガルの経済を最初期から蝕んでいたのである。

沿岸部におけるポルトガル第二の産業、つまり漁業も、期待したほどの経済的繁栄を国家にもたらしてはくれなかった。沿岸部や港の住人にとって魚は肉以上に重要な日常の食料だったが、海外植民地の発達にともない帝国の大航海路の乗組員として漁師たちが駆り出され、漁業は人材不足に陥った。さらに漁師たちは漁船の不足にも悩まされた。船は遠隔地との交易に徴用され、船大工は軍艦の建造に忙しく、船を造るにしても、材料となる木材は内陸部の森林から牛車で引っ張ってくるのではなく、スウェーデンやブラジルから高値で輸入しなければならなかったからである。ついには漁業資本も底をつき、特産の鱈の干物でさえ国内では製造できなくなるにいたって、ポルトガルの経済的従属はいよいよ深刻化する。どこよりも先駆けてラブラドルやニューファンドランドの大漁場を開発してきた国が、北大西洋でイギリス船が獲る鱈に頼るようになってしまったのである。それ以上に象徴的なのは、鱈の干物を北アメリカの英領植民地から直接ブラジルのプランテーションに持ち込んで市場で販売する許可をイギリス人漁師に与えたことである。この開放措置は、あらゆる貿易品目は母都を通過し本国に富をもたらすものでなければならないとする伝統的な重商主義を大きく逸脱するものだった。

リスボンへの食糧供給は、鱈が不足する以前から、穀物の市場供給体制の不備により重大な危機に直面していた。海外の市場で穀物を買い付けるほうが、乏しい資本や労働力を生産管理や輸送に投じて国内の農業生産力を高めるよりも容易であり、経済的にも有利なように思われたのである。ポルトガルの穀物危機は、すでに中世からリスボンを襲い、それが第一次植民地政策の引き金ともなっていたのだが、問題は何ひとつ改善されないまま十七世紀に引き継がれていた。十八世紀に入ると、ようやく、小麦、ライ麦、大麦などが国内で生産されるようになり、ポルトガルの穀物不足はいくらか緩和されるようになった。南部平野で栽培される小麦の一部は、途中までは航行可能なサド川を遡って集荷し、海岸沿いにリスボンまで運んでくることができた。しかし、外洋の輸送路が整備されると、沖合の島々のほうが内陸の平野部よりも利便性で勝るようになった。革命前の一六三一年、リスボンは六〇隻分のアゾレス諸島産の穀類をフランス商船に乗せて運び入れ、また、それとほぼ同量のスペイン産穀類をセビーリャから輸入している。スペインから独立した後は、イギリスが穀物の主な輸入先となり、イギリスからの供給が不足がちになると、今度は北米の英領植民地から買い付けるようになった。このようにポルトガルは、伝統的に一貫して国内の農業生産よりも貿易の促進に力を入れていた。自給率を高めるよりも、「安い」食物を輸入しようという方針は、都市部の中産階級と農村部の地主貴族との関係を改善するうえで何ひとつ良い結果をもたらさなかった。

ペドロの経済改革

製塩、漁業、穀物といった伝統的産業では、ポルトガルを財政難から救い出すことは不可能であった。そこで、ペドロ王子の摂政政府は、どのようにして自国の経済を改革すべきかについて意見を募ることにした。国家を貧困から解放する方策が三つ提示され、そのいずれもが、その後三世紀にわたり繰り返し試行されることになる。三つのなかでもっとも実施が困難な案は、工業化政策だった。この政策は、国の物的資源と人的技術の有効活用を目的としていた。第二の案は、植民地に人と技術を輸出し、それらの移住者が母国の家族へ送る現金などの有価財に頼ろうというものであった。第三の案は、原材料や第一次産品をイギリスその他に輸出し、加工製品の供給は外国の技術に頼るというものだった。ペドロ王子は四〇年におよぶ在位期間のなかでこの三案すべてを試みたのだが、最初に試行したのは工業化政策だった。

工業化政策

独立まもないころの工業化政策の基本は、繊維製品の国内生産を試みることであった。ポルトガル最大の輸入品目であり、収支のバランスをもっとも圧迫しているのは毛織物であった。ポルトガルは一大牧羊国ではあったが、羊毛の大部分は北ヨーロッパの繊維業者へ未加工品として輸出されていた。そこで、摂政ペドロの経済顧問エリセイラ伯は、フランドル地方をモデルにした国産毛織物工業をポルトガルに興すことを進言した。こうして、放牧地帯に近く、きれいな山の水が手に入る中部山岳地帯の麓に位置するコヴィリャンに、いくつかの「工場」が建設された。だがこの試みは、他の開発途上国における工業化政策と同様、不成功に終わる。経済革新は、古くからの織物業者が組織する同職組合の猛烈な反発を買ったのである。彼らは、大資本を投じた工場で生産される繊維製品との市場競争を恐れただけでなく、熟練職人が国家事業に引き抜かれるのではないかと危惧したのだった。家内制の繊維職人に出来高払いで仕事を周旋して生計を立てていた中間業者たちも、工場製品との競合を嫌い、市場の対極に位置する消費者も、国内の製品とイギリス製のウールとでは品質の点で比較にならないと不満の声をあげた。確固とした保守的なファッション・センスをもつ町の購買層も、新しい国産製品を受け入れようとしなかった。政府は生まれたばかりの産業を保護し、外貨の節約をねらって繊維製品の輸入に制限を設けたため、反発はさらに激化した。だが経済措置はそれだけにとどまらず、奢侈禁止法を公布して、富裕な上流層による外国製品の誇示的消費を制限しようとした。都市の輸入品購買層と農村の伝統的織物業者の怒りは、工業化を伝統的な社会秩序に対する脅威と見なす地方貴族の不満と響き合った。

工業化に反対する地主貴族たちは、まさに理想的な闘士を見つけた。伝統的価値の不屈の擁護者、異端審問所である。審問所は、独立戦争の際に、ポルトガルがスペインから分離独立するのを阻止できなかった。カステロ・メリョールによる独裁体制の下では、フランスとの連帯や、コルベールをまねた経済計画を柱とする近代化政策に対して、虚しい抵抗運動を行った。ペドロ王子の摂政時代になると、審問所は、工業化は国王に独自の収入源を与えることになるのではないかと懸念する貴族たちの不安感を煽りたてた。貴族たちの考えによれば、国王にそうした自由を与えると、以前から王権に対して課されてきた制限を弱めることになり、一六四一年と一六六二年に自分たちがあれほど強く抵抗した絶対王政への動きを助長することになる。異端審問所にとって、こうした状況のもとでペドロ王子の工業化政策を妨害するのはわけもないことだった。審問所は、織維製造業者をユダヤ資本の手先であるとして告発し、審問所の地下牢で拷問を加え、投資家たちが恐怖心から工場への投資を手控えるようにした。異端審理の期間中は織工が長期にわたって監禁されるため、工場での生産は中断された。有罪判決が下った者には告発者が財産の没収を求め、また場合によっては、工場経営者が公開で処刑されることもあった。こうした迫害行為は、単に行き過ぎた人種差別や偏狭な宗教的信念が噴出した結果ではなく、近代化主義者と保守主義者のあいだに起こったポルトガルの権力闘争の核心にあたる現象と考えるべきである。

異端審問所を中心とした宗教的・人種的な迫害は、十七世紀のポルトガルの社会的・経済的分裂を一段と深めた。ポルトガル国内の対立は、都市と農村、工場経営者と貴族にとどまらず、それぞれの階層の内部にも見られた。ポルトガルには、外国商館に雇われ、貿易上の取引交渉を行なう新興のブルジョア集団が存在した。この中産階級の商人グループは、国内の製造業を育て自給率を高めるのではなく、取引水準の高い国際貿易を維持してこそ、自らの既得権を活かすことができた。経済愛国主義とは無縁の都市の卸売り業者もまた、外国の輸出業者と自分たちの利益が密接な共生関係にあることを知っていた。輸出元であるフランスにとっても、またリスボンの現地代理人にとっても、フランス製シルクの市場を狭める恐れのあるポルトガル国内のシルク産業が発展することは非常に都合の悪いことだった。フランス商人は、フランスで職人を雇おうとするペドロ王子を妨害し、一六九二年の旱魃がポルトガルのシルク産業に与えた打撃を祝った。こうして、リスボン港の輸入業者は、はからずも、政府の経済開発政策に反対する海外の輸出業者と国内の保守的な貴族とのあいだに「非神聖」同盟を結ぶことになった。これら一部のブルジョアジーの動向にもっとも大きな影響を及ぼしたのは、イギリスであった。

リスボンのイギリス人商人たち――彼らを総称して「ファクトリー」と呼ぶ――は、リスボン港に確固たる地盤を形成し、政治的特権に守られて固く団結した仲買人のコミュニティーを形成していた。ファクトリーのメンバーは、時には異端審問所の標的となることもあったが、独立戦争のあいだに手に入れたプロテスタント信教の権利を保持し、しっかりとした塀で囲った専用の墓地を守っていた。また英国海軍も、ポルトガルとイギリスとの関係を軍事的な面で維持する力として働いた。ポルトガル本国と帝国植民地とを敵の攻撃から守るという点で、英国の艦隊はフランスやスペインの戦艦よりも優れていたのである。また両国は、一六八五年までホワイトホールで英国王妃として暮らしたカタリーナの存在を介して外交面でも結びついていた。だが、これら軍事的・外交的な結びつき以上に大きな意味をもっていたのは、輸入に代わる産業の確立を阻止しイギリスとの通商関係を維持しようとするポルトガル旧経済界の諸勢力が連帯したことであった。ファクトリーと提携していたポルトガル人の仲介業者や小売り商人は、イギリスから入る魚や毛織物や小麦を売買して歩合を稼ぐことに、当然ながら満足していた。要するに、「ポルトガル貿易」はイギリスの穀物生産者のあいだで起きた農業革命を加速させはしたが、ポルトガル国内で同様の改革が起こるきっかけとはならなかったのである。経済改革を強引に推し進めようとすれば、極めて激しい拒否反応が起こり、政治的な混乱の生じる恐れが出てくる。ポルトガルは、増大する貿易赤字を解消する手だてを再び帝国植民地に求めざるをえなくなった。

植民地への依存　アジアの旧海洋帝国は、ポルトガルの港やアルガルヴェ地方から、東へと移住者を惹きつけた。これら移住者の数はかなりのものではあったが、桁外れというほどでもなかった。オランダから再びポルトガルのものとなったブラジルの帝国領地では、人口密度の低い広大な亜大陸が備える潜在的な農業生産力を十分に利用するために、より多くの人的資源が必要とされた。さらに、イギリスやフランスの例ですでに実証されていたように、国内の農業を改革すると社会構造が急激に変化する恐れがあったため、移民、とりわけ人口密度の高いポルトガル北部からブラジルへの入植が、本国の農業革新に代わる経済的事業として奨励された。国内経済の成長に代わるものとしてのポルトガル移民がもっとも盛んに行なわれたのは、十九世紀ないしは二十世紀に入ってからであるが、そうした動きは十七世紀にすでに始まっていたのである。ブラジルへの入植者は、変わりゆく世界市場にポルトガルが対応するために砂糖と煙草を栽培し、本国がイギリスから輸入する品物の代金を稼ぐ役目を負わされていたのだった。

十七世紀後半、ブラジルの農業に対する依存度がさらに高まると、ポルトガルの経済は国際市場の変化にますます大きく左右されるようになった。とりわけ、ヨーロッパ北部の列強がカリブ海の島々に大規模な植民を行なったことで植民地同士の熾烈な競争が始まり、砂糖の価格は暴落した。歳入の損失を埋め、その結果生じた国際収支の赤字を最小限に止めるため、ブラジルのバイーア地方に古くからある砂糖農園では、経営を多角化し、煙草の生産に乗り出すようになった。王室による煙草の独占は、明らかに政府に有利な仕組みになっていた。煙草にかかる税金は貿易会社には配分されず、直接に国王の手に入るようになっていたのである。植民地の煙草税が王室にとって大きな収入源となり、長年にわたる王と貴族の国家財政をめぐる対立も和らいだ。ブラジルの輸出用の煙草の葉は、一本が二・五ハンドレッドウェート（約一三〇キログラム）の目方になるように巻かれ、表面に糖蜜を塗って牛革で包まれ、最高の状態で保存されて、投資や投機を待って蓄えられた。ポルトガルは、フランスに噛み煙草を、インドに嗅ぎ煙草を輸出した。煙草はまた、アフリカで奴隷を買うために必要となる商品の「取り合わせ」のなかで重要な品目にもなった。北米のイギリス領ヴァージニアの煙草栽培者が強力な競争相手になりつつあった時期にも、ブラジルからヨーロッパに持ち込まれる年間二万ロールの煙草の多くはイギリスに売られていた。一六八〇年代に入ると、煙草貿易は先の砂糖貿易と同様、落ち込みを見せる。だが、一六八八年、エリセイラ伯によるポルトガル通貨の平価切り下げに伴い、本国から再輸出されるブラジル産の煙草は必然的に価格のうえで有利に立った。また、その一〇年後にブラジルのゴールドラッシュが始まると、坑夫たちが煙草の巨大な消費者となり、煙草の生産はいっそう拡大された。

砂糖農園も煙草農園も、ヨーロッパからの移民を農場労働者として使うことはあまりなく、過酷な労働は簡単に手に入る奴隷労働者に頼っていた。十七世紀のポルトガルは、およそ五〇万人のアフリカ人奴隷を買い入れ、輸送し、市場で売りさばくことでかなりの利潤を得ていた。船も水夫も不足していたにもかかわらず、ポルトガルはブラジルとのあいだに広がる大西洋を行き来し、孤児、囚人、罪人、債務者、強制労働者、誘拐した旅行者などを商品とする奴隷貿易で巨額の富を得た。奴隷商人は、西アフリカの豪商から、こうした「生身の」商品や王室独占品である多少の象牙を買い入れ、ワインや織物、煙草などの現物で支払いを行なった。アンゴラでは、リオデジャネイロからやってきたブラジル人の占領軍司令官たちが、武力によって奴隷売買の地盤を拡大した。彼らは一〇〇マイル内陸まで兵を進め、黒人白人双方の交易社会に損害を与え、自らは莫大な利益を手にしたのである。コンゴやアンゴラに古くから存在したアフリカ人の王国は、ポルトガルの独立承認に続く植民地戦争で徹底的に破壊されたが、奴隷貿易はその後も二〇〇年にわたって盛んに行なわれた。しかし、植民地で得られる富だけでは、十七世紀の窮乏状態からポルトガルを救い出すことは不可能であった。ペドロ王子の政府は、反対派の強い抵抗にさらされながらも、国内経済の改革と発展に再び取り組まざるをえなくなる。

国内産業の育成——ワイン貿易　ポルトガル国内の農業開発の立ち後れに対する長期的な——あるいは不十分な——解決策は、ワイン貿易に求められた。ワイン貿易は、ポルトガルの経済を救う有望な手段として、いくつもの利点を備えていた。もっとも単純な技術上の利点として挙げられるのは、ワインの輸出で得られる関税を国家歳入の増加に繰り込むための手続きが単純であるため、宮廷事務官たちの原始的な会計システムを改良する必要がなかったという点である。国内の製品に税をかけ、それを歳入に繰込もうとすれば、官僚制そのものに手を加え、ポルトガルの貧弱な教育システムでは対応できないほど大きく変革しなければならなかっただろう。こうした現実的・実務的な利点に加え、ワイン貿易への集中は、異端審問所や農村部の保守勢力の神経を逆撫でしないですむという利点もあった。一六八三年、ポルトで派手に異端の宗教活動を行なっていたイギリスのワイン商人付きのプロテスタント牧師が国外に追放された。しかしそうした事件が起こりはしたものの、外国のワイン商人は、概して昔ながらのやり方でブドウを育てワインをつくる地主貴族たちに受け入れられていた。イギリスでは素朴なポルトガル産の赤ワインよりもボルドー産のクラレットが好まれたため、ポルトガルのワイン輸出業者は、イギリスに安定した市場を確保しにくい時期もあったが、英仏間に頻発する戦争によりフランスからイギリスへのワインの輸出が途絶えることも多かったため、それほど大きな問題にはならなかった。イギリスの織物輸出業者は、代金を金や銀などの地金で欲しがった。だが、ポルトガルに硬貨の準備高が不足している場合には、ワインでの支払いも受け付けた。一六七〇年代に一時後退したポルトガル経済は、一六八〇年代の初めになって、ワインを基盤にささやかな復興を遂げる。その案内役となったのがマデイラ島だった。

マデイラ島の存在は、ジェノヴァのイタリア人金融商人を介してポルトガルに紹介された。最初は小麦栽培の島として植民が行なわれ、次いで砂糖を生産するようになる。しかしやがて、土壌も良く、安価な奴隷労働力を使ったカリブ海地域の大規模な砂糖農場によって、市場から押し出されるようにしてマデイラ島の砂糖貿易は衰退する。その後、再び農業戦略の転換を行ない、今度はワインの生産を開始し、砂糖時代の競争相手であるカリブ諸島に輸出するようになった。マデイラ産のワインの品質が徐々に安定し、高い水準を保つようになると、島にはイギリス人のワイン商人が特権的な居留地をつくり、英領植民地だけでなくイギリス本国にもワインを出荷するようになる。十七世紀終わりには、ポルトガル本土の北部に位置するヴィアナとポルトにもイギリス商人の関心が集まるようになり、リスボンと同じような特権を有するイギリス人の「ファクトリー」が生まれ、年間一〇〇〇樽《パイプ》（1パイプは四七七リットルに相当する）ものワインが出荷されるまでになる。十八世紀には、ポルトを出荷元とするワイン貿易はポルトガルの主要産業のひとつとなるのだが、しかし、それよりも前に、国家財政の基盤を拡大すべく検討された戦略が他にもあった。

ヴィエイラの改革案

十七世紀後半、二人の政治思想家がポルトガルの経済構造を変えようと試みた。アントニオ・ヴィエイラ神父とエリセイラ伯である。ブラジル人のイエズス会士で、ジョアン四世の親しい助言者だったヴィエイラ神父は、カルヴァン派の新教国オランダと旧教国ポルトガルとの和平交渉において中心的な役割を果たした人物のひとりであった。神父は、独立が達成されれば、ポルトガルがユダヤ人社会と和解することも可能となり、ポルトガルからアムステルダムへ避難していた商人資本を呼び戻すための手筈も整うだろうと考えた。ヴィエイラは自らオランダに向かい、アムステルダムのシナゴーグで亡命者たちと面会した。亡命者たちは神父に対し、ユダヤ教から改宗した新キリスト教徒たちが負わされている司法上の差別的制限を廃止するよう訴えた。彼らは、異端審理を密告に基づいて行なったり、人種を根拠に背信性を推断したりするのではなく、告発者本人が自ら正式に署名をした告訴状をもとに異端審理を行なうよう要求し、さらに、ポルトガルに投資した資本は、宗教的迫害を受けた場合でも司法により押収されることのないようにしてもらいたいと訴えた。ヴィエイラ神父は、イギリスのプロテスタントたちが生み出したのと同じような自由な宗教的風土を、改宗したユダヤ人のためにポルトガルにもつくろうとしたが、その試みは十分な成果を生まなかった。一方、経済革新の面でも、ヴィエイラは、オランダ式の共同資本会社をポルトガルに設立しようとする案を提唱したが、自身が所属するイエズス会の賛同すら得られなかった。イエズス会は、ヴィエイラの改革案に従うと、結局は植民地における生産活動が制約を受けることになるのではないかと恐れたのだった。ヴィエイラが打ち出した改革と寛容の方向性は、異端審問所から激しい攻撃を受けた。審問所は地主貴族の支持を得て、神父を修道院に幽閉して口をふさぎ、さらにはローマへ追放した。彼はローマの地で十七世紀ヨーロッパにおけるもっとも偉大な伝道者のひとりとなるのだが、ポルトガルの政治に対しては一切の影響力を失うことになった。ヴィエイラ神父は一六六七年に国を追われ、その後、二度とポルトガルに戻ることはなかった。それを機に保守派は勢力を取り戻すのだが、しかし、ヴィエイラが打ち出した構想は、その後、もうひとりの経済近代化主義者、王室顧問エリセイラ伯によって生命を吹き込まれることになる。

エリセイラ伯の改革

エリセイラ伯は、ポルトガル社会に根付く保守派の圧力のもとで政府が工業化政策を維持するのは不可能であると判断し、伝統的な輸出農産物を他の地中海諸国の競合品目に対抗しうるものにするには通貨の切り下げを行なう必要があるという結論に達した。切り下げは一六八八年に実施され、まず最初にワイン生産者が恩恵を受けた。次いで、コルク、レモン、毛織物貿易も刺激を受けた。その後まもなく国際的な貿易市場が活発化すると、リスボンは一万樽《パイプ》のオリーブオイルを輸出するようになる。さらには三〇〇万ブッシェルの塩をオランダに輸出し、対価として、バルト海産の材木、小麦、魚を手に入れた。イギリスへのオレンジの輸出は、年間で五万枚の金貨をポルトガルにもたらした。ブラジルと北ヨーロッパの市場とを結ぶ貿易も通貨切り下げの恩恵を受け、バイーアから年に一〇万頭分の牛の鞣し革が、皮革製品や靴を生産する工場へ届けられた。しかし、これだけ輸出が増加しても、まだ十分ではなかった。イギリスへの輸出額は合計で二五万ポンドにのぼったが、五〇万ポンドに相当する輸入額を相殺するには遠く及ばなかった。繊維製品の輸入だけでもポルトガルが輸出する農産物の合計を上回り、穀物は依然として年に一〇〇万ブッシェルの輸入超過であった。手詰まりの状況のなかで、エリセイラ伯は一六九〇年に自ら命を絶つのだが、彼の死後、大規模な旱魃により事態はさらに悪化した。

ブラジルの金

十七世紀から十八世紀への転換期に、ポルトガルではさまざまな変化が起こった。国内各派の勢力バランスをとる術を身につけ、国王ペドロ二世となったペドロ王子は、当時あまりにも強大となっていた保守勢力との戦いを放棄した。一七〇〇年、異端審問所は毛織物工場を再び標的とし、一八人の有力な工場経営者を逮捕したが、国王はそれを黙認した。彼はブラジルがますます重要な存在になり

図9　エリセイラ伯爵　　優れた経済学者であり政治家でもあったエリセイラ伯爵は、ポルトガルの生産力向上に力を尽くしたが、十分な成果をあげることなく1690年に自殺した。

つつあることを認識していた。一六九七年、サンパウロの奥地で未開地の住人によって金が発見されると、ポルトガルは、以後三〇年にわたって金貿易により大いに潤い、結果として製造業の改革が再び忘れ去られることになる。この新しい富は、国王の手元にも国費に見合うだけの収入をもたらした。これにより国会《コルテス》を召集する必要はなくなり、その後コルテスは、フランス革命の後を追ってポルトガル革命が勃発した後の一八二二年になるまで開かれることがなかった。こうして、一六六〇年代には根を下ろすことなく終わったポルトガルの絶対王政が、十八世紀になって確立されることになったのである。その威光は、ポルトガルでは廷臣でさえプロイセンの典型的な啓蒙専制君主フリードリヒ二世よりも大きな権力を握っていると言われるほどだった。

メシュエン条約

とはいえ、世紀の転換期におけるポルトガルを財政面・外交面でもっとも長期にわたって特徴づけたのは、一七〇三年の二つのメシュエン条約締結である。メシュエン条約の原形は、一三五三年、ポルト港とロンドンのあいだで通商条約が結ばれた時点にさかのぼる。その二〇年後、英国王エドワード三世とポルトガルのフェルディナンドによって王室間の条約が結ばれた。さらに三三年後の一三八六年にはウィンザー条約が締結され、王室どうしの婚姻が成立した。そうして生まれた王子たちの活躍により、ポルトガルは海外に拡大する帝国主義の時代に入ることになる。古い同盟を継承してメシュエンにより十八世紀に結ばれた二つの条約は、軍事戦略と経済に関するものだった。一七〇三年五月一六日、まず最初に軍事条約が結ばれた。この条約によって、フランスとスペインのブルボン王朝同盟がイギリスのもつ大陸ヨーロッパへの経路を断とうとする動きを見せるなか、イギリスはポルトガルへ自由に出入りすることが可能になった。ポルトガルにとって、より長期にわたり重要な意味をもつことになるのは、一七〇三年一二月二七日、リスボン駐在のイギリス大使ジョン・メシュエンによって調印された通商条約であった。この条約の第二項について、イギリスのアン女王は以下のような承認を与えている。

大英帝国女王陛下は、陛下ご自身の御名において、また後継となられる代々の諸陛下の御名において、ポルトガル国領内の葡萄園から集められる葡萄酒が、いつ何時でもイギリス国内へ持ち込まれることを御認可くださった。ただしこれらのワインは、イギリスとフランス両国が平時であろうと戦時であろうと、直接または間接の関税、輸入税、その他いかなる勘定によっても、また大英帝国への輸入が、樽、大樽、その他いかなる容れ物を使ってなされても、同量のフランス産葡萄酒に比べて三分の一の関税ないしは輸入税を差し引いた金額で取り引きされねばならない。この税の減額は、どうあろうとも前述の通りに果たされねばならず、それが破られた場合には、神聖なるポルトガル国王陛下においては、以後イギリス産の毛織物および毛織物製品の輸入を再び禁じたとしても、これを正当かつ合法的な行為であることと認める。

Carl A.Hanson, *Economy and Society in Baroque Portugal 1668-1703* (Macmillan, London, 1981)

メシュエン条約を首尾よく締結できたことは、ポルトガルにとってかなり重要な意味をもつ出来事だっ

図10　ポール・メシュエン卿　　父ジョン・メシュエンとともにイギリス代表として1703年の通商条約の交渉にあたった。この「メシュエン条約」によってポルトガルとイギリスは経済的に長く結びつくようになった。

た。競合するフランスワインがイギリスで入手可能かどうかに左右されはしたが、今やポルトガルワインは、イギリスでの特恵的な通関が保証されたのである。政府は、輸出を安定させて輸入額とのバランスを保つことが可能となり、地主たちは、市場に不安を感じることなくワインの生産に従事することができるようになった。近代化に対抗し、安全で伝統的な単一栽培を支持してきた保守勢力は、こうした事態を自らの勝利と受け取った。だが、この条約はポルトガルにのみ有利であったというわけでは決してなく、イギリスもまた、品質や価格の点で競合しうるほど大規模な地元産業をもたないポルトガルの小さいながら重要な市場に繊維や服飾品を無制限に売る権利を手にしたのである。しかも、このワインと毛織物に関する協定によって、イギリスの繊維製品は大西洋の植民地にも販路を得ることができた。条約そのものは一八一〇年、ナポレオン軍とウェリントン軍のポルトガル侵攻をもって失効するが、イギリスとポルトガルの協力関係は、いかなることがあろうとも、病める時も健やかなる時も、末長く続いていった。

第三章

十八世紀——黄金時代とリスボン大地震

この時代の主な出来事

1706	ペドロ２世没。ジョアン５世即位
1716	マフラ修道院の建設（完成は 35 年）
1727	ブラジルでコーヒー栽培が始まる。ブラジルでダイヤモンド鉱脈発見
1731	リスボン水道の工事が始まる（完成は 99 年）
1732	ブラジルでゴールドラッシュ——渡航禁止令の公布
1750	ジョアン５世没。ジョゼ１世即位。ポンバル公爵を登用——専制啓蒙主義的改革が始まる
1755	リスボン大地震（11 月 1 日）——ポンバルの都市再建計画
1757	ワインの専売に反対してポルトで民衆暴動が起こる
1759	イエズス会士追放
1760	ローマ教皇庁との関係断絶（69 年まで）
1770	ブラジルの金産出量が減少を始める
1774	異端審問所を国王裁判所として再編
1777	ジョゼ１世没。マリア１世即位——ポンバルの失脚
1789	「ミナスの陰謀」——ブラジルで反植民地運動が始まる

近代ポルトガルの黄金時代は、十八世紀とともに幕を開けた。国王ペドロ二世は、ブラジルの金鉱が大きな富を産出するようになってから一〇年後の一七〇六年に没し、代わってジョアン五世が、ポルトガルの芸術・文化の大いなる開花期に君臨することになった。この時期、マニュエル一世による十六世紀初めの初期植民地帝国時代を思わせるような記念碑的建造物が相次いで建設された。王宮や荘園貴族の邸宅は、南米の鉱山から手に入れた富を使って建てられたスペインの壮麗な建造物を模したものであった。少数の文化的エリートたちは、当時の世界の諸学を学び、充実した図書館を建設した。外交官や王室の者たちは、ヨーロッパの各国を旅し、国際的な美意識や価値観を身につけた。教会には華麗な彫刻ときらびやかな装飾が惜しみなく施された。貴族は最高級の礼服に身を包み、これ見よがしに馬車に乗り込んだ。しかし、そうした少数の裕福な人々の下には、巨大な貧困層が存在した。農民は依然として封建制時代の従属民と似たような生活を送っていたし、庶民の住居や農民の田舎小屋は、王侯貴族の洗練された邸宅とは無関係に粗末なままであった。貴族のあいだで学問が盛んになっても、一般の人々は教育を受けられず、識字率も低いままだった。ポルトガルの教会は、ヨーロッパのカトリック圏のなかでもっとも保守的であり、いつまでも頑なに密室の中で審問を行なっていた。経済はイギリスとの関係に依存したままで、国内の産業基盤を拡大できずにいた。「黄金時代」を生きる民衆にとって、生活とは、ただ単に生き延びていくことを意味していたのである。社会的・経済的な変化がようやくポルトガルの国民全体に及ぶようになるのは、ブラジルの金により簡単に富が手に入る時代が終わり、一七五五年のリスボン大地震によって首都の商業の心臓部が破壊されてからのことである。

◆上流社会の生活

十八世紀初期の上流社会は、リスボン河畔の広大な王宮地区を中心としていた。国王と貴族は政治的には緊張関係にあったものの、王室の建物は謁見を望む者や外国からの訪問者であふれていた。来訪者の席次は厳格な規則によって定められ、国王は遠く近寄りがたい存在となっていた。通常は、数人の公爵、一二人の侯爵、三〇人あまりの伯爵が、大貴族として格付けされ、その下には、それよりも格式の低い爵位をもつ貴族や、いまや下級貴族となったキリスト騎士団をはじめとする武闘騎士団の騎士たちが置かれていた。血筋の高さが重んじられてはいたが、階級間の移動も不可能ではなく、裁判官や軍の将官、文筆家には貴族の地位が与えられることもあった。貴族たちは、同じ位階の者どうしを自宅に招待し合い、豪華な食事をともにして、世相や政治にかかわる噂話を交換していた。彼らはまた、お忍びでアフリカ人奴隷たちの情熱的な踊りを見に出かけたり、可愛らしい黒人の少女を見つけては淫欲に耽るなど、背徳的ともいえる遊びに熱中した。上流の白人女性は、嫉妬深い夫たちによって一般の人々の目から完全に遮断され保護されていた。裕福な男たちのなかには、階級的な釣り合いの点でしかるべき結婚相手が見つかるまでのあいだ、正式な結婚と変わらぬ形で妾を囲う例もあった。妾となった女性たちは、運が良ければ男と別れた後も手当をもらい、生涯にわたって女子修道院内に住居を確保することができたし、また、妾とのあいだにできた子供たちも、父親が属する階級の一員として認められることもあった。

図 11　公開処刑　　この銅版画は、審問所により有罪を宣告された犠牲者が、リスボンのテージョ河畔に建つ王宮前の広場に集まった群衆の前で処刑される様子を描いている。

リスボンの上流貴族たちは、流行に対する意識が高く、パリでデザインされた最新の衣装を好んで身につけた。国王にいたっては、リスボンの服飾店をすべて合わせたよりも多くの衣装を所有していると言われたほどだった。華美に着飾った者たちは、狭い路地を下水溝や便所として使ったが、そうした場所に立ち入る際には、民衆の視線を遮るように幕を張った担い籠に乗り換えて、衣装に汚れがつかないように気をつけた。聖職者も専用の四輪馬車に乗り、お供の者を従えて、ワインや食事を楽しみに出かけた。リスボンで最大の祭りは聖体の祝日で、この日は町じゅうが塵ひとつなく清掃され、上流の婦人までもが通りに出て、国王や女王、枢機卿が馬車に乗って通り過ぎる姿を見て楽しんだ。キリスト教徒は、ほぼ年に一度、サン・ヴィンセント教会を訪れ、審問所の公開審理を見学した。有罪を宣告された者は、いかなる階級に属していようと、男女の区別なく市中を引き回され、また、死刑宣告を受けた者は、国家よりも教会のほうが依然として大きな権力をもつことを示すために、夕暮れのなかで火刑に処せられた。

ブラジルの繁栄

ポルトガルが十八世紀に手にした富と栄光を支える柱となっていたのは、一六九三年にブラジルで発見された金鉱であった。内陸の高地で発見された漂砂鉱床は、白人入植者や黒人奴隷を引きつけ、一種のゴールドラッシュが始まった。一七〇〇年には、辺境地帯の各所で許可をもたない者たちが野営をし、年間で五万オンスの砂金を盗掘するまでになっていた。その五年後には、総産出量は年間六〇万オンスに達し、ポルトガル帝国は再び世界屈指の金の採掘量を誇る国家企業体となった。鉱山事業はブラジルの経済全体を刺激した。牧場主は事業を拡大して鉱山に食肉と皮革を供給し、余剰分をヨーロッパに輸出した。捕鯨業者の生産する食用油脂はブラジル帝国領内に供給されたばかりでなく、輸出にも回され、国家歳入の増加に寄与した。鉱山の所有者は西アフリカに煙草を送り、それと引き替えに奴隷を買い入れて採掘作業者を補充した。これによって、煙草の市場は国内ばかりでなく国外でも拡大を見せた。奴隷商人も、一七〇一年にスペインが奴隷の買い入れをフランスに一任することになり、いくらかの利権を失いはしたものの、南米での事業収益は高水準を維持していた。砂糖産業は、鉱山への労働力の流出により生産力を落としたが、新たにアフリカから砂糖を輸入することで生き残りを果たした。ブラジルの繁栄があまりにも見事であったため、ヨーロッパで最大の財力をもつ一族と見なされていたポルトガル王室は、ヨーロッパを捨ててリオデジャネイロに王宮を移転することさえ考えるようになった。この考えは、その後も王室に根強く残り、一〇〇年後に現実のものになる。

ブラジルの爆発的な経済成長は、ポルトガル本国の一般民衆に大きな影響を及ぼすことになった。ブラジルの経済が拡大した結果、ポルトガルの一般国民を広く移民として受け入れる条件が整ったのである。十六世紀、ポルトガルは、最初の帝国をアジアに建設するにあたって、本国からの入植者を大量に送り込んだ。二十世紀になって、三度めの帝国建設をアフリカで行なう際にも、資本よりはむしろ移民の投入を基礎とした。これらの帝国建設と同様、十八世紀にアメリカ大陸で建設された二番めの帝国もまた、成功を夢見る本国からの入植者に支えられたのである。一六三六年には一〇〇万人であった南米植民地の人口は、一七三二年には二〇〇万人になり、一八〇一年には三〇〇万人にまで増加した。一八世紀に本国からブラジルへ渡った白人の移民は、数の点ではアフリカから連れてこられた黒人奴隷よりも少なかったが、それでも、ポルトガル北部からの土地に飢えた農民の入植はかなりの数に達し、本国にとって、人口調整面での安全弁として長期にわたり機能するようになった。

王権の強化　ポルトガルの君主政体は、ブラジルの繁栄から数多くの点で実にさまざまな利益を得ることになった。大幅な貿易赤字はほぼ六〇年のあいだに解消され、一七六〇年代に再び収支が悪化するまで、大きな問題とはならなかった。拡大を続ける植民地貿易から国庫に莫大な税収が入るようになると、政府は財源確保のためにコルテスの承認を仰ぐ必要がなくなった。実際、リスボンに金が流れ込むようになってからは、一〇〇年以上にわたって議会は招集されなかった。ジョアン五世は、国家の財力こそ格段に劣りはするものの、表面的にはフランスをまねた絶対王制を築くだけの力を手にしたのである。こうした個人による国家支配は、議会制民主主義の黎明期にあった同時期のイギリスと極めて対照的であった。莫大な富を背景にして、ジョアン五世は、ポルトガルの国内経済が構造的に抱える昔ながらの問題を無視しつづけた。弱体化した農業、交通網の未発達、最低の発達水準にとどまったままの国内産業。こうした点はすべて、穀物と衣料品が輸入できているかぎり一切無視された。ポルトガル商船の護衛艦でさえ、大艦隊を護るに十分な船員を海兵として外国から調達できるような場合には、任務を与えられないこともあった。ポルトガルの抱える問題は、国王が自らの肖像を刻した金貨を詰めた小さな篭を振り撒くことで、すべて一時的に解決された恰好になっていたのである。ジョアン五世の宮廷は、イギリス人の商人が熱心に商業活動を展開するリスボンで、虚飾と祝典に明け暮れていた。

公共事業

黄金時代からもっとも長く引き継がれた遺産は、公共事業であった。コインブラでは大学図書館が仰々しい金色の装飾を施して再建され、リスボンの川向こうに広がる平野では、ブラガンサ家の別宅が宮殿のような堂々たる建物に建て替えられた。リスボン市は、六〇メートルを超える石柱で渓谷をまたぎ、山間部から新鮮な水を市内に引き込むための巨大なローマ式水道橋を建設しようと考えた。市の長老たちは国王から融資を得ることには失敗したが、黄金都市リスボンの市民が食肉、ワイン、オリーブオイルなどに支払う消費税で資金をまかなうことができた。国王自身も、水道橋を凌ぐ壮大な建築物を建

図 12　マフラの王宮付き修道院　この建物はスペインのエスコリアルを部分的にまねて建てられた。18 世紀のポルトガルはブラジルの金により大いに繁栄した。この建造物は、そうした黄金時代の敬虔と富を象徴している。

てて自らの名を残したいと考え、マフラに巨大な王宮を建設した。この建物は、マドリッド郊外にフェリペ二世が建てたエスコリアルをモデルとし、建設地もエスコリアルにならい、都市の物騒な民衆から遠く離れた郊外の田園地帯が選ばれた。建物の内部も庭園も格調高くデザインされ、一〇〇〇を超える部屋に置かれた豪華な家具調度品と絶妙な調和を生み出していた。建物と庭の規模は、周囲の貧しい田園地帯の民家に比べると異様なほど壮大であった。この王宮には、王族専用の教会を付設したバロック様式の巨大な修道院が含まれていた。ブラガンサ家の人々は、自分たちが隣国スペインの王族よりも信仰心が薄いと思われるのを嫌い、フェリペ二世が好んだのと同じやりかたで、祈りの場をかねた王宮を建設したのだった。ヴォルテールは、この王宮建設に合理主義的な嘲笑を浴びせかけ、国王ジョアンは修道女を妾にすることを夢見ているのではないかと皮肉っている。とはいえ、強制的に集められた建設労働者や、それを管理する軍人たちが大挙してこの地域に現れたことで、周辺の住民たちは、七〇〇〇台の牛車や馬車を引き、荷を運搬したり車を引く牛馬の世話をしたりといった仕事を請け負う雇用の機会を一世代にわたって得ることになった。

海賊と密売の横行　ブラジルから送られてくる富はまさに莫大なものであったため、海賊の襲撃や密輸に対して慎重な防衛体制を敷く必要があった。ポルトガル商船の乗組員は自ら海賊でもあり、また、海賊の襲撃を受ける被害者でもあった。アフリカ北部バーバリ地域を根城にするコルセアと呼ばれる海賊船は、以前はキリスト教徒の船を襲い、貧しい者は奴隷として捕らえ、裕福な者は身代金と引き替えに解放するといったことを行なっていたが、十八世紀になると、ブラジルから財宝を積んでやってくる船団にも狙いをつけ、船ごと分捕ろうとするようになった。コルセアのいわば商売敵であるポルトガル人の海賊船は、モロッコの港ではなく大西洋の島で網を張り、国王の輸送船を襲撃しようと待ちかまえた。高価な荷を積んだ輸送船は、アゾレス諸島に近づき、ヨーロッパの海域へ入り込むあたりから、イギリス人を含む海兵を使って船団の警護につかせた。海賊に襲われる危険性は極めて大きかったため、リスボンへ向かう旅客のうち裕福な者たちは、ポルトガル政府のものとは別に、イスラム諸国と友好関係にある国が発行した通行証を携帯するよう勧められるほどだった。しかし、国王の目から見ると、海賊の被害よりも密輸のほうがいっそう大きな問題だった。国王は、南米の船長たちに対する監視を強化する目的で、一六九七年、ブラジルボクと呼ばれる樹木（この木から染料が採取できる）の取引を王室の独占とした。だが、こうした締めつけも効果がなく、船の乗組員たちは、必要とあれば税関の官吏を買収してありとあらゆる商品を密かに運び込み、税の支払いを逃れていた。専売品目であったはずの煙草も、糖蜜の樽に隠して運び込むといった手口で密輸が横行し、王室による独占は名ばかりのものになっていた。煙草の輸入が生む税収は、ポルトガル国内で煙草が栽培されるようになると、さらにいっそう減少した。記録によれば、ポルトガル北部の女子修道院のなかには、俗界と聖域とを隔てる塀の向こうで違法に栽培した煙草をたった一日で二五〇ポンドも売りさばいたところもあったのだという。南部では、山を越えてスペインまで煙草を運ぶために雇われたラバ追い人たちが、積み荷を地元の市場に横流しして無税で売りさばいていた。一六九七年、絶対王政確立前の最後の議会が招集された際には、税収の減失を補填するため、煙草に対して保護税を課すことが検討されたほどである。この議案は却下されたが、その代わりに王が商人たちの組合に煙草に関わる税の徴収を委託することが決まり、密輸を行なった者は疫病の蔓延するアンゴラの海岸部に追放する旨の宣言がなされた。

その後まもなく、煙草に代わって金が王室最大の財源となったが、税の徴収には相変わらず困難が伴った。砂金はすべて、王室の厳重な管理のもと、鉱山内の王室鋳造所で王家の刻印を押した金貨や延べ棒にされ、五分の一を王個人のための税として徴収した後に採掘者に返す決まりになっていた。だが、たとえば一七〇五年の例でいうと、当時の推定で、総産出量のうち国庫に入ったのは、二〇パーセントどころか僅か五パーセントにすぎなかったという。最大の密売業者は僧侶であった。彼らは、政府の査察を免れる立場にあるのを利用して、僧衣の下の胴巻きに金を隠して持ち運んだのである。聖職者たちが盛んに密売を行なっているという噂が広まり、ブラジルの鉱山地帯からすべての教会関係者が追放された時期もあった。ブラジルの金はまたアメリカ大陸内の他の地域にも密輸され、ヨーロッパの商人に無税で売られた。こうして陸路でも金が不当に売買されることで、ポルトガル本国の税収も減少し、税関の機能を強化するための資金が不足した。さらに、ゴールドラッシュのあいだ、サンパウロ周辺のあちこちの鉱山で、ブラジル北部からやってきたポルトガル移民と南部から北上してサンパウロに定住し最初に金鉱を発見した「パウリスタ」のあいだで内乱が発生すると、政府の管理能力はいっそう低下した。一七〇八年、リオデジャネイロの総督は軍隊を率いて鉱山地帯を制圧し、政務と財務をとり仕切る暫定的な政治機構を組織した。その後も鉱山そのものは繁栄を続けたが、最終的に利益を得たのは、ブラジルでもポルトガルでもなくイギリスだった。

イギリスへの金の流出

金の採掘は一七二〇年から一七五〇年代にかけてピークを迎えたものの、イギリスに対するポルトガルの貿易赤字は五〇万ポンドから一〇〇〇万ポンドへと膨れ上がった。赤字は金の地金で支払わなくてはならない。ポルトガルのワイン貿易はメシュエン条約によって大いに優遇され、ポルトガルの輸出総額の九〇パーセントを占めるまでになってはいたが、それだけでは、年々増大する貿易赤字にとうてい対処することはできなかった。イギリスから買い入れる各種の織物や繊維製品の対価だけですでにワインの輸出額を超え、それに加えて、木材や樽板、魚、米、穀類といった品目を北米大陸のイギリス領植民地から輸入していたのである。ポルトガルも農産物を輸出してはいたが、それもまた、リスボンやポルトでイギリス人が手に入れる「貿易外」収益の総額には及ばなかった。鱈と繊維の輸入は、どちらも信用決済をもとに行なわれており、その際の利率は、高利というほどではなかったが、決して低いものではなかった。また、イギリス商船に支払う運送料も、相当な貿易外支出となっていた。五〇年あまりの期間で、二五〇〇万ポンドに相当する金塊が、二国間の勘定台帳の収支を合わせるためにイギリスへ運ばれたのである。

ポルトガルの金塊をイギリスまで安全に輸送するため、両国を最短距離で結び、さらにコルセアの襲撃から逃れられるように高速船を使った定期輸送ルートが、イングランド南西部のファルマスとのあいだに開かれた。たとえば、一七四一年の一月中旬に出航した定期船などは、海賊にとって極上の獲物であったろう。なにしろこの船は、六一件の依頼を受けて積み込んだ二万八〇〇〇ポンドの金を運んでいたからである。ファルマスへの定期船は、常々自らを検閲の対象外であると宣言していた。というのも、奇妙な話ではあるが、ポルトガルからの金塊の輸出は、一三二五年以来、深刻な穀物不足が起こったとき以外は違法とされており、ポルトガルからの金の持ち出しは、そうした法の壁を擦り抜けて行なわれなければならなかったからである。金塊の持ち出しを違法と定めておけば、ポルトガルの執行官は、国王の利益にかなう場合には外国商人に対して法的処置をとることもできたし、ことによっては、積み荷をすべて押収することもできた。小さな貿易会社は、そうした場合の損失を避けるため、金塊の代わりに為替手形を使って送金を行うようにしていたが、領事館やファクトリーの力を後ろ盾としていたイギリスの大きな貿易会社は、リスクを負って金の地金を船で本国へ送りつづけたのである。さらに、イギリスの商人たちは、安全を確保するために英国海軍の艦長に手数料を支払い、軍艦で金を搬送するよう依頼することもあった。こうして十八世紀には、イギリスで、またヨーロッパ全土でポルトガルの金貨が自由に流通するまでになった。

ブラジルのダイヤモンド

ポルトガル帝国の大いなる繁栄が最初の脅威にさらされたのは、金鉱地帯での内戦から三〇年後のことであった。この時期、ブラジルの鉱山で金が枯渇しはじめ、採掘のコストがかさむようになったのである。だが幸運にも、かなりの埋蔵量をもつダイヤモンドの鉱床が見つかり、一時的にではあるが、植民地から得られる富は確保されることになった。ダイヤモンドの貿易によって宮廷の生活はさらに豪奢を極め、また、以前にもまして植民地から多額の収益を得ることができるようになったことで、ポルトガル経済が決算を迫られる期日が先送りされる結果となった。ダイヤモンドの取引は、リスボンのオランダ領事とのあいだで独占的に行なわれるようになった。ブラジル産のダイヤモンドは、すべてリスボンの港から船でアムステルダムに送られ、専門のダイヤモンド・ハウスでカットと研磨が施された。王室は、鉱山から得られる富のおかげで、一七五〇年にジョアン五世が没した後も権勢を保つことができた。ジョアン五世の死後、ドン・ジョゼが新しい王となるが、彼は政治に関心がなかったため、ブラジルでの商売に翳りが見えはじめるなかで国内の経済力を高めるという古い課題は、政府の大臣たちの手に押しつけられる恰好となった。だが、彼らが問題に取り組む間もなく、ポルトガルの国際貿易は、一七五五年のリスボン大地震によって壊滅的な打撃を受ける。イギリス人のファクトリーは破壊され、税関は洪水に呑まれ、市街の中心部は焼け野原となってしまった。

リスボン大地震　リスボンの大地震は、十八世紀のヨーロッパ全体を震撼させたもっとも恐ろしい自然現象だった。偉大な啓蒙思想家たちは、その原因と結果について議論を戦わせた。教会は、なぜそれが万聖節のミサの最中に起こり、あれほど多くの信者を押し潰したのかと話し合った。商人たちは、貯め込んでいた金貨が瓦礫の下に埋もれたことでパニックになった。王室は田園地帯に逃れ、石造りの建物に寝起きするのを恐れて、何週間ものあいだ天幕を張って野宿をした。何度も続いた余震が止んだあとは、市街全体に火災が広がった。キティ・ウィザムという名の若い尼僧が、自らに課せられた厳しい試練を、イングランドの母親に向けた拙いながらも感動的な手紙のなかで次のように描いている。

> 茶器を洗っていると、あの恐ろしい出来事が起こりました。はじめは馬車に乗っているような揺れかたで、テーブルの上の物が飛んだり跳ねたりしました。周りを見ると、壁が揺れ、崩れ落ちるのが目に入ったので、私は立ち上がり、主の御名を呼びながら外へ出て、聖堂の内陣へ逃げ込もうとしました。そこがいちばん安全だと考えたのです。でも、どこにも聖堂の入口はなく、瓦礫の山があるばかりです。石灰の埃や塵が煙のようにたちこめ、何も見えないほどでした。幾人かの善良な修道女が下

図13　リスボン大地震　1755年の大地震で破壊されたリスボンを題材に描かれた素描画

庭へ逃げるようにと叫んでいます。他のみんなはどこにいるのかと尋ねると、下庭だと言います。主のご加護により、私たちはみな、ひとつところに集まることができたのです。そこを動かずに、私たちは、生きて無事に互いの顔を見られたことを、これ以上ないほど喜びました。その日は祈りを捧げて過ごしましたが、恐怖と不安は消えず、昼も夜も地面が揺れたり震えたりするたびに、崩れた建物の粉塵につつまれます。これがいつまで続くのか、この先どうなるのか、神以外には知りえぬことです。昨夜も激しい揺れがあり、私たちはまたひどく恐ろしい思いをしました。私たちは八日のあいだ、梨の木の下に絨毯を被って横になっていました。木の枝が風に吹かれて鳴るたびに、私もほかの人たちもひどく恐ろしい気持ちになり、そこにいては休むこともできなかったので、木の下を離れ、広々とした場所に移り、安心して眠りました。そうするうちに、善良な神父さまたちが、材木を組み合わせて下にマットを敷いた小さな小屋を建ててくださりました。神父さまたちは二人でその日の朝に私たちのところへ来てくださったのですが、私たちが全員無事なのを知ってたいへん喜んでくださったのです。それから幾晩か、私たち修道女のうちの何人かと二人の神父さまは、小屋のなかで一緒に休みました。私たちは庭に木造の小屋を建て、そこで二人の善良な神父さまと私ども修道女のうちの約半数が生活し、そこで眠ったのですが、でも、みな神に仕える修道女ですから、衣服はつけたままで、決して衣服を脱がずに眠ったのです。寝心地はひどく悪かったですけれども、それもちょっとした苦行と受け取ってくださるよう、主に祈りました。朝祷の時を告げる五時の鐘が聞こえます。鐘楼に登って鐘つきの勤めを果たす勇気のある人がいたのでしょう。けれども私たちは、夜中に地面が揺れて恐ろしい思いをしたというのではなかったとしても、時祷に出かけていく勇気は起こらず、出かけていくにしても、私たちの修道院は二三〇段もの石段の上の高いところにあり、五三室の房はどれも破壊され、修復するまでは中で人が横になることもできず、教会の扉はあの日以来、開かれたことはなく、ミサも一度も行われてはおらず、いたるところに瓦礫が転がり、内陣も食堂も、厨房も、みな完全に崩れ落ち、全能であらせられる主が私たちにご加護を与えてくださるお気持ちになるまで、私たちはこの状態で精一杯できるだけのことをしなければなりません。なにしろ、よそから援助をしてもらえる見込みはないのだと誰もが言うのですから。この恐ろしい災害が起こる前のリスボンを見たことのある人が、いまこの町の様子を見たら、たいへんな衝撃を受けるでしょう。大火事が広がって、市街全体がただの瓦礫の山になっているのです。四〇〇〇以上の建物が倒壊したと聞いていますし、なによりも恐ろしいのは、数多くの哀れな人たちが廃墟の下に生き埋めになり、逃げ出すこともできずに生きたまま焼け死んだり、そうでなければ飢え死にしたりしているということです・・・キリンゲール氏の知り合いのヘンリー・フランクレン卿は、地震が起こったとき、馬車に乗っていらしたそうです。家々が倒れるのを見て、あわてて馬車を降りたところに家が倒れてきたのだといいます。卿は、わずかな隙間から這い出して、別の通りにたくさんの生存者を見つけ、ポルトガル語で「こちらへ来なさい」という意味の言葉を発せられ、その人たちをみな助け、そうして、押し潰された馬車を捨て、下僕と馬の亡骸をその場に置いて逃れたのだそうです。

Rose Macaulay, *They Went to Portugal* (London, 1946) pp.269-70

リスボン市民のだれもが、このイギリス人の尼僧と同じような被害を受けた。だが、反応の仕方は階層によって異なっていた。審問所は、捕らえた異端者が災害による混乱に乗じて逃亡するのではないかと懸念した。審理を待っていた被告人たちのなかには赦免を与えられた者もいたが、多くは倒壊した審問所の牢獄から、ラバの背に縛られコインブラへ送られて、再び獄に繫がれた。裕福な階層の者たちは、船を雇って家族を乗せ、川を下って安全な外国へと逃れた。外国人たちは、大使館を中心とした高台の居住区に集まり、火災を免れた家や庭に身を寄せ合っていた。略奪や放火を行なった者は即刻、絞首刑に処された。商店主は、店や倉庫の灰を搔き回し、残った貴重品を探した。銀行家は一切の手形の支払いを拒否し、信用取引を完全に停止した。下町に店舗を構えていたポルトガル人の小売業者は、イギリス人のファクトリー商人から信用貸しで仕入れて在庫にしていた布をすべて失った。ファクトリーの商人たちもほとんどすべてを失ったが、食料だけはかろうじて手に入れ、それを国王に進呈して、こうした非常時でも異国人である自分たちの立場が守られるよう約束を取りつけた。税関やインド会社も破壊され、新規の取引は正規にはおこなえない状態となっていた。イギリス商人は、国王の大臣ポンバル侯に掛け合って、早急に税関を再建するよう求めたが、大臣は、人命救助が優先されるべきであるとしてこの要求を遠回しに退けた。ポルトガル政府は、飢饉の発生を防ぐため、緊急に食料を確保すべく、ニューファウンドランド産の鱈を積んだ船団を拿捕した。外国人居留者のコミュニティーの見積もりによれば、地震の犠牲になったイギリス人の大半は「身元不明」のアイルランド人労働者であり、イギリス人社会の中流層についていえば、死亡者はわずか四九人の女性と二九人の男性にとどまった。震災から六カ月以内にファクトリーは機能を回復し、非常事態が続くなか、競合する他の外国商人を出し抜いて堂々と活発な取引を開始した。

リスボンの復興と再生

復興作業は、教会と貴族によってただちに始められた。ジョアン五世の非嫡出の息子たちも私財を投じて復興に参加した。大司教会は引き続き司祭をその任に残し、生き残った者たちの慰めになるよう、死者を平時と変わらぬ正式なしだいに則って埋葬させた。王族出身の侯爵のひとりが法と秩序の維持にあたり、軍隊を召集し、海賊の襲撃に備えて海防を強化した。新王ジョゼは、優れた危機管理能力を積極的に発揮して、パニックに陥った群衆が難民となって市外に流出するのを最終的には抑えることに成功した。大地震をきっかけとして後世にもっとも長く目立った影響を残すこととなったのは、リスボンの都市再建計画である。下町の中心部を根本から造り直し、南米スペイン領の新都市と同じ方式で碁盤の目のように整然と区画された市街地を建設することになった。テージョ川に面した王宮は修復不可能なほど破壊されていたため、その跡地に巨大な広場がつくられることになった。広場の中央に乗馬姿の国王ジョゼの像を立て、三方を王族用のアパートメントと政府の庁舎で囲み、周囲に商業地と住宅地を整然と配置した。津波に襲われて堆積した泥の上に街を再建しなくてはならないため、ヨーロッパ北部から木材を大量に買い入れ、それらを基礎工事用の支柱にして、複数の階をもつ立派な建物が、通常の建築様式で建てられた。この大規模な都市計画はリスボンをヨーロッパでもっとも洗練された街に生まれ変わらせることになるのだが、その遂行にあたっては、衰えたとはいえいまだ豊かなブラジルの富が財源として見込まれていた。しかし、計画の進行は遅れがちとなり、一七七七年にジョゼが没した時点でも、リスボンの壮麗な都市景観は未だ完成にはほど遠い状態にあり、ポンバル侯の威信に傷がつく恰好となった。一方、リスボンの七つの丘の周辺には、あばら屋が建ち並ぶ巨大な貧民街が次々と生まれていた。貴族や支配階級や聖職者たちが石造りの住居を建て直している一方で、火災や洪水に追われた庶民は粗末な掘建小屋で生活をしていたのである。

地震による宗教的混乱

リスボン大地震が及ぼした影響は、とうてい、都市再建計画にとどまるものではなかった。災害の犠牲者たちが廃墟のあいだを歩き、信仰の対象としていた聖遺物や十字架、マリア像などを探しまわるようになると、神学上の敵意に満ちた激しい論戦が起こった。説教師は教区民に対して必要以上に罪への恐れを吹き込み、混乱が広がるのを避けようと懸命の努力を続ける政府を慌てさせた。ひとりのイエズス会士が、さらに大きな罰が下される前に人々は自らの魂を救済しなくてはならないとして、政府が採るその場しのぎの不毛な対応を激しく非難した。この半ば正気を失ったようなイエズス会士は扇動的な説教を続け、地元住民の「聖人」となった。政府は、口封じのためにこの男を審問所に引き渡し、彼の教説が「異端」であることを広く大衆に示した。一七六一年、このイエズス会士は、松明の火に照らされながらリスボン市内を引き回された後に処刑された。このように篤信と偏執にあまりにも容易に傾くこの国の極めて激しい宗教意識は、諸外国の目を引きつけた。ヴォルテールは、大地震が引き起こした都市の荒廃に特に強い関心を抱き、宗教上の醜聞に触れることは慎重に避けながらも、神の意志による予定説に対して地震による荒廃が投げかけた疑念について述べている。

地震に対する各国の反応

リスボン大地震の知らせに対するロンドンの反応は、さほど冷笑的なものではなかった。ピッケルやスコップ、長靴、さらには米や薫製の鰊など非常用の食料が、ただちにポーツマスの港から船で送られた。そうした人道的な援助に続いて、リスボンのファクトリーに投資した財産について商人たちが噂話をはじめると、金銭的な損失をめぐる不安がイギリス国内に広がった。だが実際には、ヨーク大主教の候補とされていた人物の奥方が、リスボンでただ一人、七〇〇〇ポンドを失っただけだった。いずれにしても、イギリスが示した反応はおおむね悲しみの色を帯びていた。というのも、多くのイギリス人にとって、ポルトガルは他のどこよりも馴染みの深い国だったからである。ポルトガルの人々は、在留イギリス人たちがポルトガルをまるで植民地のように扱い、搾取を続け、偉そうな態度をとっていると感じていたが、しかしイギリス人のあいだでは、ポルトガルといえば何世紀にもわたる同盟国であり、親しみ深い友好的な属領のように思われていたのである。地震の被害を嘆く気持ちから、ロイヤル・ソサイエティーは、地震に関する科学的な理解を深めるために調査を開始した。一方、他の諸外国がこの大災害に寄せる関心には恐怖の感情が含まれていた。たとえばドイツでは、当時六歳だったゲーテが恐怖感を強烈に表現している。彼は、ドイツ国内に恐怖を撒き散らし、全能にして慈悲深き神という観念を揺るがした「恐怖の魔人」にまつわる子供のころの記憶を鮮明に覚えていたのである。

ポンバル　ポルトガル国王ジョゼに仕える第一の大臣ポンバル侯は、地震をきっかけとしてリスボンの歴史を塗り替えることに成功した。復興計画にうるさく口をさしはさむ対抗勢力を退けたポンバル侯は、この悲惨な出来事を利用して、全知全能の歴史の創始者として君臨したのであった。記録によれば、震災から一〇年以内に、神の怒りを鎮め、親王派を保護し、造反者を処罰し、商業を復興させ、芸術を振興し、廃墟を取り払って街を再建したのは、ポンバルの功績であるという。彼はまた、水道橋に彫られた石碑文を、リスボン市民の功績を称えるものから、歴代の国王たちの偉業を讃えるものに変えさせた。実際にはすべてがポンバル侯ひとりの功績ではなかったが、それでもやはり、彼はポルトガルの政治を動かす中心人物であり、彼を庇護する国王でさえ陰に隠れてしまうほどの存在だった。

図14　ポンバル侯爵　ポンバルは独裁的に近代化を進め、震災後のリスボンを再建し、ブラジル植民地からの国家収入が減少し始めると、ワイン貿易を振興した。

ポンバルは、十八世紀の絶対主義に特有の極めて強引な独裁制を敷いて政治を動かしはしたが、同時に、ポルトガル史上もっとも革新的な支配者のひとりでもあった。当時のポルトガルには、外国で暮らし、ヨーロッパの啓蒙思想を吸収してきた学者や外交官や政治家が数多くいたのだが、ポンバルもまたその一人であった。これら先進的な知識人たちは、ブルジョアジーの上層と下級貴族とのあいだに位置する一個の階層を形成していた。彼らは一般に「外国化」したエリートと呼ばれており、社会的な伝統を重んじる由緒ある貴族たちからは疎ましく思われる存在だった。また彼らは、ポルトガル人の商人たちに国家の将来を動かしていけるだけの力をつけさせようとしていたため、リスボンやポルトの特権的なイギリス商人たちからも嫌われていた。ジョアン五世は、批評家や歴史家が描くような信心深い田舎者ではなく、むしろはるかに洗練された教養人ではあったが、それでもジョアン治世下の黄金時代には、これら外国帰りのエリートたちの影響力は限られたものだった。ところが、その国王が没すると、野心に燃える愛国的な近代主義者たちはすぐにチャンスをつかみ取り、そうしたなかから、ポンバルが政治の前面に登場してきたのである。

ポンバルが宮廷内で影響力を手にするうえで有利に働いた点が二つあった。ひとつは、外交官としてウィーンに赴任しているあいだにオーストリアの貴族と姻戚関係を結び、オーストリア生まれのポルトガル皇太后、つまりジョアン五世の妃と面識を得ていたことだった。ジョアンが没した時点でポンバルを外務担当の責任者に登用したのは、ほかならぬこの皇太后であった。後にそれよりもさらに大きな武器となったのが、二つめの利点である。彼は、ロンドンに赴任していた際に近代の政治経済学の文献を幅広く読み、イギリスとの密接な経済上の関係がポルトガルに対してどの点で有利に働き、どの点で不利に働くのかを熟知していた。彼はまた、経済革新というものは、いかなる場合にも、ゆっくりと、しかも臨機応変に進めねばならないということも知っていた。ものごとを根本的に変化させようとする場合には、つとめて伝統的な制度の衣を着せたうえで行なわなければならない。要するにポンバルは、広い学識や見識に加えて慎重な姿勢も持ち合わせた人物として国王ジョゼの大臣に任命され、四半世紀にわたって不動の権力を確立していったのである。さらに彼は寡黙で意志強固な人物でもあり、勤勉な野心家でもあった。

貴族層との対決

ポンバルは、経済計画を急速に実行することは避けなければならないと考えていた。十七世紀の歴史的経験から、経済改革にとって最大の障害となるのは伝統的な貴族層であるということを知っていたのである。伝統保守の最大勢力であるこれら名門貴族は、異端の信仰をもつリスボンとポルトのイギリス人については必要な存在として常に許容する姿勢をとっており、むしろ、ポルトガル人の商人が台頭することを非常に恐れていた。そうした事情のもと、ポンバルにとってもっとも大切なことのひとつは、国王の支持を取りつけた後に貴族階級の権力と対決し、ブルジョアジーの影響力を高める道を探ることであった。そのために彼は貴族階級を二つに分断した。一部の貴族に高い役職と特権を与え、彼らを国王政府とその役人たちにより扶養される廷臣のような立場に置き、他の貴族たちに対しては、主だった者を選んで極めて残忍なやり方で弾圧を行なった。ポンバルは、一七五八年、国王の「体調不良」を理由に王妃が摂政の座に就くことを発表したうえで、貴族に対する攻撃を開始したのである。

数カ月後、ポンバルは、政府の広報機関を通じて一般国民に向け、国王の体調不良はポンバルの失脚を画策して失敗した貴族の不満分子が図った暗殺計画によるものであると発表した。国王暗殺を企てたことに対する報復措置として、ポンバルはまず手はじめにアヴェイロの公爵家を槍玉に挙げ、邸宅を破壊し、爵位の剥奪を示す意味で庭園に塩を撒いた。次に彼はタヴォラ家に狙いを定めた。この一族が王権に対して敵意を抱いていたのは、国の政策に対する反感からではなく、貴族を切り捨ててポンバルを重用する国王の誤った態度が彼らの名誉を傷つけたと感じていたからだったようだ。ポンバルにとってタヴォラ家は、大貴族たちのもつ大きな影響力を弱めるための格好の標的であった。ポンバルの絶対的な権力を誇示するように演出がほどこされたなかで、タヴォラ侯爵は中世さながらに刑車の上で車裂きの刑に処せられ、侯爵夫人は我が子が目の前で処刑される様を無理やり見せられた。タヴォラの紋章は廃せられ、建物に彫られていた家紋は削り取られた。恐怖政治が広がるなかで、国王やポンバルの敵であると一方的に見なされた貴族が、ポルトガル全土で一〇〇〇人以上も投獄され、そのうち処刑を免れた者たちも、二〇年にわたって獄に繋がれた。国王の兄弟たちでさえポンバルの目を逃れることはできず、非嫡出の兄弟姉妹たちは、社会的にも政治の世界からも抹殺され、修道院に幽閉された。敵対者のなかでさほど影響力をもたない者たちに対しては、今後、ポンバルの新たな独裁体制に楯突くことがないように、植民地へ追放された。

イエズス会弾圧と教育の近代化

「啓蒙的」な改革を遂行するうえで自由裁量権を保証してくれる絶

対的な独裁体制を確立するために、ポンバルが二番めの標的としたのは教会であった。彼はイエズス会を王室付きの聴罪司祭という地位から外し、以前から宮廷内に得ていた影響力を弱めた。ポルトガルの宮廷に派遣されていたローマ教皇の代理人がこの措置に対して抗議を行なうと、ポンバルは、バチカンとのあらゆる関係を絶ってポルトガルに自立した半プロテスタント風の国教会を設立してもよいのだと言い放ち、そうした抗議を一蹴した。イエズス会に対する迫害は激しさを増し、ついには修道院や学校が閉鎖され、植民地における財産は没収され、最後には、ポルトガルが所有する領地からイエズス会所属の聖職者が一人残らず追放されるまでになった。ポンバルが、イエズス会というカトリック圏ヨーロッパにおける最大勢力を潰すことに成功すると、スペインやフランスでも、それにならって同様の迫害が始まった。ついに教皇はイエズス会を完全に解散せざるをえなくなるのだが、それはひとつには、ローマに対するポルトガルの忠誠を取り戻すための代償でもあった。ポンバルはエヴォラの大学を含むイエズス会による教育を廃し、代わりに、ポンバル自身が管轄する官立の教育機関を次々と開設していった。彼は、将来の官僚を育成し、新しい国家体制に対する敬意を浸透させるため、各地に初等学校を設置しようという構想をもっていた。だが、この計画は完全には実行されぬままに終わり、たとえば、英国の官僚たちと対決する立場にある商務官僚の育成も大きく遅れたままとなり、国益を担うほどの人材が育つにはいたらなかった。一方、大学では、コインブラで司教が逮捕されるにいたって、ついに高等教育の改革が行なわれ、フランスの哲学が広く入り込むことになった。また、新世代の高級官吏や軍事技術者を養成するため、自然科学と数学が学習科目に採り入れられ、さらに医学の分野でも、内科・外科ともに、いっそう抜本的な教育上の改革が行なわれた。しかし、ポンバルが抱いていた近代化構想のなかでもっとも大規模なものは、植物園と天文台の完成であった。しかし、この構想を実現するためには、ポルトガルの旧弊な法学部と神学部に根強く残る保守主義を覆すことのできる外国人教師を雇い入れるしかなかったのだが、そうしたことは現実にはほぼ不可能であった。このように、啓蒙への道は、ポルトガル社会に根強く残る後進性によって常に妨げられた。

審問所の吸収と人種政策

新たな経済的繁栄の道を開くためにポンバルが考えたポルトガルの社会改革案は、教育の分野にとどまらなかった。経済発展を阻害してきた要因のひとつにユダヤ系ポルトガル人に対する制度的な迫害があるという認識のもとに、ポンバルは人種的な差別を違法とし、「新キリスト教徒」と「旧キリスト教徒」にまったく同等の法的権利を与えることにした。この過激な改革を断行するには、審問所との対決が避けられない。ポンバルは、審問所のもつ教会としての役割を事実上剥奪し、国家の司法機関にしてしまった。審問所は、その社会管理機能をそのまま残しつつ、ポンバル政権の御用機関として利用されることになったのである。異端のかどで審理にかけられていた投資家や貿易業者に代わって新たに審問の犠牲となったのは、国家の敵として反逆罪で告発を受けた者たちであった。ポンバルは、ユダヤ人たちを無力な状態から解放したばかりでなく、国内の黒人たちまでも奴隷の身分から解放した。これは自由主義的な理想に則った行動ではなく、また、賃金を支払うことによって労働意欲を高めようと考えたわけでもなく、植民地のポルトガル人たちがブラジルのプランテーションから黒人奴隷を本国へ連れ帰り、使用人として使うのを止めさせるためだった。ブラジルは依然としてポルトガルの国際経済にとって鍵となる存在であり、不足しがちで高価な黒人労働者をこれ以上ヨーロッパに取られるわけにはいかなかったのである。ブラジルの農業生産を高め、そこから得られる富に対する支配力を強化することが、ポンバルが進める経済改革のひとつの柱となった。

商業政策とブルジョアジーの育成　ポルトガルとブラジルの経済を同時に支配するためにポンバルがとった手段は、「独占的」貿易会社を認可し、国王の支持者たちに運営させるというものであった。彼はまず二つの会社を設立し、それらにブラジルの利権を与え、期待どおりの利益を確実に得るための措置として、イギリス人から信用貸しで手に入れた商品をブラジルに持ち込んで行商をしていた独立商人たちの商業活動を規制した。これら「さまよえる行商人」を非合法とすることでイギリス人の卸売業者から反感を買う恐れもあったが、ポンバルはあらかじめ綿密な調査を行ない、この措置はイギリス人貿易会社の利益を損ねるものではなく、影響を受けるとすれば、イギリス領事の「宮廷」に出入りする政治的影響力のない小規模仲買人だけだということを突き止めていたのである。こうしてポンバルが大きな会社を設立した狙いは、貴族の影響力に対抗しうる力をもった商業ブルジョアジーを国内に育てることだった。ポンバルの代理人たちは、急進的な小市民階級の台頭を助けるつもりではなかったし、革新的な生産手段を確立しようとしていたわけでもなかった。彼らは単に、営業権料と貿易による利益とを会社から徴収し、それを中産階級の政治家たちのもとに流し込むことだけを考えていたのである。これらの会社を担当する官僚は、ブラジル貿易のもつ有用性を理解しており、そこから得られる利益を十分にすくい取るよう特命を受けていた。ポンバルは、実弟を派遣して貿易会社のトップに据えるほどブラジルを重要視していた。

イエズス会との衝突

ポンバルがブラジルから新たに個人的利権と国家の富を得ていたことは、イエズス会との衝突をいっそう激しいものにする要因となっていた。イエズス会は、アマゾンからラプラタ川にまで広がる広大な植民領地をブラジルの内陸に所有していた。十七世紀に内陸を探検し金鉱を発見したサンパウロ奥地の住民にとって、最大の競争相手はイエズス会の宣教師であった。宣教師たちは、サンパウロの住民、つまりパウリスタと何度も衝突してはこれを打ち破り、原住民のインディオを支配下に収めて防備の堅い村をいくつも建設していった。スペインとポルトガルのイエズス会士は、時には協力し合いながら、それぞれの国の植民地政府よりも強い立場を得ようとした。たとえば一七五〇年に、スペイン人宣教師が担当していたウルグァイの伝道活動をポルトガル人宣教師と入れ替えるという命令が下った際には、彼らは協力して激しく反抗し、現地の支配民を武装させて抵抗の構えを見せた。ポンバルはしだいにイエズス会の力を恐れるようになり、独立商人たちとイエズス会が宗教以外の目的で結託し、彼自身が所有する独占的な貿易会社の利権を犯しはじめるのではないかという疑念に取り憑かれた。それに対して当然ながらイエズス会は、ブラジルの内陸地方を国家の管理下に置き、さらに、ヨーロッパからの入植者が原住民の女性とのあいだに子供をつくるよう奨励するポンバルの政策が、最後には冷酷な搾取と民族の根絶に行き着くにちがいないと考えていた。とはいえ、遠い奥地でどのような植民政策を展開し、どのように富を手に入れるかを考えるよりも、豊かな沿岸地帯に真の覇権を確立するための目に見えない戦いに勝利を収めるほうがはるかに重要であった。

ブラジルのイエズス会は、内陸の宣教地を握っていたばかりでなく、南米大陸でもっとも豊かな農園をいくつももち、都市部にも極めて資産価値の高い不動産を所有していた。リオデジャネイロの地所は一〇万エーカーの広さをもち、一〇〇〇人の奴隷を使っていたし、低地の農園地帯には一七の砂糖工場を所有していた。彼らは見事な経営能力を発揮して大きな収益を上げていたが、それはまた同時に多方面から嫉妬を買い、拝金主義ではないかという非難を浴びるもとともなっていた。つまり、叙階を受けた六〇〇人のイエズス会士が、それよりはるかに数の多い非修道会派に属する教区在住の聖職者たちから疎ましく思われていたわけである。それゆえ、イエズス会に対するポンバルの攻撃は、教会全体を相手どったものとは映らず、それどころか、イエズス会と敵対する教会の関係者たちは、真っ先にポンバルに荷担する動きを見せたほどだった。特権の放棄と国税の支払いをイエズス会が断固として拒否すると、ポンバルは彼らの資産を、土地も含めて剥奪した。これらの資産は個人に売却されたのだが、一挙に売りに出されたため値崩れを起こし、多くは安価で取り引きされた。こうして資産家となった土地所有者たちは、政治的にも社会的にも影響力をもつようになり、ブラジルの独立意識を高める一因となった。

対英関係の再強化

ポンバルが自らの貿易会社の利権を守るためにブラジルのイエズス会の資産を没収した背景には、ブラジルの輸入市場におけるイギリスの優位を切り崩そうという狙いがあった。しかし、この彼のもくろみは大きく外れることになる。一七六二年、突如としてスペインがポルトガルに侵入し、ポンバルは反英的な姿勢を翻さねばならなくなったのである。政府はイギリスに対し改めて同盟維持を表明し、国境地帯の防衛のために、鍛え上げられた英国陸軍を派遣するように要請した。ブラジルへの年次定期船は、事態の急変により王室がアメリカ大陸に逃れる場合に備えて出航を差し止め、リスボンの港に待機させることにした。ポンバルは、ブラジルにおける国家の貿易活動を、イギリスの利権を侵す恐れのある地域へは拡張しないようにした。スペインの脅威は極めて現実的なものであったため、戦術的な理由から、ブラジルの首都はバイーアからリオデジャネイロへと移された。ポンバルはスペイン継承戦争を思い出していた。当時、フランスはギアナの植民地に利権を収め、オランダ商人は外洋貿易で利益を拡大していた。この両者がともにブラジルを呑み込もうとするなかで、唯一イギリスとの同盟関係によってポルトガルはかろうじて南米における利権を失わずにすんだのである。こうしてポンバルは、イギリスの貿易活動を制限しようとする代わりに、経済改革という控えめな道を進むことになった。

ブラジルの繁栄と自立　ポンバルはこの時期、ブラジルにおける農業生産の多品種化を目指し、試験的な品目として新たにコーヒーの栽培を奨励した。一〇〇年後、コーヒーは全品目のなかで最大の生産量を誇るようになり、ブラジルは世界市場におけるコーヒーの供給を左右するようになる。またポンバルは、イギリスからの輸入を最小限に抑えるため、小麦、米、亜麻の栽培も奨励した。ブラジル北部では、植民事業者が伝統的な綿の栽培を再開し、また古くからの煙草の取引も盛んになった。こうしてポンバルの計画は大きな成功を収めたのだが、それは一方で長期的に見ると、ポルトガル衰退のきっかけともなった。つまりブラジルは、豊かになるにつれて自立性が高まったのである。ブラジル人たちは、ポルトガルの産業に原材料を供給するよりも、地元の産業を発達させたいと願っていた。南米の植民地に対するポルトガルの締め付けはしだいに厳しさを増し、それに対する反乱が頻発するようになった。一八二二年の独立宣言に向けて、ブラジルはゆっくりと動きはじめたのである。

アフリカ　ブラジルの貿易に対して十分な支配力を保てなくなるにつれて、ポルトガルは、依然として独占的な地位を誇っていた大西洋に、南米に代わる市場を探さねばならなくなった。そうした植民地市場のひとつが、アンゴラであった。アンゴラには、ポルトガルの海運や投資事業を脅かすほど強力な競合相手は見あたらなかった。当地の植民地政府は、通常よりも高く値をつけた保護商品を、ポルトガル本国ばかりでなく、インドネシアのティモール、インドのゴア、中国のマカオなど、世界に散在する旧帝国植民地から優先的に買い入れた。また、酒好きのイギリス人でさえ買おうとしなかった渋いワインも、アンゴラの市場に向けて出荷された。さらに、ブラジルが繁栄するにつれて人々が好みに応じて製品を選択するようになると、高級品に関してはポルトガルの製品よりもイギリスの製品が好まれるようになり、その裏でアンゴラは、国際市場での競争力をもたないポルトガル製品の廃棄場となった。リスボンの商人たちは、ブラジルで商品が売れなくなると、アフリカからブラジルの富へと通じる裏口を奴隷貿易のなかに発見した。これは危険なばかりか利の薄い商売であったが、生き残りをかけて必死に闘うポルトガルの商人にとって、ブラジルの富を多少なりとも手にするための一筋の細い道であった。競合相手となるイギリスとフランスの奴隷商人は、十八世紀の後半の時点ではブラジルでそれほど活発な活動は行なっていなかった。利鞘の点で魅力に欠けるうえ、自国の植民地に膨大な数の奴隷を供給しなくてはならなかったからである。

奴隷貿易

十八世紀、リスボンの商人は、高いリスクを負わずに売買ができるような巧妙なやり方で、ブラジルとの奴隷貿易から利益を引き出していた。つまり、アフリカの港で相手側と駆け引きを行ない、奴隷と引き替えに現金を支払うのではなく、現物商品で支払ったり輸送サービスを提供するようにしたのである。そうすれば、奴隷は売り主の所有物としてブラジルへ運ぶことができる。このリスボンの輸送屋たちは、生きた積み荷をブラジルに降ろすと、その代金を金貨かブラジルの信用手形で受け取った。奴隷のなかには輸送の途中で死んでしまう者もいる。買い取ってしまえば、そうしたこともリスクとして背負わねばならなくなる。だが、彼ら「死の商人たち」は、奴隷が死亡しても何ら損失を被ることはなく、それどころか、奴隷の高い死亡率は彼らにとってかえって有利なことでさえあった。奴隷がたくさん死ねば、その分だけ新しい奴隷が必要になり、その結果、彼らの粗悪な商品を売りさばくための市場が広がることになる。このような貿易が南大西洋で可能だったのは、この地域で信用をもとにした取引が盛んであったという事情を背景としている。リスボンからアフリカに持ち込まれる輸入品は、ヨーロッパやアジアから追放されてアンゴラの港に送られてきた流れ者や犯罪者から選ばれた仲介人に信用貸しの形で配分され、仲介人はさらにその商品をキャラバンの商隊長にまたもや信用貸しの形で卸す。すると次に、キャラバンは商品を奥地の大きな奴隷市場まで運び、奴隷の買付人を相手に売りさばくという仕組みであった。奴隷がブラジルに到着すると、またしても信用取引が商売を動かす力としてはたらいた。ブラジルの農園はどこも多額の負債を抱えていたため、砂糖市場がどのような状況にあろうとも、農場主は常に奴隷を買い入れ、砂糖の生産を続け、返済をしていかねばならなかったのである。

アンゴラとリスボンの交易では、二つの集団が勢力を二分していた。一つは「親英派」の集団で、ブラジルの鉱山と農園が生産力を維持するのに十分な数の奴隷を確保することをほぼ唯一の仕事にしていた。親英派は金と綿花で支払いを受け、ポルトガル宮廷内の親英派とある程度の繋がりをもっていた。もう一つの集団は、宮廷内の「親仏派」と結びついた一派であった。彼らは親英派の対抗勢力であり、交易の対価として砂糖かペルー産の銀で支払いを受けることを好んだ。ペルーの銀は、加工済みの綿製品をインドで手に入れる際に特に高値で買い取ってもらえたし、砂糖は、熱帯地方に植民地をもたない地中海の諸王国が喜んで買い入れたからである。これら二つの勢力は、互いに対立していたにもかかわらず、アフリカにおける商品の価格を高く保とうとする点では団結していた。ともにアフリカ人を相手に同じヨーロッパ人として有利な立場で商売を続けたいと考えたのである。彼らはまた、政府との繋がりを利用して裁判所を自分たちの側に取り込み、信用取引をめぐる裁判を有利に進めさせ、アフリカ貿易における支配力をさらに強化した。とはいえ、アンゴラで活動していた商人の全員が、この二つの派閥に属していたわけではない。山師のような連中が、しばしばアンゴラへ入り込み、貸し売り業者から商品として預かった奴隷を横流しする悪徳商人たちと闇取引を行ない、奴隷を買い取っていた。彼らは告発を受けて厳しい処罰を受けることもあったが、リスボンの「秩序ある」奴隷貿易は、こうした違法な商業活動によって侵されていたのである。

リスボンの正規の貿易商人たちが以前から手にしていた特権は、アンゴラでの奴隷売買に際して税務上の契約内容を定める権限をもっていたという点である。ポルトガルでは、税額を定める権限を握るということは、商売上の大きな利点であるばかりでなく、負債者に対して優先的に返済を求める権利をもつことも意味した。彼らはまた、王室が独占する象牙売買の利益に与ったり、王室に入る税の徴収を請け負い、ちょっとした手数料を手にすることもできた。しかしこうした利益を得るのは六年間に限られていたため、これら請負業者は、供給過剰によりインフレが起ころうとも、特権を握っているあいだに商品を市場に溢れるほど送り出した。彼らはまた、出航待ちの船に荷物を優先的に積み込むことができたため、手持ちの奴隷を少しでも早くブラジルに送れるよう、法定限度を超える数の生きた積み荷を船に押し込んで出航させた。

積載超過は、請負業者による特権濫用のなかでもっとも目立つものになり、その結果ポンバルに、伝統的な請負制度を攻撃し、子飼いの者たちに奴隷貿易の機会を開く口実を与えることになった。しかしながら、自らの新会社に有利なように奴隷貿易の制度を改変する試みは、どちらかというと失敗に終わった。ポンバルの息のかかったブラジルの二つの会社がアンゴラとの奴隷貿易の一角に食い込みはしたが、リオデジャネイロの民間人の独立企業にはまったく歯が立たなかった。さらに悪いことに、奴隷を供給する業者も、アフリカ人の利益を搾り取ろうとするポルトガル側の動きに抵抗し、アンゴラ北部にイギリス人が開いた港に新たな販路を見いだすようになった。ポルトガルは、ポンバル失脚後の十八世紀末になって、ようやく奴隷貿易市場における支配権を取り戻すことになるのだが、この時期にはすでにイギリスが奴隷貿易を捨て、それを禁止する方向へ動きはじめていた。

ポートワイン

リスボンがアフリカでの奴隷貿易を専門にしていたのに対し、ポルトは十八世紀になってイギリスへのワイン輸出の中心地となった。イギリス人にとって、ポルトガル産のテーブルワインは理想的といえるほど魅力的なものではなかったが、ボルドー産赤ワインの代用品としてはスペインのものよりもましだったし、フランスワインに比べると政治情勢に影響されることが少ないため、安定した供給が得られる点が大きなメリットであった。ワインの大部分はロンドン港に荷揚げされたが、一部はキングズリンやハル、ブリストルに直送された。ポルトのワイン貿易は大いに繁栄を見せ、一七二〇年代には、イギリス人の卸売業者が年間で二万五〇〇〇樽《パイプ》ものワインを買いつけるまでになった。イギリスのワイン商人たちは、馬の背に揺られてドーロ渓谷の小規模農家を回り、自分の舌で味を確かめ、武装した護衛に運ばせた現金で支払いを済ませてワインを買い入れていった。一七三〇年代になって、イギリスの商人たちが最高級のドーロワインに少量のブランデーを混ぜるようになると、ポルトのワイン貿易に変化が起こった。ブランデーを混ぜてアルコール度数を高めたワインは、ドーロ川南岸の巨大な貯蔵室で二年から三年のあいだ寝かされ、単なるワインとは異なる熟成された「ポートワイン」として出荷されるようになったのである。利益は大幅に増加し、ポルトにおけるイギリス商人の経済力は大いに高まった。彼らは信用買いでワインを仕入れることができるようになった。つまり、選んだワインがドーロ川の危険な早瀬を無事に乗り切り貯蔵室へ運び込まれてから支払いをすればよい、ということになったのである。ポルトガル人の商人たちは、イギリス人が造るような良質のワインを生産するだけの資本もなかったし、またそれだけの知識や技術ももっていなかった。原料となるワインの新酒は一パイプにつき七ポンドで仕入れられるのだが、それを加工してアルコール度数を高め、年間で四〇〇〇パイプのポートワインに仕上げて出荷するには、およそ六万ポンドの資金が必要だったのである。一七六〇年代になると、ポルトでのこうした外国人の経済的繁栄は、商人階級を育て、国際貿易が生み出す利益の取り分を増やそうと努力していたポンバルの注意を引きつけるようになる。

ドーロワイン会社

ポートワイン貿易に対するポンバルの政策は、狡猾な経済戦略と汚職とを取り混ぜたものであった。そうした政策を実行するために、一七五六年、ポンバルはワイン会社を設立した。国家がワイン貿易から大きな利益を得るためには、製品の質を高めるとともに供給量を制限しなければならない。そのためには、ポートワインの生産を、フランスで行われているような「原産地統制名称《アペラシオン・コントロレ》」の制度により制限する必要がある。そう主張する一方で、ポンバルは、自らが所有する葡萄園を、場所も土壌もドーロ渓谷とはまったく無関係であるにもかかわらず、特権的な指定原産地に含めてしまった。ワインの品質を高めるため、各農家は白か赤のどちらかを専門に製造すべきであり、今後はその両方を造るようなことがあってはならないという通達をポンバルは発した。指定原産地にあたる北部の農民たちは、伝統的に古木のブドウから取った果汁をワインの着色料として使っていたのだが、ポンバルはこれをワインの品質を大いに損ねるものであるとして禁止し、樹齢の高い木はすべて切り倒すよう命じた。さらに彼は肥料の使用も禁じ、その結果、各ワイン農家の生産量は大きく減少したが、製品の質は向上し、貿易業者が手にする利益も高まった。ポンバルはまた、イギリス人のワイン商館にポルトガル産のブランデーを使うよう圧力を加えたが、これは失敗に終わり、ポートワインの加工用には相変わらずフランス産のブランデーが使われた。ポンバルの設立したドーロワイン会社は、株主たちに対してまったく利益を生まなかった。彼らの多くは都市や教会で高い地位にある者たちで、あり余る蓄えを強制されて嫌々ながら投資させられていたのである。しかし、会社の経営陣は大きな利益を手にし、ポンバルが構想した新たな中産階級がしだいに形成されていくことになった。ちなみに、ポートワインは、オクスフォードやケンブリッジの大学内の談話室で社交用の飲み物として人気を呼び、イギリスの大学教員のあいだで痛風を患う人間の数を増やすことになった。

ドーロワイン会社は、ポンバルが始めた交易事業のなかで、もっとも強い影響力をもち、もっとも長期にわたって存続し、そしてもっとも悪評の高いものだった。ポルト在住の上流イギリス人たちは、この会社の存在を苦々しく感じ、ポンバルを病的な外国人嫌いであるとして非難した。だが彼らのそうした反応は、まったくの筋違いであろう。というのも、まさにポンバルが実利主義者であったがゆえに、イギリス人たちは鍛鉄の門により地域住民から守られた郊外の見事な邸宅で無事に豊かな暮らしを続けることができたのだからである。成功したイギリス人のワイン商人は、自分の葡萄園を買い、裕福な地主になることさえできた。繁栄を誇る在外商館は、その中だけで密かに事業が営まれるアングロサクソンの文化と富の飛び領地となった。都市社会のもう一方の極では、ポンバルのワイン会社によって街の酒場に卸す安酒までもが専売となったことに対して、ポルトの民衆たちが、イギリス商人たちとは比べものにならないほど大きな不満を抱え込んでいた。独裁者ポンバルは、健康を害する物質から飲酒癖のある人々を守るための対策が講じられたのだと説明したが、しかしそれが実際には自分たちで利益を独占するためのものであるということは誰もが知っていた。民衆の怒りは、やがて暴動となって爆発した。地元の治安判事も、民衆の憤懣に対して共感の意を隠さなかった。しかしポンバルは、いつもどおりの断固とした態度で、自らの意志を押し通すために五箇連隊を召集し、暴動の首謀者として四〇〇人を逮捕した。続いて彼は、国王の慈悲深く寛大なる御心により、処刑者は絞首刑による三〇人に限られたと発表した。だがそのなかには、哀れにも、あの治安判事が含まれていた。

ポートワイン貿易が成功しても、生産指定地域から外された農家は何ひとつ恩恵を得られなかった。指定地域内の生産者でさえも、過剰生産により価格が下がると判断された場合には、ブドウの木を根こそぎ掘り起こし、オリーブの木に植え替えるよう強制されることがあった。それ以外の地域では非指定銘柄ワインの生産が拡大していたが、品質はますます低下していくばかりだった。ブラジル人でさえも、ポルトガルワインの品質があまりに粗末であったため、輸入禁止項目に定められていたフランス産やスペイン産のワインを買うようになっていた。かつてはイギリス人たちが活発に活動していた北部の古い港町ヴィアナからは、イギリスの領事が撤退し、在外貿易商館もわずかに二つを残すのみとなったため、背後に拡がる緑あふれるミーニョ地方の農家も、ブドウの代わりにキャベツを栽培するしかなくなった。小作人たちは、追い立てられるようにどこかへ移民したり、ドーロワインの特別指定地域で季節労働者として働いた。そうしてブドウ摘みの仕事を求めて渡り歩くようになるのだが、そこでも彼らは、賃金、食事、宿泊などあらゆる面でさらに劣悪な条件を喜んで受け入れるスペインからの季節労働者たちと、働き口を奪い合わなくてはならなかった。

近代化の遅れ

ポートワインに特化した貿易活動がかなりの成功を収め、大西洋帝国がそれなりの繁栄を見せていたにもかかわらず、一七六〇年代のポルトガルは、依然として工業化の遅れが目立つ国であった。ポンバルの努力の結果、下級貴族や都市の中産階級のなかには特権的な利益を得た者たちも一部にはいたが、一方では、土地をもたない人々の数も相変わらず多く、農村部の土地所有者は依然として市場経済から切り離されていた。運搬に使われる動物としてはラバが一般的であり、コインブラでさえ、リスボンとの間に輸送路が開かれたのは一七八九年なってからのことだった。だが、この物資輸送用の定期路も、利用者が少ないためにすぐに閉鎖されてしまった。北部では牛車がより広く使われていたが、ポルトとブラガを結ぶ街道はぬかるみがひどく、車輪をつけた乗り物で全行程の四〇マイルを進むのに五日の日数を要することもあった。郵便馬車が通らない場所では、王室の郵便物は、歩行者用の小道や田舎道を長距離にわたって人の脚で運ばれた。ポンバルが行なった交通網の近代化のなかでよく知られたものに、自らが所有する葡萄園と川とを結ぶ短い運河がある。彼は後に、有罪にこそならなかったが、自身の一族の地所をさまざまな点で整備するために六〇〇万クルザードもの公金を使ったとして告発を受けた。六〇〇万クルザードといえば、リスボン水道橋の建設費用にほぼ匹敵する額である。個人の富が公共投資に回されることはほとんどなかった。最高級のワインが運ばれるドーロ川でさえ、いくつもの難所が待ちかまえる自然のままの河川であった。農民を除けば、国全体に慢性的な食糧不足が続き、国家の小麦消費量の一二パーセントがイタリアやバルト地方からの輸入でまかなわれていた。北部の貧困地帯の農民たちは新たな栽培品目としてアメリカ大陸からジャガイモを採り入れたが、市場への輸送手段がなかったため、結局は自給用となってしまった。降雨量の多い渓谷地帯の一部では、穀物生産量を増加させるべくトウモロコシの栽培が始められたが、「トウモロコシ革命」は規模も地域も限られたものでしかなかった。ポルトガルは、一七六〇年代の経済不況に見舞われるまで、国家の収入を産業の開発や経済の多様化のために投資することはなかった。

工業化の試み

一七六〇年代の後半、外国との貿易に翳りが見えるようになると、ポンバルは、一〇〇年ほど前にエリセイラ伯が手を着けた国内の工業化の試みを再開させることになる。彼はこれまで革新者ではなく、結局のところ、他人がつくったものを自分のものにして支持者に報償を与えるといった、富の再配分を行なうだけの存在だった。しかしここにきて、国際収支の危機的な悪化に直面するなかで、国内産業を発展させ、製品の輸入にともなう手形の発行高を減少させる必要が出てきたのである。イギリスから織機を輸入することによって、長いあいだ虐げられてきた毛織物産業の再興が図られ、十八世紀の終わりには、およそ五〇〇箇所の毛織物工場が稼働するまでになった。先代のジョアン五世の時代、リスボンからテージョ川を遡ったところに見事な施設が造られていたシルク産業も再興され、三〇〇〇人というかなり大きな労働力を集めて生産が再開された。ポルトでは、綿紡績と綿織物の振興が図られたが、繁栄を見るのは十九世紀になってからのことであり、最初のころは、イギリスの先進技術によって生産された安価で良質な織物と競わねばならず、苦しい戦いを強いられた。工業化への流れは鉄鋼の分野にも及び、ロシアやスペインへの輸入依存度を軽減し、自給率を高めるため、アンゴラに鋳鉄工場が建設された。ポンバルは、この鋳鉄工場に自らが所有する田舎の大邸宅にちなんだ名前をつけるほど力を入れていたが、アフリカに送り込まれたバスク人の技術指導者たちが次々とマラリアに倒れ、滑り出しは決して順調とはいえなかった。こうした工業化の試みは、審問所の圧力により頓挫したエリセイラ伯による十七世紀の改革よりは大きな成果をあげはしたものの、ポルトガルは依然として、国際的に見ればワイン生産を事実上唯一の産業とする後進国でしかなかった。

ポンバルの失脚

一七七七年、ポルトガルに重大な変化が起こった。国王ジョゼが崩御し、その最高権力者であるポンバルが任を解かれたのである。女王マリア一世は、新政府内のいかなる地位もポンバルには与えないと通告した。政治犯は釈放され、追放されていた者たちは本国に帰還した。貴族層のなかで恐怖に脅えていた者たちが宮廷内で再び勢力を得るようになった。血の粛清を受けて絶家となっていたタヴォラ一族でさえ、いわば死後になってではあるが、名誉を回復した。ポンバルの失脚により最大の利益を得たのは教会であった。彼らは政治的権勢を取り戻し、女王がしだいに教会への忠誠心を示すようになると、政策にも口を出すようになった。一方、保守派はかつての勢力を完全に回復するには至らなかった。ヨーロッパを覆っていた経済不況が終わり、ワイン貿易が再び活発になると、政府はそれほど強く経済問題に介入する必要もなくなり、その結果、ジョゼの時代に立てられた強引な政策は改められたものの、官僚の大半はポンバル時代と同じポストに残って引き続き政務を担当していたからである。女王マリアの治世は、大部分のポルトガル人の目には、革新というよりはむしろ停滞のように映った。小作農は引き続き最低水準の生活を送り、封建時代さながらの重税を地主に支払っていた。風車も鍛冶場も、その大半は修道院や大地主が所有し、製粉や鍛鉄といった田園地方の生活には欠かせない仕事も、彼らの独占事業となっていた。来るべき変革の光をかすかにでも見ることができたのは、新しい思想や新たな機会を手にすることのできる未だ少数の特権的な都市の中産階級にほぼ限られていた。

マリア一世の治世

女王マリアのポルトガルにとってもっとも危険な思想が、北米の穀物輸送船に乗ってやってきた。北米で起こった独立戦争により、世界じゅうに民主主義思想が広がろうとしていたのである。審問所を母胎とする政治警察が盛んに知的な議論を抑圧し、反体制の立場に立つ可能性のある人間を逮捕した。外来思想としては、フランスの旧体制《アンシャン・レジーム》の思想が歓迎され、リスボンの宮廷に新古典的な文化をもたらした。それにともない、スペインの古風なバロック様式に代わって、女王が建てたケルスの宮殿に見られるような新たな様式が採り入れられた。この王宮はベルサイユを模して建てられ、ジョアン五世が建設したマフラの宮殿とは様式の点で際立った対照を見せている。ポンバルが長いあいだ力を注いで育てた中産階級も、成功した商人などが田舎の地所を手に入れ、貴族風の生活を気取るなど、それなりに繁栄した。女王マリアの治世下で、ブルジョアジーの上層から三四人もの人間が新たに爵位を得て貴族に叙せられた。こうした新貴族も、旧貴族と同様、爵位の与奪は依然としてほぼ国王ひとりの意思に委ねられていた。伯爵の位でさえも永代にわたって保証されているわけではなく、王室の支配力を維持するため、二世代ないしは三世代で爵位を取り上げられることもあった。中産階級のなかで特に強い影響力をもつ者たちに爵位を与えることで、女王は、その治世を通じて、議会の召集を求める民衆からの圧力を抑えることに成功した。その後ようやく選挙により議会が組織されるのは、女王の没後、パリから吹いてきた変革の風に刺激され、ポルトガルに自由主義革命が起こり、立憲君主制が確立した一八二〇年のことである。とはいえ、革命以前のリスボン政府は、女王のもとで財政業務を近代化し、さらには、内務、戦争および外務、海軍および植民地をそれぞれ担当する従来からの三つの大臣職に加え、財務を専門に担当する大蔵大臣を新たに置いて、体制の強化を進めた。地震の後に再建された市街地も、王室直属の警察によってようやく秩序を回復し、長いあいだ設置の遅れていた街路灯が整備されるなど、治安も徐々に改善されていった。

革命の兆し

十八世紀末、根本的な変化の兆しが、都市から農村へ、リスボンから南北の田園地帯へと広がりはじめた。本国内で活動する商人は八万人を数えるまでになり、エストレマドゥーラやアレンテージョの未開地に投資するようになっていた。彼らは古くからの貴族地主に比べて精力的に事業を展開し、ワインのほかにも小麦や羊毛、オリーブオイルなどを出荷して富を増やしていった。職人たちも豊かになりつつあった。一三万人の職工が、貴族や教会に雇われながら、市場へ自由に品物を卸すようになっていった。後に長く影響を及ぼすことになった変化としては、もうひとつ、軍隊の職業化が挙げられる。粗末な民兵隊と貴族の私設軍に代わって、職務上の権限と社会的地位の証明となる正式な階級を定めた常備軍が組織された。貴族に代わって軍事行為を専門に行なう職業軍人が次々と生まれ、その結果、商人層や官僚エリート層と並ぶ新たな社会階級が誕生することになった。彼らは軍事防衛のための専門的な訓練を積んでいたのだが、それを通して、いわば随伴的に、産業社会に適応できるような能力を身につけていた。後に彼らは革命に際して政治的に重要な役割を担うことになるのだが、その過程で、ポンバル侯が一部の者たちから過去の英雄として崇拝されるようになる。しかし、新たな政治が幕開けを迎える前夜、ポルトガルは、ヨーロッパ大陸の完全支配を目指すナポレオン軍の侵攻を受けることになる。イギリス経済にとってブラジルは豊かな富の源泉であった。ナポレオンは、ポルトガルを制圧することによってブラジルへの経路をイギリスから奪い取ろうと考えたのである。

第四章　ブラジルの独立とポルトガル革命

この時代の主な出来事

1807	ナポレオン軍のポルトガル侵入――王室がブラジルのリオデジャネイロに逃避
1808	ポルトでナポレオン軍に対する民衆蜂起（6月） イギリス軍上陸――フランス軍からリスボンを奪回（9月）
1809	ポルトガル=イギリス連合軍、フランス軍に勝利
1810	対英友好通商条約の締結
1811	フランス軍がポルトガルより撤退
1815	ブラジルが植民地から王国に昇格
1816	マリア1世没。ジョアン6世がリオデジャネイロで即位
1820	自由主義革命――立憲王政の確立
1821	リスボンで憲法制定議会招集。王室が本国に帰還
1822	ブラジルの独立。「1822年憲法」の公布
1826	ジョアン6世没。ペドロ4世即位後、マリア2世に譲位。 「1926年憲章」の公布
1828	ミゲルのクーデタ――憲章を廃し絶対王政を復活、自由主義者を弾圧する
1832	ペドロ軍の反撃――内戦が始まる
1834	ミゲルの降伏――自由主義陣営の勝利。憲章の復活
1836	セテンブリスタのクーデタ（九月革命）
1836	「1838年憲法」の公布
1842	コスタ・カブラル派のクーデタ――憲章が再び復活
1846	マリア・ダ・フォンテの乱、パトゥレイアの乱が相次いで起こる
1849	コスタ・カブラルが政権を確立

一八〇七年、フランス皇帝ナポレオンの軍隊が、将軍ジュノーに率いられてポルトガルに侵攻した。ジュノーはナポレオンに重用された武官で、かつてはブラガンサの宮廷に大使として派遣された経験をもつ人物であった。ポルトガルの王室は、侵略軍がリスボンに達する前に、多数の廷臣や従者たちを連れ、英国海軍の手を借りてブラジルへ避難した。一方、貴族階級のうちリスボンに残った者やブルジョア層は、数カ月後にイギリスの派遣軍がフランス軍を駆逐するまで、フランスの支配をおとなしく受け入れた。その後も英仏両軍はポルトガルを舞台に覇権を争い、ついに子爵ベレスフォードを指揮官とするイギリス軍の勝利が確定するころには、ポルトガルの国内は完全に疲弊した状態となっていた。ポルトガル王室はブラジルにとどまり、一八一〇年に、一〇〇年前のメシュエン条約を破棄する形で改めて英葡条約を結んだ。この条約により、イギリス人の貿易商はブラジルと直接に取り引きすることができるようになり、結果として、ブラジル独立への動きを加速させることとなった。一〇年後の一八二〇年、イギリス軍の支配に対するポルトガル人の苛立ちが起爆剤となって、ポルトガル革命が勃発した。このフランス風の革命は、内戦、テロ、反教権運動、独裁といった動乱のなかで四一年にわたって断続的に続いた後、英国ビクトリア朝によく似た立憲君主制の成立をもって決着した。そのあいだ、一八二二年にブラジルがポルトガルから政治上の独立を果たし、ブラガンサ王室の分家が支配する独立した「帝国」となった。この旧植民地は、しばらくは引き続きアフリカのポルトガル領から奴隷を輸入していたが、一八五〇年になって政策を変更し、必要な労働力をすべてヨーロッパからの白人の自由移民でまかなうことにしたため、ブラジルへの黒人奴隷の輸入は打ち切られることになった。ヨーロッパからブラジルへ渡った白人移民の多くは、ポルトガル北部の出身者が占めていたため、結果的にブラジルとポルトガルの関係は文化的にも経済的にも維持されることになった。

◆

半島戦争　ナポレオンは、一八〇七年のポルトガル侵攻を決めるよりも前に、侵攻後に展開する支配戦略の布石として、スペインと密約を結んだ。ナポレオンの最大の狙いは、大陸ヨーロッパに広がるフランス帝国を経済的に封鎖しようとするイギリスの動きに対抗することであった。そのためにナポレオンは、ポルトガルを支配下に収め、イギリスに残された大陸への最後の通用門を閉ざそうと考えたのである。ナポレオンはスペインに対して次のようなポルトガル分割案を提示した。まずは、ポルトガルの国土を三分割し、北部をスペインの保護自治区にして、あるイタリア人の王に進呈する。そうしてナポレオンは、その王がイタリアに領有する土地をポルトガル北部と引き替えに手に入れる。そして南部は、アルガルヴェの王領地を含めてスペイン皇太子の領地とし、スペイン本国との同盟関係を永続的に維持することとする。リスボンを含む中央部は保留地とし、フランスの信託統治を受け入れる。ただし、イギリスがかつてスペインから奪ったジブラルタルの要塞を放棄し、ナポレオンに差し出すことに同意するならば、ポルトガル中央部はブラガンサ家に返還されることとする。このいかにも非現実的なイベリア半島の再編構想には、当然ながら、「南北アメリカ大陸の皇帝」として認知されていたスペイン国王に、ポルトガルの植民地を割譲しようという案も含まれていた。このナポレオンの夢想は期待どおりには進まず、ポルトガル全土を「保護領」とすることで妥協せざるをえなかった。ナポレオンの軍隊はリスボンの支配階級には受け入れられたものの、フランス国旗を揚々と掲げるジュノー将軍の態度を目のあたりにして、リスボンの摂政政府の評議会で反仏議論が沸騰するなど、フランス軍に対するポルトガル人の反応は、すぐに敵意に変わった。農村部では、侵略者たちの高圧的な態度が民衆の反感を買い、ゲリラによる抵抗運動が盛んとなり、ついに一八〇八年六月、外国人の支配に抵抗する大規模な反乱が起こった。その二カ月後、アーサー・ウェルズリー卿――後のウェリントン公爵（イギリスの軍人・政治家。一八一五年、ワーテルローでナポレオンを破る）――が、アイルランドから遠征軍を率いてポルトガルのコインブラ付近の海岸に上陸し、またたく間にリスボン郊外でフランス軍を打ち破った。ジュノーはポルトガル国王の称号を手にするという野心を挫かれ、シントラで英国とのあいだの休戦協定に調印する。フランス軍は、協定に従って、武装解除も受けず、略奪した多数の戦利品をすべて携えて、英国艦隊の船で本国に送られた。この協定でウェリントンがフランスに対して認めた降伏の条件については、寛大に過ぎるのではないかという公正さを欠いた非難の声がイギリス国内で上がった。

その後もナポレオンは、ポルトガルが貯め込んでいた黄金を手に入れるだけでは満足せず、大陸ヨーロッパ内でイギリスにただ一つ残された支配地であるポルトガルの征服に向けて動き出した。フランス軍の再侵攻を迎え撃つべく、イギリスからは、一八〇八年の「戦勝協定」の汚名を晴らし、復活を果たしたウェリントン卿が、再びポルトガルに派遣された。ポルトガルの軍隊を鍛え上げ、一八〇七年にリスボン

図15　ブサコの戦い　1810年、イギリスの支援を受けたポルトガル軍は、リスボン制圧を企てるフランス軍の侵入に抵抗し、進軍を遅らせた。この後フランス軍はトレス・ヴェドラスに張られた防御策に阻まれ、撤退を余儀なくされる。

でジュノーのフランス軍に一蹴された時よりもはるかに強力な戦闘力をもった集団に変えるため、ウェリントンは新たに編成したイギリス軍の他に、軍の訓練に必要な将校や下士官を連れてポルトガルに上陸した。一八〇八年、フランス軍は、この二度めの侵攻でポルトを陥れるが、結局はイギリス軍の攻撃により潰走した。ポルトガル軍は、ウェリントンに代わってベレスフォードを指揮官に迎え、演習と教練を通して徹底的に鍛え上げられていたのである。だが、一八一〇年九月、この新生ポルトガル軍は、ブサコの戦いで、マッセナ提督に率いられて三度めの侵入を試みるフランス軍により、ウェリントンの軍隊とともに砲火の洗礼を浴びて敗走する。この抵抗戦により、六万の軍勢からなるフランス軍のリスボン進軍は一時的に停滞させられたが、ほどなく志気を持ちなおし、コインブラに進攻し略奪を行なった後、リスボンに向かって南進を続けた。だが、コインブラから数マイル離れたトレス・ヴェドラスで、フランス軍は、迷路のように掘られた塹壕と、それに沿って並べられた防御用の柵に阻まれ、リスボンへの道を完全に塞がれてしまう。この要塞線は、ポルトガル人の労働者を集めて建設されたものだった。ポルトガル国民は、半島戦争によりすでに病疫と栄養不良で疲弊しきった状態にあり、労働者たちは乏しい軍用食だけで、要塞線の建設のために強制的に何カ月も働かされたのだった。イギリスは、フランス軍が食料を手に入れることができないように農村の備蓄食糧を廃棄したり、風車の翼板を焼いて製粉ができないようにするなどの焦土作戦をとった。フランス軍は塹壕の柵に阻まれ、冬の雨に打たれたうえに、食料調達の途も奪われるにいたり、ついにスペインへと退却を始めた。しかしその際、ポルトガル人の徴集兵の一部がフランス軍に連れ去られ、その後五年にわたって、崩れゆくナポレオンの帝国を守るために戦場を転々とさせられた。また、フランス軍は、もともと数の少ないポルトガルの馬の大半を略奪していったため、ポルトガルの騎兵隊は弱体化し、さらには国内の輸送システムもいっそう衰える結果となった。このように、半島戦争は、ポルトガルのほぼ全国民にとって苦難に満ちた不名誉な戦いであった。

ブラジルの独立運動

半島戦争にともなう出来事のなかでもっとも深い意味をもっていたのは、一八〇七年の冬から一八〇八年にかけて、マリア一世とその摂政王子が廷臣とともにブラジルに逃れたことであった。この王室の逃避行は、ブラジル人のあいだに北米型の独立運動思想を燃え上がらせるきっかけとなった。ブラジルが独立に向けて徐々に方向を転換していったことは、マリア一世の治世を特徴づける基調のひとつとなっている。彼女が王位に就いた一七七七年は、北アメリカがイギリスに対して独立宣言を行なった翌年にあたっていた。トマス・ジェファーソンらが発した人権宣言、とりわけ植民地の市民がもつべき自由を宣言した一節に見られる明晰な論理は、ブラジルの白人知識層に強烈な影響を与えた。その四〇年後の一八一六年、ワーテルローの戦いの翌年にマリア一世が没するころには、北米の民主主義は確立され、ヨーロッパはフランス革命によって洗われ、カリブ海のハイチではアフリカ系人民が自由を求めて立ち上がるまでになっていた。ブラジル独立は、この僅か六年後のことである。

ブラジル独立運動への動きは、金鉱を有する裕福な地域で、かなり早い時期に見られた。ブラジルの裕福な白人移民たちは、イギリスやスペインが所有するアメリカ植民地と同様、序列や特権といった社会的階層性を維持しながらも、本国に籍を置くヨーロッパ人が植民地社会の頂点に君臨するという支配構造だけは排除したいと考えていた。のちに独立の指導者となった者たちは、アメリカ合衆国とその共和的国家形態の出現を共感の目をもって眺め、一七八六年、フランスへ大使として赴任していたジェファーソンと接触した。そこで合衆国から暗黙の賛同を得たことにより、ブラジルの裕福層は、軍部の一部から支援を受けて、真剣に独立を企てるようになる。独立思想は、ブラジル人の学者や法律家から正当性を認められ、哲学者や詩人たちからは賛美を受けた。独立運動はまた、外国で暮らすブラジル人のあいだで大きな盛り上がりを見せた。とりわけ活発な活動を展開したのは、コインブラ大学に席を置く三〇〇人のブラジル人の学生であった。彼らはフランスやイギリスに旅して、ヴォルテールやルソーの思想、あるいはジョン・ロックの立憲自由主義理論などに触れていた。彼らが持ち帰ったこれらの思想は、当時ポルトガルでもブラジルでも危険なものとして禁じられてはいたが、その後、遠く離れた内陸の辺境地帯で議論されるほど各地に広がっていった。フィラデルフィアで北米人が勝ち得た成功に比べるとほとんど何の成果も得られなかったとはいえ、ブラジルの独立を求めて最初の反乱が起こったのは、まさにそうした辺境の鉱山地帯であった。

革命当時、ミナス・ジェライスには、三〇万人の入植者と、土着のブラジル「インディアン」(数は不明)が暮らしていた。入植者は、アフリカから連れてこられた黒人奴隷(ほとんどが男性)が半数を占め、四分の一は白人の入植者(やはりほとんどが男性)、残りの四分の一は、現地で生まれ、さまざまな人種が混ざりあった混血の人たちであった。一七六〇年代に金の産出量がしだいに低下して以来、この地域の経済は多様化しており、かつての鉱山所有者たちは、牧場や養豚場、砂糖農園、ラム酒の蒸留所、さらには、都市の食料を生産する市場向けの菜園などを買い取り、新たな事業を始めていた。金鉱も操業を続けてはいたが、採掘の容易な砂鉱床はすでに涸渇しており、莫大な費用をかけて深い縦坑を掘らねばならなくなっていた。大きな金鉱の所有者は、食料と採掘器具の両方を自給することで経費を削減しようとした。ポルトガルの政府は、鉱山労働者が自ら鉄を打ち道具をつくるという「自由主義的」な考えに強く反対する姿勢を崩さなかった。それでも、この内陸のミナス・ジェライスは、沿岸地域の大規模農場を所有する帝国の商業主義者との隷属関係を断ち切ったのである。南米ポルトガル領の他の地域とは異なり、ミナス・ジェライスには、当地の税率引き上げをめぐってリスボンの企業家と競い合うだけの実力を備えた有能な実業家が存在した。自立を求め、地域経済を一つにまとめたいという意識が動機となって、そうした産業界の指導者たちは、ブラジルの政治的独立を強く望むようになっていたのである。

ミナス・ジェライスの社会で指導的な立場にあった者の多くは、ポルトガルの南部やリスボンの出身ではなく、北部からやってきた者たちであり、他の民族集団を圧倒して、独自の文化に基づいて統一された社会を形成していた。移民のなかでも教育を受けた者たちは、多数の蔵書を持ち、哲学的な議論をぶつけ合い、アダム・スミスの著作を翻訳し、なかには、経済力にものをいわせて貴族の称号を獲得し、ポルト出身の田舎者という自らの出自を消す者もいた。下層の白人は主に中部大西洋の絶海の島々アゾレス諸島の出身者であり、自分たちの特殊性を大切にしようという意識が強かった。黒人奴隷は、二世や三世になっても、宗教や音楽、舞踏など、文化の点でアフリカと強い結びつきを保っており、また、なかには、アフリカ人特有の優れた商才を発揮して、主人の片腕のような存在となる者も多かった。メスティーソと呼ばれるインディオと白人の混血人は、下級官吏の職の多くを占めていた。とはいえ、そうした職が法律によって白人に優先的に与えられることも少なくなかった。白人女性が少なかったため、社会的地位の高い白人たちでさえ、その息子はたいてい褐色の肌をしていたが、きちんとした教育を受けさせてもらえたし、職業の選択肢も幅広く与えられていた。政府に比べて宗教界は、メスティーソやユダヤ人をはじめとする異教徒の子孫を厳しく排除したが、それでもますます権勢を得て、華麗なロココ様式の教会を建設した。軍部は、教会よりもいっそう人種的な垣根を厳格に守る傾向が強かったが、しかし、ミナス・ジェライスでは、聖職者、貴族、平民のいずれの身分に属する人々も、自らの社会の富と文化と独自性に誇りをもって暮らしていた。

一七八九年にポルトガルの王権からの分離を画策していた上流ブラジル人たちは、大仰な立憲思想の衣を被りつつも、実は主として利己的な経済上の利害に意識が向いていた。彼らはダイヤモンドの探鉱を規制する法律を撤廃させたいと願っていたし、たとえば防衛戦略の面で必要な火薬工場を建設するなど、地場産業の発展を自分たちの考えに合わせて展開していきたいと考えていた。また、新しい国家にとって文化的成功の証である大学の建設を望んでいたし、植民地軍を廃して、その代わりに市民軍を組織したり、また、ブラジル生まれで愛国心のある人間の数を増やすために、白人女性に子供の扶養手当を支払うようにしたいとも考えていた。ブラジルの分離主義者は、さらに進んで、上流階級の衣装でさえも国内の製品に限るとする奢侈禁止法を提案しさえした。こうした経済的国家主義に加え、ブラジル各地で民主的協議会や議会制を採り入れた植民地政治は、ポルトガル本国にとって脅威と映り、ついには、官憲による反乱の武力鎮圧が起こり、国家主義の神話的人物となっていた反乱の指導者たちを処刑するまでになった。さらにまもなく、ハイチで黒人による反乱が勃発すると、南米における白人独立思想は厳しい障害に突き当たることになる。人口の半分を奴隷が占め、半数を超える人間が人種的なハンディキャップに苦しんでいる社会で社会革命の意識が一挙に爆発するのではないかという恐れから、ブラジルの白人たちが抱く野望の実現は先送りされたのである。とはいえ、金鉱所有者の考える革命運動にはまったく含まれていなかった黒人の解放という観念は、結局はブラジルに上陸し、最初に白人による独立運動が起こった後に、黒人が多数を占める北部の都市バイーアで第二次独立運動が勃発する歴史的条件のひとつとなった。

バイーアの反乱

一七九七年にバイーアで起こった反乱は、メスティーソの職人や職工によるものであり、革命によって社会的地位を高めようとする半特権的な半白人の植民地居住者たちが先頭に立って引き起こしたハイチの反乱と似たような形をとっていた。ポルトガル政府は、イギリスで出版された書物を読んでいたリオデジャネイロの知識エリート層をジャコバン派に近い傾向をもつものとして弾圧したが、フランス生まれの真のジャコバニズムに影響を受け、友愛と平等の観念に勇気づけられていたのは、バイーアで人種的な抑圧を受けていた下層中流民たちであった。バイーアで反乱を起こした人々は、ポルトガルからの分離独立を第一の目標としたミナス・ジェライスの中年の白人行政長官たちとはまったく異なり、兵士、見習い職人、小作人、賃労働者、学校教員、職人といった職種の若者たちであった。彼らは、ヨーロッパ人による政治支配ばかりでなく、ブラジルの有産階級や教会が維持する反動的な社会秩序も、打倒すべき対象であると考えていた。彼らの指導者となったのは、ある「有色人種」の仕立屋だった。彼らは、人種を超えた機会の平等を求め、フランス型の民主政治を実現しなければならないと主張し、さらには、バイーア市のあちこちに奴隷解放を要求するビラを撒いた。この過激な運動は、八年前に上流階級の者たちが起こした反乱よりも、さらに容赦なく鎮圧されてしまった。

独立の遅延

一七八九年の鉱山所有者による「ミナスの陰謀」と一七九七年の人種運動が植民地社会に与えた衝撃はあまりに強烈なものであったため、ブラジルの有産階級とポルトガルの支配階級は立場の違いを超えて手を結び、その結果、ブラジル独立は三〇年近く遅れることとなった。製塩業などの部門では、ある程度、経済の自由化が認められ、フランス型の共和主義思想を捨てたブラジル人には、政府内のポストが与えられた。一八〇八年に、王族が宮廷ごとリオデジャネイロに避難してくると、ポルトガル帝国内におけるブラジルの経済的優位性が改めて浮き彫りにされる恰好となった。その結果として、旧社会の安定性を脅かすことなく政治上の変革が起こり、ブラジルはついに、その後ほぼ一世紀にわたり、君主政治のもとで、奴隷制を基盤とした繁栄を享受することになる。この時期ブラジルはまた、外交と貿易の面でもイギリスとの強い結びつきを保つことになる。そうしたなかで、一八一〇年、リオデジャネイロの宮廷は、イギリスに対してブラジルの港を解放し、ポルトガルを経由せず商品を直接に南米へ輸送することを認める条約に調印せざるをえなくなり、これによってイギリスは、海上封鎖を敷くフランス海軍の干渉を受けずにブラジルとの貿易を行なうことが可能になった。しかし、より大きな意味をもっていたのは、この条約によってイギリスが、リスボンのポルトガル人仲介業者に対し、従来のように手数料を支払う必要がなくなったことである。こうした商業的独立は、一二年後の一八二二年、ブラジルを政治的独立に導くことになる。

自由主義の時代

ポルトガル本国におけるアンシャン・レジームは、ヨーロッパ史の本流と並行し、三つの段階を経て終焉を迎えた。一八一二年のスペイン民主革命の影響を受け、一八二〇年、ポルトガルにも革命が起こった。イギリスによる占領の時代は終わり、民主憲法が起草され、ブラジル独立が渋々ながら承認された。一〇年後、一八三〇年にヨーロッパを席巻した自由革命に続き、ポルトガルは根本的な政治改革に向かう二度めの試みとして、絶対王制の存続を願う親王派を追放し、王領地を没収し、修道院を解散させた。その後、官僚による独裁と激しい農民一揆の時代を経て、ついに一八五一年、ヨーロッパ各地の一八四八年革命を追いかけるように議会制度が確立された。こうしてポルトガルは、ささやかな産業化の道を再び歩みだし、鉄道の時代によって、これまでになく、他のヨーロッパ諸国と密接な関係をもつようになっていく。

絶対王政末期　ポルトガルに立憲王政を成立させた一八二〇年革命は、英国による被占領状態から独立を回復しようとする愛国的な運動であったばかりでなく、マリア一世時代の社会的・経済的な変化に伴って成長してきた自由主義の発現でもあった。ポルトガルは、いくつかの点で、十八世紀末のラテンヨーロッパ諸国のなかでもっとも変化に適応しうる条件を備えていたし、マリア一世の政府の大臣たちは、革命推進派の圧力よりもさらに一歩先を進んでいた。そうした大臣のなかにはアダム・スミスやモンテスキューを読んでいる者もおり、スペインの政治家よりもはるかによく新時代の思想を吸収し、貴族や聖職者にも課税をすべきであるといったような新奇な意見を堂々と口にする者もいた。王室や教会の土地を当時勢力を伸ばしつつあった上層のブルジョアたちに私有財産として売り払い、そこで得た資金を国家に融資するといったような、ほとんど民主革命に近いような施策もフランス軍の侵入以前からすでに議論されていたし、また、宮廷政府の官僚たちは、ブラジルへ逃れるよりも前の時点で、すでに農地改革と産業の拡大に関する法律の草案を用意していたほどだった。とはいえ女王は、ポンバルの時代と違って王権の存立を保証する基盤となっていた貴族階級を敵にまわすことを恐れ、そうした過激な法案を認めようとはしなかった。他にも、真摯に改革を追求する者のなかには、イギリスの「略奪者」によってブラジルへ連れ去られた貴族たちよりも、ジュノーに率いられたフランスの侵略者たちのほうが、新しい富の産出形態や社会の解放といったことに対して好意的な反応を示すのではないかと考える者たちもいた。

ポルトガル革命に先行して現れたこれらの先駆者たちは、一八〇七年にポルトガルに侵入したフランス人たちを歓迎した。彼らは実にさまざまな点で――たとえば、新しい土地保有制度、新たな法体系、封建的特権の廃止、教会と国家の分離、課税の平等、憲法による王権の制限、さらには、すでに失われたも同然の植民地を回復することなどを実現するために――フランスと関係を結ぶほうが有利であろうと考えたのである。特に製造業者は、フランスの侵入により、イギリス製品との競合から逃れるための絶好の機会が得られるのではないかと考えた。しかし、フランス人は、産業界の人間や知識人たちが推進する社会と経済の改革事業を特に支援しようとはしなかった。彼らの関心は、むしろ戦略上の安定にあり、自由主義者のなかにではなく、宮廷がブラジルに逃れた際に国内に残された貴族や聖職者のなかに手を組むべき相手を探していたのである。フランスは、ポルトガル人の強い反英感情から大きな利益を引き出しうるということに気づかず、親仏派の自由主義者を助けるどころか、彼らを危険な改革者であると考え、弾圧してしまった。フランス人に対して自由主義者たちが抱いていた度を越した楽観主義も、たちまち失望に置き換わった。それゆえ、一八〇八年六月に発生した民衆暴動では、革命的というよりもむしろ国家主義的な言葉がスローガンとして発せられた。これらポルトガル革命の先駆者たちは、革命的なスローガンを使用せず、また、フランス革命に実体を与えたような都市と農村とのあいだの永続的な同盟関係を築くこともなく、イデオロギーを抜きにして、単に国王の帰還を求め、フランス占領軍からの解放を叫ぶだけであった。

一八〇八年に民衆が起こした反ナポレオン蜂起は失敗に終わった。貴族層が過去の権威を取り戻し、中産階級は、またたく間に中立化した。アンシャン・レジームは、ほんの少し揺らいだだけで、何事もなかったかのように続いていったのである。教会も、フランスの自由思想に対して、最初は恐れを感じて手出しをせずにいたのだが、しばらくすると、反体制派に対していつもどおりの偏見に満ちた攻撃を加えるようになった。ポルトガルがフランスと手を組んだことに対してアンシャン・レジームに属する者たちが感じていた不名誉な思いは、民衆革命の芽を摘むための無秩序な弾圧の波によって掻き消されてしまった。その後再びイギリス人が勢力を取り戻し、新たな革命の動きが一〇年にわたって遅れることになると、ポルトガル国内の旧保守派の力は、さらにいっそう強められる結果となった。とはいえ、その一〇年のあいだ、商人たちはブラジル貿易における損失を取り戻し、さらにはイギリス占領軍に必需品を供給する契約を結んで大きな利益を得るなど、ポルトガルの中産階級は活力を取り戻していた。

都市の中産階級

十九世紀のポルトガルにとって極めて重要な役割を果たすことになる新たな投機事業の多くは、後に革命への動きが活発化する地域のひとつとなるポルトに集中していた。なかでも特に成功したのは、リネン紡績業であった。リネン糸の原料となる亜麻をハンブルクから輸入し、人口過密で仕事の少ないポルト市の北部地区で小さな自宅を仕事場にする何千人もの職人たちに、下請けで紡績と織りの作業をさせた。ポルトの企業が成功を収めた要因としては、建設費をかけて工場を建てたりせずに、出来高払いで農村の労働力を安く使った点が挙げられる。不況になれば、労働者は男女を問わず小作人の生活に戻らざるをえず、プロレタリア階級の工場労働者が要求したような最低限度の保証さえ期待できなかった。景気がよくなれば、機織り職人たちは高い技術を発揮し、質の点でフランスやオランダのリネンにも匹敵し、ブラジルでイギリス産の毛織物と張り合えるほどの商品を生産した。リネンの生み出す利益が従来のポルトガルにはまったく見られなかった形で投資にまわされるようになると、織物産業は他の軽工業の基盤となり、ポルト周辺の工業地帯に、金物、陶器、刃物、ボタン、樽、リボン、ベーズ（毛織物）、帽子などの製造業が発達した。とはいえ、綿紡績が成長し機械化されるまでは、依然としてリネンが基幹産業でありつづけた。

十八世紀後半に発達したポルトガルの綿織物工業は、当初から有利な条件を備えていた。原料となる綿花をブラジルから手に入れることができ、また、綿製品は、一七〇三年にメシュエン条約が結ばれた当時には存在していなかったため、どの条項にも言及されておらず、毛織物とは違って、競合するイギリスの保護品目に指定されていなかったのである。綿産業は、ポルトよりもリスボンを中心に発達し、リネン産業とは異なり、イギリスから輸入した機械を使って工場で生産が行なわれた。ポルトガルの繊維製造業者は、誰もがブラジルで市場を拡大しようと狙っていた。それゆえ、産業ブルジョアジーにとって経済改革の鍵となるのは、帝国内の特恵関税を復活させ、メシュエン条約に代わってイギリス人の製造業者にブラジルとの直接交易権を与えた一八一〇年の通商条約を廃止させることだった。こうした製造業者の考えは、同じく新たな対英条約によって仕事を奪われていた商人層にも支持された。ワイン商人は、繊維業者ほどには植民地市場と強い結びつきをもってはいなかったが、ポルトガル南部産のワインはヨーロッパよりもブラジルでよく売れており、そうしたことから、リスボンのワイン商人は、イギリス人を排除し、ブラジルを再びポルトガルの特恵市場として取り戻そうとする革命的な要求を支持したのであった。

十九世紀、ポルトガルでは、リスボンとポルトを代表とする都市が政治の世界を支配しつづけた。リスボンは依然としてヨーロッパ最大の都市のひとつであり、ポルトガルの金細工商人や書籍商人の大半が集まり、都市で専門職に就く人々の必要とする商品を供給していた。ポルトガル全体で見ると、十六世紀の帝国時代に比べて、都市化はそれほど進んではいなかったが、たとえば、かつて多数の豚が通りを這いまわる小さな市場町でしかなかったポルトなどは、一八〇一年から一八六四年にかけて着実に発達し、都市としての規模は二倍に拡がった。商店や事業所、工場は、小さな通りの入り組んだ旧市街の中心地に残ったが、ブラジルで成功し、裕福になって帰ってきた者たちは、東側の郊外に鉄細工の装飾で囲まれたバルコニーを備えた小型の宮殿のような邸宅を建てた。イギリス人のワイン荷受業者や株式仲買人は、従来どおり、町の西側に所有する優雅な邸宅での暮らしを続けた。市議会は、商業都市としての格の高さを見せつけるために、街路にガス灯を取りつけた。ブルジョアたちは、外国人をまねてトーストを食べ、ミルク入りの紅茶を飲んだ。ポルトがこのような発展を見せていたにもかかわらず、国全体の都市化指数は依然として僅か一一パーセントに過ぎなかった。似たような社会構造をもつスペインでさえも、産業化と都市化はポルトガルよりも進んでいた。革命後一〇〇年が経った時点でも、ポルトガルの人口の八四パーセントは農村に暮らしていた。こうした開発の遅れは、間断なく続く海外移民の原因でもあり結果でもあった。地方の小さな町では、教育や雇用のチャンスも、辛く単調な畑仕事から逃れる機会もほとんど与えられず、その結果、十九世紀に入って、古くからの伝統である国外への移住が再び盛んになった。外国で成功した移民の多くは、祖国に帰る道を選ばなかった。たとえ帰ってきたとしても、「成金」と呼ばれて馬鹿にされた。成功できなかった移民は、帰国する資金もなく、祖国の親類の期待に添うこともできなかった。ポルトガルの二大都市は、沈滞する農村を逃れ出てブラジルやアメリカ合衆国を目指す活力と野心に満ちた若者たちを引きつけることができず、その結果、社会と政治の変革は、農村の若者たちではなく、保守的なブルジョアジーと一部の貴族の手に委ねられることになったのである。

自由主義革命と立憲王政の確立

ポルトガルの自由主義革命で最初に軍人として英雄になったのは、一八二〇年革命の直前に殉死したゴメス・フレイレであった。彼はウィーンに生まれ、多国籍軍の将校となり、ナポレオンが組織したポルトガル人部隊に入隊した。その後、フランス占領下のドイツでドレスデンの総督に任じられ、イエナ大学から名誉学位を受ける。アンシャン・レジームの復活後、政治の世界で高位を得るべくポルトガルへ戻り、リスボンでポルトガル・フリーメイソンのグランドマスターとなった。占領時代のポルトガルでは、陸軍将校たちのあいだに、フランス人やイギリス人のメイソンとの親交を通してフリーメイソンの運動が広く浸透していたのである。ポルトガルのメイソン・ロッジは、革命の時代とその後の時代の政治に重大な役割を果たすことになる。一八一〇年から二〇年にかけて、このメイソンのグランドマスターは、その自由主義思想、絶対王制の復活に対抗する姿勢、摂政政府への批判、さらにとりわけベレスフォード将軍との敵対関係により名を高め、英雄的な愛国者となった。一八一七年、政府を転覆させイギリス人を国外に追い出すための謀略が密かに計画されているという噂がリスボンに広まると、ゴメス・フレイレは逮捕され、反逆罪により有罪を宣告された。これにより、ポルトガルの国民的英雄としての彼の名声はいっそう高まり、逆にベレスフォードは完全な悪役となった。フレイレの処刑は、国民の反抗を抑えるどころか、リスボンの群衆によって「殉教」として神聖化され、イギリス支配を打倒するための動きを加速させる結果となった。

ポルトガル革命が勃発したのは一八二〇年八月二四日であった。ポルトで八〇人の商人と二人の貴族が、イギリスによる占領に対して「革命宣言」を発したのである。ベレスフォードは国外へ逃れ、ブラジルにいるポルトガル国王を訪ねて、ほとんど総督にも匹敵する自らの職権をさらに拡大するよう要求した。九月一五日、不満が飽和点にまで達した兵士たちを先頭に、革命はいっそう過激な姿をとってリスボンに到達した。商人は、もはや民衆の声を抑えることは不可能だと感じていた。二大都市の指導者たちがコインブラで会談をもち、政府に対してイギリス軍の撤退と王政の復活とブラジル貿易の再建を体制側に求めるといった、控えめともいえる穏健な内容の要求項目案を作成した。これらの獲得目標は、どれも完全には達成できなかったが、国内政治は、それまでの一〇年間に及ぶ沈静期を経て新たな活気を取り戻すことになった。反乱が発生したことにより、ポルトガルを立憲国家として再生させるための骨組みを決める憲法制定議会のメンバーを公選によって選ぶことができるようになったのである。議会の代表者は、蓋を開けてみると、驚いたことに中流商人層ではなく専門職の人間が多数を占めていた。大学教員の二〇人に対して商人はわずかに三人、四〇人の弁護士に対して企業経営者はわずかに二人、一四人の司祭に対して大修道院長は一人もいないという結果であった。意外なことに、ワイン貿易商やワイン製造者といった植民地の利権を代表する人間は一人も選ばれず、また、ある程度は予測されたことではあるが、革命の立て役者であるはずの平民からは一人も代表者が出なかった。この新しい政治家のなかには、ポンバルによって改革された大学を卒業した自由主義者が数多く含まれていた。

憲法制定議会　一八二〇年の憲法制定議会は慎重かつ穏健な態度で協議を始めたが、議論に際しては衝突や障害を避けることなく、真正面から意見を戦わせた。議会は王室をブラジルから呼び戻したいと考えてはいたが、主権は国家に帰属し、ブラガンサ一族は神ではなく国家の選により王族となるのであって、彼らに与えられる拒否権も絶対的なものではなく、単に立法を遅らせるだけの効力しかもたないものにすべきであるという線で意見を固めた。議会はまた、カトリック教会はポルトガルの標準的な宗教であるべきだとしながらも、唯一の宗教でなければならないという考えは退けた。こうした宗教的寛容性を制度化する動きに対して抵抗の姿勢を見せた総大司教を、議会はフランスへ追放した。聖職者に対して法的に保証された特権に対しても議会は異議を唱えたが、その一方で、世俗社会の不平等にはまったく手を着けなかった。また、市民権の拡大を目指しつつも、同時に、自らが属する階級と、それを支える貧困層とを

図16 共同パン焼き竈 タグス川の南に広がるアレンテージョの平野の村では、現在にいたるまで何世紀ものあいだ地域住民が共同の竈を使ってパンを焼いている。

はっきりと分け隔てている財産所有権については、一貫して維持の姿勢を崩さなかった。たとえば、オリーブオイルの圧搾や薬草の調剤、パン焼き用の共同の竈などに関連して農村部に残る封建的な管理規制の撤廃については積極的な姿勢を示したが、都市部の社会構造を変革することに対しては極めて消極的だったのである。国会の設置そのものを望む点で意見は一致していたが、その形態については、一院制を推す急進派、民主派、および共和主義者と、二院制を推す王権派や保守派、カトリックとのあいだで激しい議論が続けられた。憲法制定議会の議員たちは民主主義者を自認していたが、彼らのなかには、アンシャン・レジームを解体するために活動していた秘密結社のメンバーとしてポルトで政治の世界に入り込んだ者たちも含まれていた。彼らは経験を積んだ政治家ではなく、むしろ政治理論家であり、無教養な大衆からの得票を期待する扇動家ではなかった。

議会制の成立　この革命初期に行なわれた政治上の議論は、最後には驚くほど過激な内容の憲法を採択し、一八二二年に終了した。急進的な意見が大きく採り入れられたこの憲法は、スペインが半島戦争時の侵入者を追い出して一八一二年に制定したカディス憲法を下敷きにしていた。一〇年後にヨーロッパが再び反動化すると、このポルトガル憲法は、勢力を盛り返した保守派の意向にそぐわないものとなった。ところがイギリスは、この憲法に対して寛容な姿勢を見せていた。この憲法は、一院制の議会組織を採用し、急進派を多く含みがちな下院のブレーキ役となるべき上院を置かないこととなっていたが、それでもイギリスにとっては容認しうるものだったのである。また、この憲法は、社会の変化に合わせて法を改正していけるよう、議会の改選が可能になるようにつくられており、公民権の点でも十分に自由主義的なものになっていた。最初期の自由主義者たちは、軍部との関係について明確な決断を下せずにいた。彼らは、イギリス占領下の一〇年間に既成事実のように根付いていた軍部による政治支配を認めるつもりはなかったが、自らが奉じる大儀のために軍の支援を強く求めようとするわけでもなく、また、自らの急進主義という旗印を超えるような行動を自粛するよう軍に積極的に要求するわけでもなかった。軍部はポルトガルの政治革命において極めて重要な役割を果たした。一八二三年、国家全体の政治に新たな一面を加えるべく活動した最初の議会主義者たちを送り出したのは、他ならぬ軍部だったのである。

ブラジルの独立　一八二三年に軍部が政治的な勝利を収めるよりも前に、ポルトガルとブラジルとの関係に根本的な変化が起こっていた。この変化は、革命全体に影響を与えることになる。一八二一年、国王ジョアン六世がリオデジャネイロからリスボンへ戻った。彼はブラジルの政務を長子のペドロに任せて帰国したのであった。言い伝えによると、この時ジョアン六世は、もしもブラジルで独立宣言が発せられるような事態になるなら、機に乗じて湧き出る山師のような政治屋ではなく、息子ペドロにこそ、その運動の指導者になってもらいたいと言い残してブラジルを出てきたのだという。王が予期したとおり、帰国後すぐに独立宣言が発せられ、ポルトガル王子ペドロは、ブラジル皇帝ペドロ一世となる。この独立宣言は、ポルトガル革命における最大の目標を危機に陥れ、帝国の復活を基礎として新たな体制を確立しようと努力していた議会主義者の信頼を著しく損ねることになった。しかし、ブラジル独立はポルトガルが民主化を目指すうえで大きな障害となりはしたものの、議会制政治を一瞬にして転覆させる最大の波は、ブラジルからではなくヨーロッパからやってきた。

反動の波　一八二三年、王権を奪回した超保守的なブルボン王朝のもと、フランスはスペインに侵攻し、民主的なカディス憲法の支持者を弾圧した。カディス憲法は、一八二二年にポルトガルで採択された憲法のモデルであり、ポルトガルの革命期を通じて改革者たちにとっての信仰箇条となっていた。これに対して穏健派は、この新しい憲法がヨーロッパの反動的な国々を刺激し、特に、反動的なウィーン体制のもとでポルトガル革命政府の承認を拒否していたロシア、オーストリア、プロイセンの神聖同盟が、スペイン侵攻を一歩進める形でポルトガルに侵入し、リスボンに絶対王制の復活を迫るのではないかと恐れた。そうした諸外国からの侵入を回避し、さらには内戦という最悪の事態を避けるために、サルダーニャという名のひとりの若き勇敢な准将が、小規模な軍隊を組織してリスボンに乗り込み、国民議会を廃して、憲法制定議会の過激派を追い出した。十八世紀の独裁者ポンバル侯の孫にあたるこの軍人は、これを皮切りに、その後五〇年にわたり幾度となく政治の舞台で成功を重ねていく。絶対王制の復活を阻止し、自由主義者の抵抗を抑えるため、サルダーニャは、一種の調停案として、ジョアン六世に国王の権力を部分的に返還するよう憲法を修正してはどうかと提案した。サルダーニャを不穏なフリーメイソンと見なしていた保守派は、この王党派による穏健なクーデターに狼狽し、一方、国王をほとんど操り人形のように考えていた急進派は、ジョアン六世がイギリスからベレスフォードを呼び戻し、信頼すべき補佐役としたことを知って大いに憤慨した。サルダーニャのクーデターによってポルトガル革命の第一幕は終了し、革命当初に掲げられた二つの大きな目標――つまり、ポルトガルの政治に対するイギリスの影響力を取り除くことと、ブラジルを植民地として再び支配すること――は、どちらも達せられずに終わった。さらに悪いことに、サルダーニャが約束した穏健な君主制は、一八二六年の国王の死によって、早くも崩れてしまった。

図 17　サルダーニャ（陸軍元帥）　1820 年から 50 年にかけてのポルトガル革命で主導的な位置にあったのは軍部であった。サルダーニャは、その軍部のなかで指導的な立場に立っていた人物である。彼は 1876 年にこの世を去るまで、公爵として議会の内外でポルトガルの立憲君主体制を支配した政治家でもあった。

そうしてポルトガルは、革命の第二幕へと突入するのである。

憲章

革命により識字能力をもつ男性に与えられた参政権を基に成立した自由主義的な民主主義は、もし仮に保守派の反革命勢力から抵抗を受けていたとしたら、長くもちこたえることはできなかっただろう。しかし、実際にその息の根を止めたのは保守勢力ではなく、一八二二年のブラジル独立宣言であった。というのも、商業ブルジョアジーは、議会派の自由主義者たちがブラジルに対する経済的な支配力を取り戻すことに成功していたならば彼らを支持するはずだったのだが、ブラジル独立によってその可能性がなくなったと見るや、たちどころに反議会派にまわってしまったからである。一八二六年にジョアン六世が没すると、国内は急進派と絶対主義者の両陣営に真っ二つに分かれた。王室もまた例外ではなかった。ブラジル皇帝ペドロ一世は、自らの後継者としてポルトガル王に即位させた幼い実娘マリア二世の帝位を安定させるため、急進派との和解を求めた。一方、故ジョアン六世の妃であった皇太后と、その若い息子ミゲルは、絶対王制の復活を支持した。ペドロはポルトガル憲法を廃し、ブラジル憲法をモデルとして、妥協的な内容を盛り込んだ「憲章」を公布した。この憲章は、国王に司法・立法・行政の三権を調整する権限を与え、さらに、従来からの下院に加え、七二人の貴族と一九人の司教からなる上院を設けるというものであった。ペドロによるこの提案は両陣営の過激派から激しい批判を受け、ポルトガルは内戦へと滑り落ちて行く。ウェリントンとベレスフォードに率いられたイギリスの保守党員たちは、両陣営を和解させてポルトガルに対するイギリスの支配力を取り戻そうと考えたが、それは不可能であった。一八二八年、ウェリントンは、足かけ五年におよぶ亡命生活を送っていたミゲル王子をポルトガルに帰国させた。これは、ミゲルの姪にあたる当時七歳のポルトガル女王マリア二世の代理を務めるべく立憲政府の摂政の座に就けることを意図したものであったが、しかしミゲルは自らが国王であると宣言し、今度は逆に、何千人もの自由主義者たちが国外へ亡命する事態となった。自らを国王とするミゲルの一方的な主張は愛国者の支持を得た。これに対してペドロは、ブラジル皇帝の座を捨ててヨーロッパに渡り、娘に譲ったポルトガル女王の座を守るために戦いを開始した。彼はフランスとイギリスから支援を取りつけた。当時、フランスは一八三〇年の革命によって自由主義に戻っており、またイギリスでは、ウェリントン公を官職から追い出し、パーマストン卿が外交政策を取り仕切る自由主義政府が、公選によって成立していた。両国とも、一八三二年、ポルトガル内戦の始まりとともに、ペドロと亡命自由主義者の陣営に援軍を派遣した。

内戦――ペドロ対ミゲル

一八三二年から三四年にかけて続いた内戦は、紆余曲折を経てポルトガルを絶対王制から立憲民主主義へと導く長い革命の過程における流血の折り返し点となった。この戦争は、無情にも、反動勢力を従えたミゲルと自由主義勢力を率いたペドロという二人の兄弟の戦いであった。ミゲルはリスボンを掌握し、かつての亡命先であるオーストリアから支持を得て、自らの神聖なる国王大権をあくまでも保持する構えを見せ、恐怖による支配を制度化し、自由主義の支持者を次々と投獄したり、財産や身分を剥奪したりするなどの弾圧を加えて、反対派の多くを死に至らしめた。これに対してペドロは、アゾレス諸島を本拠とする小規模の自由主義軍を従え、英仏の傭兵部隊の援護を受けてポルトトに上陸した。彼はポルトガルの有力インテリ層から支持されたばかりでなく、政治的野心をもった二人の若き軍事的指導者からも支援を受けることになった。その二人とは、後に内戦の英雄となり、それぞれ五期にわたって首相を務めることになるサルダーニャとサ・ダ・バンデイラである。

自由主義者たちの聖戦は、ゆっくりと始まった。ペドロの軍勢は、ポルト侵入後、ミゲルの軍隊に圧されて身動きのとれぬまま最初の一年を過ごした。将校たちはイギリス人のワイン商人と上品な食事を楽しむこともできたが、下級兵士は飢えに苦しみ、コレラで死亡するものも多かった。この状況は、ネイピア提督を司令官とする英国艦隊がミゲル側の王政派の艦隊を南部の沿岸に撃破することで一変した。ネイピアは軍隊を上陸させて南からリスボンに迫った。これに呼応するように、リスボンで、五年におよぶ王政派の支配に抵抗する反乱が起こった。反乱者たちはミゲルの守備兵を追い散らし、国王の兵器庫を占拠し、獄から逃れた政治囚たちに武器をばら撒いた。ペドロは本営をリスボンに移し、一方、ミゲルは再び亡命者となってイタリアへ逃れた。こうして二年におよぶ激しい内戦が終わると、ポルトガルの財政は再び破綻し、海外の債権者に頼らざるをえなくなっていた。自由主義の政治家たちは、ミゲルがオーストリアの援助を受けて戻ってくるのではないかという不安を抱いており、また、ペドロがそれほど深く自由主義に傾倒しているとも思えなかったため、社会再建に関して極めて急進的な議案を採用した。これを境に、ポルトガルは二度とアンシャン・レジームに後戻りすることはなく、その意味でこの内戦は、まさに時代の結節点となった。

新興地主層の誕生

一八三四年革命で勝利を収めた急進派が根本的な問題としてとらえていたのは、ポルトガルに依然として残る貧困と封建的な諸制度であった。農民を厳しく圧迫する封建的諸制度には、革命の第一期にはほとんど改革の手が加えられていなかった。たとえば、リスボン近郊に王室が所有していた農場の例を見ると、どれはどひどい搾取が行なわれていたかがよくわかる。この農場では、当時の度量法で毎年六〇単位分の穀物が生産されていたが、農民の手元に入るのはわずか一二であった。三〇を領主が取り、六が輸送税として徴収され、五は教会へのいわゆる「十分の一税」として差し出され、残りは各種の国税として徴収された。他にも、脱穀税を徴収されたり、鋤や役牛の賃貸料を取られたり、製粉代を支払わされる例もあった。荷車による運送料の追加金を支払わされる例もあり、これなどは、船が入ってこられる川の岸まで農民自身が作物を届けないかぎり支払わざるをえないものであった。さらにひどいことに、農民たちは天秤を持っていなかったため、たとえどれだけ実際とは違っていても、代官が計測した作高の数値に従うしかなかった。農民のなかでも寡婦は特に取り分を低く抑えられており、教会への奉納金について免除を授けるなどといった慈悲深い措置も講じられることはなかった。修道院の分院も、大きなものになると、六〇〇〇世帯の住民を含む二九の教区の収入を管理し、地域内の製粉機、圧搾器、輸送用の川船、穀倉をすべて独占する例も見られた。教会による収奪はたいへんなもので、たとえば、オリーブオイルの全生産量の十分の一、リネンの全生産量の八分の一は教会のものになっていたし、家畜が最初に生んだ子はすべて教会に差し出され、パン、ワイン、果物には税がかけられた。こうして得られた教会の収入は、修道会や教区司祭の俸禄に充てられたり、司教の給料になった。こうしてみると、一八三四年革命で新たに燃え立った改革への情熱が、反聖職の倍音を強烈に含んでいたのもむしろ当然である。

一八三四年革命を急進的な方向へ進ませた要因として挙げられるのは、立憲体制を廃したミゲルを支持する資産家や宗教団体に対する憎悪ともいうべき、激しい報復の意志であった。革命政府は、国土の四分の一に達する王領地を国家の所有とし、歳入に引き当てたり個人に即金で売却することによって、国の債務の支払いに充てた。三〇〇を超える男子修道院を廃止し、大きな資産を所有していれば、その土地を自由主義の理想を支持する者たちに売却した。この修道院の解体により、一六世紀のイングランドと同様、ポルトガルにも新興の土地所有者という新たな裕福階級が生まれた。彼らはアンシャン・レジームに逆戻りすることなど夢にも考えず、盛んに土地の売買を繰り返した。革命以前にマリア一世の下で成長した中産階級は、幼い女王マリア二世の下でさらに多くの土地を手に入れ、影響力を拡大し、いっそう高い爵位を得た。教会所有地の没収は、ミゲル支持者たちの行き過ぎた聖職権重視に対する民衆の憎悪のなかで、拍手をもって迎え入れられた。再配分された教会所有の土地は、おそらく王領地に匹敵する規模であり、自由主義者が内戦の間に背負い込んだ負債を清算するのに十分な売却益が得られるはずだった。

だが、教会の領地や王領地の売却によってポルトガルを蘇生させようという目論見は、期待どおりの結果を生みはしなかった。供給が需要を上回るにつれて、土地の売値が下落したからである。安価で豊富な土地を手に入れた地主たちは、土地が不足し地価も高い他のヨーロッパ諸国で採用されている新しい集約農法に自らの限られた資金を投資するよりも、従来からの粗放的な収奪農法を続けた。これはある意味で、まったく合理的な判断であった。牛を使って土地を耕すといった新たな農法を採り入れる代わりに、砕土も施肥も行なわず、昔ながらに鍬や木製の鋤を使って人力で土を掘り返すという方法を彼らはとりつづけた。市場の力も、地中海沿岸の諸地域とは違って、収益性に欠ける南部のラティフンディオの広大な土地を分割するには至らなかった。労働者たちはあまりに賃金が低いため、ブラジルへの移民を望む者が後を絶たなかった。国土の三分の一は、原生林や灌木の茂る広野、湿地帯、不毛の山岳地帯などであり、依然として未開地に近い状態のまま捨て置かれていた。開墾地の多くも、相変わらず、小作農民たちが最低限の生活をしていくために使われているだけだった。都市部でも、没収された宗教団体の建物を利用して新しく学校を開くわけでもなく、その他の何か生産的な用途のために提供されるでもなく、駐屯兵用の無駄に贅沢な宿舎として軍部に差し出された。つまりは、二年と経たないうちに、内戦の「勝利者」たちが奉じる理想主義は完全に行き詰まったのである。

九月党のクーデター——憲法の復活

三四年革命から二年が経過した一八三六年九月、革命の気運が再び盛り上がった。まず初めに都市暴動が発生し、続いて軍部がクーデターを起こした。都市暴動の底流には、慢性的な失業問題があった。内戦で武器を手に戦った十万人の人間が、内戦後に復員し、脆弱な経済のなかに組み込まれることになった。彼らの多くにとって、海外への入植は選択可能な解決策ではなかったため、結果的に国内での雇用に対する欲求は高まることになる。野良着の小作農たちが都会に流れ込むと、リスボン市民は、こうした問題に対して無関心な態度をとりつづける政府を倒すために立ち上がったのである。国民軍は、暴動を鎮圧するどころか彼らの側に付き、さらには、サ・ダ・バンデイラを担ぎ出し、国の指導者として一八二二年の憲法を復活させ、立憲体制を取り戻してくれるよう呼びかけることを引き受けた。市議会は、女王マリアを郊外の王宮から召喚し、憲法に忠誠を誓わせた。このとき女王は、ギロチンを目の前にしたマリー・アントワネットのように毅然としていたという。王室と同盟関係にあった新興有産階級の一部は、暴徒がリスボンを支配し、ポルト包囲の時の英雄が急進的な支配を敷くのではないかと考え大いに戦慄した。彼らは、一八二六年の憲章で定められた特権によって、地主として望みうる権限はすべて与えられており、王室との同盟関係に満足していたのである。彼らの指導者は、自由主義の偉大な軍事的英雄サルダーニャであった。現実主義者のサルダーニャは、革命の中核となった「九月党《セテンブリスタ》」と呼ばれる急進派の政府を転覆させようとすると再び国民の血が流れ、内戦を招くことになるだろうと考え、古くからの朋友であるサ・ダ・バンデイラと話し合い、非革命的に改革を行なうことで合意した。これにより、ポルトガルの近代化に向けての諸改革が穏健に進められることとなった。

九月党の社会改革　この新しい改革を支持したのは、九月党の思想を実践し、一連の社会改革を実行に移した都市部と商人階級であった。初等教育の改革が進められたばかりでなく、廃止された教会付属学校に代わって中等学校が創設された。商工業に携わる人材の育成も行われるようになり、美術や演劇の学校も設置された。工科大学がリスボンとポルトに建てられ、コインブラ大学までがいくつかの点で再び近代化を施された。解体された修道院の蔵書や美術品を収蔵するために複数の図書館や博物館が建てられた。また、出生、結婚、死亡に関する記録は、教会ではなく市民台帳に登録されることになった。

憲法支持派と憲章支持派の対立

この時期、女王マリア二世が、サクス・コバーク家のフェルディナンド（後のフェルディナンド二世）と結婚した。サクス・コバーク家はすでにベルギーを支配し、この後ほどなくしてイギリスの王家になろうとしていた名門中の名門である。ドイツ人のフェルディナンドは、幼い女王の手をひいて、護憲派と憲章派が対立する危険な状況を無事に渉りきろうとした。この時期、権力を民衆の側に確保しておきたいと考える一八二二年憲法護持派と、権力は国王の仁愛によってのみ与えられると考える一八二五年憲章の支持派とを隔てる憲法思想上の対立は、一種の地雷原のようなものであった。憲法をめぐって以前から両陣営のあいだに横たわっていた深い溝は、一〇〇〇件にもおよぶ政治家の暗殺事件を引き起こした後、激しい敵意を呑み込みつつ、静かに地中に埋められた形になっていたのである。その後、この急進派と保守派の緊張関係は、ついに両派が歩み寄ることで解消され、その結果、一八四六年に最後の革命戦争が勃発するまで、一〇年近くにわたって政治情勢は安定することになる。

サ・ダ・バンデイラ

一八三六年のポルトガル九月革命における近代化の中心人物は依然としてサ・ダ・バンデイラであった。彼は、一七九五年、リスボン近郊の地主の家に生まれ、若くして軍人を生涯の職業に選んだ。半島戦争では、負傷し、捕虜となり、片腕を失い、死者として捨てられた。肉体的な障害を抱えながらも、彼は馬術家、軍人、工兵技術者として卓越した存在でありつづけた。コインブラのほか、パリやロンドンの大学にも学び、ポルトガルにおける新興貴族のなかでもっとも国際的な感覚を身につけた人物のひとりであった。ミゲルによる王位簒奪の時期には、スペイン、イングランド、ブラジルで亡命生活を送ったが、その後、一八三二年、ペドロ軍の指揮官としてポルトに上陸し、敵軍による包囲に抵抗する守備隊の指揮にあたった。この内戦のあいだ、彼は日記をつけ、後には政治、経済、軍事および植民地について数多くの文章を書いている。彼はほぼ一貫して自由主義者として左翼的な立場にとどまったため、一八三六年の選挙における参政権の制限に抵抗する運動や、軍部が再び政治へ介入するきっかけとなった保守派への対抗運動にとって恰好の旗頭となった。しかし、サ・ダ・バンデイラが最大の目標と考えていたのは、ポルトガルの行き先を改め、富を取り戻すことにあった。そこで目を向けたのがアフリカである。彼はアフリカからブラジルへの奴隷の輸出を違法と定める法律を導入した。その狙いは、アフリカ人の労働力を、もはや独立国家となったブラジルに移住させるのではなく、アフリカ内での新たな帝国建設に投入することにあった。こうした第三帝国建設の夢は、その後、各世代の政治家が繰り返し抱くことになるのだが、しかし実際に着手するまでには、さらに一〇〇年の歳月を待たなければならなかった。サ・ダ・バンデイラは、アンゴラとモザンビークを植民地化することにより国益の最大化を図るための構想を一八三〇年代の時点ですでに描いていたが、それが実行に移されるのは一九三〇年代になってからのことである。それまでは、各政府が九月党のような手法により、経済の改革や近代化のために、アフリカよりもヨーロッパに目を向けた政策をとりつづけるのだが、そうした政策を推し進めたのは、新時代のポルトガルの指導者となった官僚たちであった。

コスタ・カブラル　一八三六年革命の後、官僚の新たな指導者として勢力を伸ばしたのは、リスボン市長で女王の腹心でもあるコスタ・カブラルという人物であった。彼は法務大臣として政府に入り、その能力を発揮して、政府の政策から人民主義的な要素を排除し、バチカンとの外交関係を修復し、保守的な憲法主義者の奉ずる一八二六年憲章を復活させた。父親の創案による憲章が復活したことで女王は大いに喜び、カブラルはいっそう彼女の信頼を得ることになった。ポンバルを思い起こさせるような活動的な指導者であったカブラルの政策は、都市と商人層の利益に基礎を置いており、かつての九月党のリーダーたちとは完全に一線を画していた。九月党の指導者たちは、しだいに地主との結びつきを強め、王家や教会から手に入れた土地で自らが生産した小麦やワインに保護価格を適用しようとしたのだが、かつての自由主義者が導入したそれらの価格体系は農地の価格を高騰させる原因となり、スペインからの穀物の密輸が盛んに行なわれ、都市における食料の価格高騰を招く結果となっていた。カブラルは、彼が指揮する企業経営者たちのもとで働くプロレタリアのために、国内で生産するよりも安くつく外国からの食料輸入を優先する政策をとり、自らを支持する商人層の活動を制限していた貿易上の制約を、順次撤廃していった。こうして、私企業の株主に、煙草や石鹸、火薬など伝統的な製造業における独占権を与えるというポンバル方式の経済システムが復活することになった。反対派は、不当な利益をむさぼる者たちに政府が特権的とはいわないまでも優先的に営業権を与えていることに対して非難の声を上げ、議会が競売場か証券取引所のようになってしまっているとして抗議を行なった。だが、やがてそうした投機熱も冷め、世界との貿易は停滞期に入る。しかしその前に、カブラルを先頭とする近代化推進派は、ポルトガル国内の農村から攻撃を受けることになる。

行政の官僚化

自らを自由主義の後継者としながらも、しだいに保守化していた官僚たちは、新興地主に対して土地の有効活用を呼びかけ、かつては宗教団体が所有していた土地を生産的な荘園に変えるよう奨励した。コスタ・カブラル自身も、ポルトガルでもっとも有名な城のひとつであったトマールに広大な屋敷を建設し、贅を尽くして造園を行なった。農村部の発展は、相変わらず輸送機関の発達が鍵となっていた。官僚は資金を調達につとめ、公共事業を請け負う私企業に道路を建設させた。外国の投資家を引きつけるために、彼らは自由よりもむしろ安定性を売り物にしようと考えたのである。こうして、政府主導の、民主的な手順を排除した独裁的な公共事業の推進が、長くポルトガル社会の特徴になった。このような行政の官僚化と職業化は、政府に対する民衆の態度に深く影響を及ぼし、大修道院長や領主への封建的な従属に代わって、新たに官吏や技術者に対する従属関係が定着した。新しい経済体制に資金を供給するため、国内の財政改革が行なわれ、中央による管理の下に地方単位の行政が確立された。カブラルは左右両派から、革命・反革命の両方を裏切ったとして同時に非難を受けた。そうしたなかで、一八四六年、ポルトガル革命における三度めの内戦の口火を切る反乱が勃発した。今回の暴動の主役は、ポルトの急進的中産階級でもなく、暴徒と化したリスボン市民でもなく、北部の僻地ミーニョ地方の小作農であった。

北部農民の生活

ポルトガル北部は、首都の政治から遠く切り離された世界だった。ミーニョの農民は伝統的に沖積台地の谷間で小麦を栽培し、荒れた土地にアワやライ麦を植えていた。休閑中の農地では、土壌が回復するまで家畜に生草を食わせたり、牧草を刈り取って干し草をつくったりしていた。丘陵地では、村で育てた家畜を放牧したり、ローマ時代から変わらず実をつけている古い栗林から栗の実をとったりしていた。集落の形態は、全世帯が一カ所に集中して村落を形成するというよりは、ドイツに見られるように、各農家がそれぞれの地所に家を建てて地域一帯に散在するという形をとっていた。各農家の建物は、それぞれ納屋、畜舎、料理場、住居からなる単純なものであった。五、六世帯が共同で三ないしは四ヘクタールの農地を耕し、それぞれ平均で五〇ブッシェルの小麦と二〇ブッシェルのライ麦、一〇ブッシェルのアワを生産し、四頭の牛を飼育していた。女性や子供は、秋には穀類、春には亜麻の作付けのために、家内労働力として投入された。子牛はポルトの屠殺場に送られ、農民たちの自給経済に余剰現金をもたらした。牛乳が日常の主な飲み物となっており、ワインを口にするのは祝祭日に限られていた。豚はドングリを食わせて太らせ、冬季の食料として塩漬けにされた。畑からの収穫が乏しい年には、森で狩をしてちょっとした獲物を捕らえたり、家畜と人の食料を確保するために栗の実を集めたりした。キャベツのスープが日常の食べ物だったが、それに風味をつけるオリーブオイルは、山間部に住む農民の手には入らなかった。輸入品はどれもラバ追い人から買う以外になく、果物もめったに口にすることはなかった。女たちは自分で縫ったスカートをはき、男は雨の日になると、屋根に葺くような藁を編んだ簑をコート代わりにはおった。平野部から買い入れるもののなかでもっとも高価な品は、祭りの日に身につける装飾品をつくるための金であった。山間部の女たちは、農村社会内での自らの地位を示すために、ペンダントやネックレス、指輪、金線でつくったハート型の装身具などを身につけた。

十八世紀になると、ミーニョ地方にもようやく農業革命が波及し、新しい作物としてブラジルからトウモロコシが導入されるようになった。トウモロコシは最初、従来からの越冬作物に代わるものでしかなかったが、やがて小麦の二倍の生産効率をもつことが確認されると、谷間の肥沃な畑でも中心的な作物として栽培されるようになった。トウモロコシの栽培は以前の農法に比べ多くの労働力を必要としたが、肥料を施せば高い収穫量が得られたし、作付面積を増やすことも可能であった。収穫高が増大するにしたがって、以前よりも大量の穀物を乾燥させ貯蔵するために新しく納屋が建てられた。農民は豊かになるにつれ、自分たちの家や収穫を守りたいという気持ちが強くなった。こうした意識は、一八〇七年、フランス軍やイギリス軍のポルトガル侵入に反応して特に強まった。辺境の後進地域であったミーニョが生産力の高い農業地帯に変わると、それまではこの自給農地を無視していた周辺の小さな町の人々が関心を寄せるようになった。土地使用者は土地所有者となり、土地の売買や賃貸が魅力的な事業になった。トウモロコシによる穀物革命によって増大した農業生産力は、アメリカ大陸からのジャガイモの導入によってさらに高まった。しかし、一八四五年、ヨーロッパの他の地域と同様、ポルトガルでもジャガイモの凶作が起こる。この凶作によりミーニョ地方で発生した飢饉は、栄養状態の改善による人口増加と各世帯の大型化が仇となり、かえって悲惨な結果を生んだ。一八四六年、革命の最終段階にあたる第三次ポルトガル革命の口火を切る暴動が発生したのは、こうして爆発寸前にまで緊張が高まっていた北部農村地帯だったのである。

マリア・ダ・フォンテの乱

一八四六年に北部で起こった反乱でもっとも特徴的なのは、女性が指導的な役割を担ったという点である。ポルトガル北部では女性が経済的に重要な存在であり、また法的にも自立した存在であった。これは、地方の社会ではあまり例のないことである。土地が希少になってくると、各農家の地所は繰り返し分割され、最後にはどの世帯も生活を維持し難いほど小さな区画に分けられるようになった。その結果、男たちは短期・長期にかかわらず出稼ぎに出て行かざるをえなくなり、地元の集約農業はますます女性の肩にかかってきたのである。アメリカ大陸に移住した男たちは、ポルトガルに残してきた母親や妻に現金を送ったが、しかし家族や農場を苦労して切り盛りしたのは女性たちであった。要するに、ポルトガル北部のこの地域では、女性が一家の長であり、土地所有者だったのである。カブラル体制の下で一八四〇年代の初めに政府が開始した官僚的な介入に脅威を感じ、ポルトガル北部で反乱を指導したのは、こうした女性たちだった。彼女たちはやがて「マリア・ダ・フォンテ」と呼ばれるようになる。

一八四六年の反乱を引き起こした最大のきっかけは、土地の囲い込みを行ない、地主の登録を制度化しようという政府の動きであった。土地登記所が設置され、それにより、教育を受けた裕福な中産階級の人間が土地を買い、正式な所有者として土地登記を行なうことができるようになった。こうした土地取得の方法は、その地方の慣例を完全に無視するものだった。無学な農民で、弁護士との繋がりも持たない昔ながらの土地使用者たちは、これらの新たに出現したジェントリーたちの行なう土地所有権の主張に対抗する手段をもたなかった。食料を集めに行ったり、炭を焼いたり、小動物を捕らえるのに罠や落とし穴を仕掛けていたような土地や、共同の放牧地などが、突如として、新しい地主の雇った厳格な土地管理人や猟

図18　マリア・ダ・フォンテの乱　　1846年に起こった農民の反乱によって、ポルトガル革命の成立にいたる一連の内乱は最終局面を迎えた。この「マリア・ダ・フォンテの乱」では、土地の権利を奪われることに恐れを感じた女性たちが大きな役割を果たしていた。

場管理人が巡回する私有地になり、その結果、食うや食わずの生活に甘んじるか移民をするかの瀬戸際に置かれていた農民たちをかろうじて支えていた非公式な経済活動が禁じられた恰好になったのである。これまでのように木の実を拾ったり野草を集めたり、あるいは森で薪を集めたりする権利が奪われたことに対して農民が起こした抗議運動は、極めて具体的な要求に基づいた激烈なものであった。マリア・ダ・フォンテの反乱を指導した地元の女性たちは、まったく当然のことながら、設置されたばかりの土地登記所を焼き討ちしようとした。

反乱の指導者たちは、地方の人々が抱える不安感をうまく利用することに成功した。彼女たちは、大規模な公共事業計画の資金を調達するために完璧な地租のシステムを構築しようというコスタ・カブラルの狙いを正確に見抜いていた。地主はそれぞれに読み書きのできる人間を見つけて、役所が用意した用紙に自分の経済状態を代書してもらうことになっていた。保守的な農民は、これを当然ながら、信用ならない都市の法律家によるプライバシーの侵害であると感じており、そうしたこともあって、北部の農民が抱く怒りは臨界点に達していたのである。反乱の指導者たちは、政府が土地登記を進める目的は、囲い込んだ土地を北部ポルトガルの妖怪たち、つまりイギリス人に売り飛ばすことにあるというほとんど根も葉もない噂をばらまくことで、農民からの支持をさらに拡大した。イギリス人は、ポルトガルの農民の目にはまったく異質な人間に見えていたし、また、農民の誰もが欲しがる日用品や贅沢品をほとんど誰も買えないような値段で売りつけようとするあこぎな商売人、債務不履行の顧客に担保権を行使して容赦なく土地を取り上げてしまう傲慢な債権者であるとみなされていた。要するにイギリス人は、あらゆる無慈悲と搾取の象徴であり、農民たちによる激しい民族主義的憎悪の標的だったのである。そうした民族的感情から、マリア・ダ・フォンテの女たちは亡命中の王子ミゲルを思い出し、彼こそが国民の救済者であると主張するようになった。ミゲルがリスボンで敷いた恐怖政治は無視され、生粋の王党派が掲げる愛国主義の理念が広く人々の心をとらえて反乱を激化させ、政府にとって大きな脅威となっていた。さらに反乱の指導者たちは、一八三四年の修道院解散とともに失われていた過去の権威を取り戻そうとしていた教会とも、同じ相手を標的にしていた。

反乱の拡大　コスタ・カブラル体制の下で急進右翼の改革者たちが活発に推し進める改革のうち、彼らの特質がもっとも明確に表れたもののひとつが、公衆衛生に関する法律であった。この法律により、埋葬は都市郊外の墓地で行なわれなければならないということになった。これは葬儀に関わる慣例に完全に反していた。ポルトガルの伝統によれば、死体は教会内の死体安置所に置かれ、肉が崩れるのを待って骨を拾い、一家の納骨所内の然るべき位置に収めるというのが死者に対する適切な心遣いであるとされていたのである。北部農村の女たちは、そうした厳粛な習慣的儀礼が違法とされたことに憤り、地元の司祭たちと手を結んで抗議のために立ち上がった。政府の役人が葬儀を妨害しようとすると、農民たちは役人たちに襲いかかり、死体を収めた棺を取り戻し、再び教会に安置し、集団で武装して警備にあたった。反乱は、隣国スペインの国境地帯で同様の抵抗運動が起こると、さらに勢いを得た。スペインでもまた、政府による埋葬儀式への干渉に抵抗して農民の暴動が発生していたのである。革命初期の教会破壊運動以降しばらく表面から姿を消していた宗教問題が、ここにきて再び政治的な争点となった。北部の抵抗運動が農村から都市へと広がるにつれて、コスタ・カブラルの政府に動揺が広がった。都市ではインテリ層が、大きな犠牲を払って手に入れた出版の自由を奪われたことに対し、猛烈に政府を攻撃した。そうした危機的状況のなかで、カブラルの政府は市民の自由を制限し、戒厳令を敷くと宣言した。だが兵士は、自分たちの親類知己である市民に対して銃口を向けようとはせず、軍務を放棄し、北部で反体制の側に合流した。こうして、ポルトに革命政府が成立し、カブラルの政府は倒れ、彼の改革運動は頓挫した。内戦後の混乱を調整すべく新たに連合内閣がリスボンで組織され、外国の債権者との折衝にあたることになった。

内戦後の混乱　コスタ・カブラルから国政を引き継いだ新内閣は、反乱者たちの過激な要求に耳を貸そうとはしなかった。新政府の政治家たちは中産階級に属しており、平等主義や千年王国運動を恐れていたのである。彼らは、有料道路を廃止して昔ながらの牛車道を農民に無料で使用させるようにという、農村部からの要求を退けた。リスボンの新政府は、兵卒から将校を選ぶようなボランティアの寄り集まりである市民軍に国を支配させてはならないと考えていた。資本主義が発達して土地の市場価値が広く認知されるようになることが彼らの望みであった。新政府のなかには、北部で反乱が起こるきっかけのひとつとなった食糧危機とポテト飢饉に乗じて大きな利潤を手にし、財を築いた商人も含まれていた。しかし、飢餓と国家財政の危機を前にして、リスボンの政府は激しい混乱状態に陥った。そこで、事態を収拾するためにポルトガルの救世主を自認するサルダーニャが再び登場し、政権を担当することになった。しかし、彼の返り咲きは、ポルトの市民には受け入れられず、小規模な内戦が起こる。ポルトの自由主義者が起こしたこの反乱により、革命の枠組は新たな局面を迎えることになる。

一八三六年に一度めの内戦が終了して以来、ポルトガルの重心がポルトから離れるにしたがって、リスボンの経済的重要性がいっそう高まった。今やリスボンこそが産業の中心地であり、金融市場もリスボンに置かれ、リスボンの政治家は仲間の商人に特権を与えるようになっていた。一八四六年の秋、ポルトの自由主義者が起こした反乱は、ミーニョ地方の春の反乱とは違って、コスタ・カブラルの思想を支持しているにもかかわらず、自分たちの商業・産業上の利権が縮小していることに不満を感じる近代化推進派たちを中心としていた。彼らは、古くからの九月党の理論的指導者であり、サルダーニャの最大のライバルであるサ・ダ・バンデイラを反乱の指導者に選んだ。しかし、サ・ダ・バンデイラ自身は、最後まで抜け目なく日和見主義の態度を崩さなかった。市内が飢饉に襲われている時期にポルトの軍隊を率いて首都リスボンを攻撃すれば、自分自身が一〇年前にあれほど慎重に抑え込んだかつての急進主義が再び爆発するのではないかと恐れたからであった。サ・ダ・バンデイラは内戦の炎を煽ることを避け、イギリスと交渉を開始し、当時イギリスに亡命していたコスタ・カブラルを、国家が抱える負債を処理する役目に就かせるという条件で帰国させた。こうして一八四八年、失脚まもない指導者カブラルは権力の座に復帰し、その後三年にわたって国を支配する。だが、一八五一年、彼はサルダーニャによって再び公職を追われることになる。カブラルに代わって、今度は、元准将、現公爵のサルダーニャが自ら宰相の座に就き、徐々に無理なく貴族院の力を強化しつつ国政への支配力を確立し、五年間の任期をまっとうした。サルダーニャの寡頭政治風の民主主義は、「刷新」をスローガンとし、ポルトガルを二〇年におよぶ政治的安定の時代へと導くことになる。

「刷新」の時代　一八五一年、武力を背景としたサルダーニャ政権の確立により、ポルトガル革命は幕を閉じた。革命の時代は、多くの点で不安定な時代であった。三一年間で四〇の政府が生まれては消え、ひとにぎりの軍の将校や知識人、貴族が、メリーゴーラウンドのように回転する宰相の椅子に交替で座った。しかし、この時代にはまた、長期にわたって国家の軌道を決定づけるような変化も起こっている。新たな中産階級が、払い下げを受けた国有地を売却して利益をあげ、次々と爵位を手に入れ、保守化の度を強めつつ着実に政治的影響力を獲得していった。商業は引き続きイギリスの慣例に基づいて行なわれ、度量衡もイギリスの標準に合わせられていた。政治家もついにイギリスの政治思想を受け入れ、差異の僅かな二大政党と、二院からなる議会を備えた政治体制を採り入れるに至った。知識階級はイギリスよりもフランスの思想に深く影響され、官僚も、中央と地方の両行政を広く統括するフランス型の行政制度を採り入れた。エリート層もまた、外国から思想や習慣を採り入れたが、意外にもそれはスペインからであった。両国の長年にわたる敵対関係から、歴史家はこれまでポルトガルの政治思想に対するスペインの影響を過小評価することが多かったが、しかし、ポルトガル革命の各段階はスペインにおける政治的展開をかなり忠実になぞっていると見ることもできる。王家のなかで影響力をもつ者たちはスペイン貴族の出であり、ポルトガルの独自性を守ろうという意識に欠ける点があったとしても不思議はなかったであろう。政治の

図19　リスボンの中産階級　ポルトガルにおける「ビクトリア時代」の中産階級は、この図のようにフランス風の優雅な衣装を身にまとい、同じくフランス風の建物が並んだ大通りを散歩した。

スペクトルのもう一方の極では、急進派がやはりスペインの同志が出版した書物を容易に手に入れ、その思想を採り入れていた。とはいえ、革命が終了するころにポルトガルの政治家に世代を問わず支配的な影響をもつようになっていたのは、ブラジルから帰国した穏健な王政主義者、「チャーチスト」たちであった。彼らは、スペインの急進派を範とする二二年憲法以来の立憲共和主義者たちと対立し、同時に、二八年憲章を支持したミゲル以来の絶対王政派たちとも対立するなど、急進主義の両極に位置する二つの勢力に対抗しつつ、力を蓄えてきたのである。

サルダーニャは、一八五一年に権力を握ると、軍閥貴族出身の政治家たちの伝統的手法を集約するかのように精力的な活動を展開した。彼はおおむね自由主義右派に属していたが、現実には、国家への堅い忠誠心ゆえに、常に中道を目指した。革命の発端となった経済的利害の対立については、さほど明確には理解していなかったようだ。基本的な論点となっていたのは、結局のところ、自由貿易か保護貿易かという問題であった。一八二〇年革命当時の自由主義陣営のなかに含まれていた自由貿易主義者は、その大半がイギリスとの貿易に利権をもつ商人であり、対英貿易にとって障害となるものをできる限り排除しようとした。フランス型の経済的ナショナリズムは、輸入品から国内製品を守るため関税による防御壁を築くよう望む農業生産者や製造業者のあいだに多くの支持者を得ていた。保護主義は九月党の自由主義者たちの政策でもあったが、カブラル率いる近代化主義者たちが政権の座に就くと再び自由貿易政策がとられ、ポルトガルの商船に与えられていた優先権さえもが、貿易総額の増加と貿易業者の収益拡大を目的に白紙に戻された。しかし、サルダーニャによって一八五一年体制が成立すると、貿易政策は、イギリスによる経済支配を制限し、関税障壁によって国内製品をイギリスから守ろうとする新たな選択的保護主義に落ち着いた。こうして、新生民主ポルトガルは、旧世代の騎兵隊長を指導者としながらも、「刷新の時代」に入ったのである。

第五章　ブルジョア君主制と共和主義

この時代の主な出来事

1851	サルダーニャ政権の成立――「刷新」の始まり。刷新党と歴史党（後に進歩党）の2大政党時代の幕開け
1853	マリア2世没。ペドロ5世即位――フェルナンドの摂政
1956	リスボン=カレガード間に初の鉄道が開通
1861	ペドロ5世没。ルイス王即位
1863	土地相続法の公布――限嗣相続制の廃止
1869	ポルトガル領内における奴隷制の廃止
1870	ブラジルへの移民急増
1875	社会労働党の結成
1886	「薔薇色の地図」の発表
1890	イギリスの最後通牒を受諾――薔薇色の地図構想を断念
1891	ポルトの共和主義者による反乱未遂
1906	カルロス1世、ジョアン・フランコを首相に任命――フランコ独裁の始まり
1908	カルロス1世暗殺。マヌエル2世即位。
1910	第1共和制の成立（10月5日）。マヌエル2世がイギリスに亡命。ブラガを臨時大統領とする共和政府成立。
1911	政教分離に関する法律の公布。共和国憲法（1911年憲法）の公布。北部で王政派の反乱
1913	アフォンソ・コスタの民主党内閣成立
1917	ファティマのマリア顕現。シドニオ・パイスのクーデタ成功
1918	パイスが大統領に就任（4月）。パイス暗殺（12月）。
1919	ポルトで王政派の反乱。労働総同盟の創設
1921	ポルトガル共産党の創立。右翼のテロが続発。『セアラ・ノヴァ』誌の創刊
1925	リスボンで王政派の軍部が蜂起――失敗に終わる。
1926	ゴメス・ダ・コスタ将軍の軍事反乱――第1共和制の崩壊（5月）コスタ将軍追放――オスカル・カルモナ将軍の軍事独裁（7月）

サルダーニャ政権の成立とともに一八五一年に始まった民主的な刷新の時代は二大政党制による立憲君主政治を生みだし、ポルトガルは、十九世紀後半におけるヨーロッパの多くの小王国と並んで、経済の発展を軸とした近代化の道を歩みはじめた。近代化への道のりは、節目に突き当たるたびに何度も停滞を余儀なくされた。一八七〇年には、ヨーロッパ全体が経済不況に陥ったため、ポルトガルが築いた繁栄の基盤は、ワインの値下げや輸出規制によって崩された。この一時的な不況は、輸入品目の国内生産を促し、工業化政策に関する論議を再び呼び込んだ。さらにまた、この不況がきっかけとなって、政治家たちは再び植民地に目を向けることになった。アフリカに新たな帝国を建設しようという壮大な構想が浮上し、アフリカ大陸を横断して東岸と西岸の旧奴隷貿易港のあいだに広がる大帝国を描いた「薔薇色の地図」が八六年の国会で発表された。この帝国建設の野望は、最初はベルギーの干渉を受け、次いで一八九〇年、南アフリカから北上し領土を拡大していたイギリスにより、ザンベジ川流域の内陸部から撤退するよう厳しい通告を受けて頓挫する。ポルトガルは、渋々ながら内陸部を放棄して、両海岸のアンゴラとモザンビークのみを帝国領地として宣言するにとどまった。この植民地問題は、君主政府の威信を著しく傷つけ、共和主義者による反王政運動を引き起こした。共和主義は、政治力をもちはじめたプロレタリアートが長引く経済不況のあいだに職を失い苦しんでいた一八九〇年代に地盤を固めた。同時に、軍部にも政治意識が広まり、上級士官のフリーメイソンに対抗する「カルボナリ」の地区組織が下士官のあいだに密かに結成された。急進的な共和党員は活発に活動を続け、一九〇八年には国王カルロスを暗殺し、その二年後には、カルロスの若い皇太子を国外に追放し、ついにポルトガルにおける共和制の樹立を宣言する。新体制下では知識階級が国政の指揮を執ることになったが、第一次世界大戦の勃発により、すぐにその座を追われることになる。一九一七年、イギリスはもっとも古くからの同盟国であるポルトガルに対し、ドイツに宣戦布告をするよう圧力をかけた。ポルトガルは参戦したが、すぐに戦費のため国家財政が破綻し、国内は混乱した。すかさず軍部が独裁的な政府を立てて問題の解決を図ろうとしたが、成果を上げることはできず、結局は、民間人の集まりである共和党が長期にわたり戦後の復興に努めることとなった。しかし、そうした民主主義者の努力は、破壊的な抵抗運動によって常に妨害を受けた。そうしたなかで、一九二六年、カトリックの軍将校がクーデターに成功した。一九三〇年になると軍人たちは政権を放棄し、代わってポルトガルは、官僚による独裁のもとで、世界大恐慌、ブラジルによる対ポルトガル貿易、金融取引、移民の全面停止といった事態に対処していくことになる。国政を引き継いだのは、通貨政策を最優先するマネタリストの独裁者、アントニオ・サラザールであった。彼はイタリアのファシズムを部分的に採り入れ、四〇年にわたって政権の座に君臨した。

◆

十九世紀南部の農民社会

十九世紀半ば、君主制民主主義者は、国内に十分な輸送網と教育体制をつくりあげることで近代国家を建設しようとしたが、ポルトガル国民の過半数をしめる農民は、相変わらず、やっとのことで生計を立てて生き延びていくだけの生活を強いられていた。北部の農民は、一八四六年の蜂起によって不満を吐き出し、一時的にではあるが、強引な近代主義者が都市部から農村にまで翼を広げるのを阻止した。それに比べて南部では、農民の生活に対する政府の影響は、良くも悪くもあまり大きなものではなかった。十九世紀の南部社会は、主としてイスラム時代から受け継いだ技術を使って、小麦やオーツ麦、ライ麦、大麦、オリーブ、ワイン用のブドウを栽培し、羊や山羊、牛、馬、豚を育てていた。裕福な地主は小麦のパンを好んで食べたが、農場労働者にはライ麦のパンが与えられていた。十九世紀末、保護関税措置のおかげで、殻棹や殻箕を使う代わりに蒸気脱穀機を導入するほうが経済的にも有利だということになると、機械技師にだけは、一般の農場労働者との地位の違いを明確にする意味で、小麦のパンで賃金が支払われるようになった。

自由主義による支配の下で、修道院や国王の土地が競売にかけられ、さらには、成り上がりの王政派ブルジョアジーに有利なように土地の売買や統合、相続に関する「封建的」な規制が撤廃されるようになると、南部における土地所有の形態は、徐々に変化をみせはじめた。何百エーカーもの土地を所有する大地主は、すでに広大な土地をもっていながら、一般の農民が家畜を放牧したり種をまいたりするために王家が各地方の管理機構に寄贈した「公有地」を不当に侵略するようになった。そうした土地のなかには囲い込まれるものや、さらには売却されるものまであった。農民たちは、肥料や機械を使った農業を行なえる資金を持った農場経営者の力に太刀打ちできるはずもなく、略奪されたような気分で土地を出て行かなくてはならなくなった。もともと荒れ地は、食糧不足の折りにはよく利用され、ミツバチを飼育したりオオカミを狩りに行ったりする自然の恵みの深い場所であった。しかし、鉄製の強力な農器具が導入されるようになると、そうした荒れ地は農業資本家によって耕作地に変えられ、農民が食料を漁りに行くことは難しくなった。大規模農場経営者が修道院や王室の土地を切り売りすることで利益を得、その代わりに農民の一部は貧しい生活を強いられることになったのだが、それでも依然としてポルトガルの穀物自給率は十分な水準に達しなかった。一九三〇年に世界恐慌が起こってはじめて、ポルトガル政府は、イタリアでムッソリーニが試みたのと同じような生産計画を打ち出し、ようやく食料生産に介入した。

十九世紀におけるポルトガル南部の社会構造は、封建的特権が廃止された後もなお、極めて階層性の強いものであった。大土地所有者は独自の社会階層を形成し、農場に雇い入れた労働者はもちろん、近隣の自営農民よりも社会的に高い地位を占めていた。このエリートたちは、注意深く結婚相手を選び、子供たちには高い教育を受けさせ、農場管理人を雇って労働者を監督させ、自らは一切の肉体労働を避けて暮らしていた。この地方貴族は、自分の土地を自分で管理し、耕し、また必要とあれば読み書きや商取引の仕方を覚えた自営農民とは一線を画していた。自営農民もまた、農場労働者が着る革製の胴衣を身につけようとはしなかったし、釣り合いのとれた相手を選んで縁組みをした。とはいえ、実際には、一家とともに働く「物納小作人」と階級を超えて混じり合うことも多かった。小作人は荒れ地を開墾するうえで大きな役割を担い、なかには、自らが育てた作物の四分の三もの取り分を手にし、新たに分割された土地の所有権を手に入れる者もいた。この小作人は、農村社会の最下層民とは区別されていた。小作人の下には日雇い労働者がおり、小作人は彼らを雇いはしたが、通常は、その娘と縁組みをしようとは考えなかった。日雇い労働者の辛く不安定な生活は七歳のときに始まる。彼らは、あちこちを渡り歩く羊飼いの見習いとして、子供のうちに家を出されるのである。十四歳になると、全く無学な農場労働者として、夜明けから日暮れ時まで歩合制の賃金で働き、収穫期には日没の後まで仕事を続け、天気が悪ければ一文の稼ぎにもならなかった。こうした労働条件は、二〇世紀に入ってからもしばらくは改善されなかった。

ポルトガル南部の農村における社会保障は慈善に基づいていた。農民は労働者に進んで衣服を与え、祝日になると、農家の妻は気前よくパンやソーセージを手渡した。貧しき者に喜捨をする習慣は、イスラム社会と同様、カトリックの社会にも深く根付いていたのである。教会の「慈恵会」は、会費を集めて貧者の救済や病人看護施設の運営費に充てるなど、友愛会として重要な役割を担った。喜捨はまた恐怖感からも行なわれた。つまり、身体の健康な男女や子供が数多く職にあぶれて集団でうろついているような場合には、暴動などの発生を未然に防ぐため、農民たちは、そうした失業者に施しを与えたのである。物乞いをしても施しが得られなければ盗むしかなく、盗みをはたらく人間というのは、物乞いと同様に、社会的な格差を少しでも平準化するための行為として広く定着していた。裕福な人間から物を盗むほうが、貧しい人から盗むよりも、労働者のあいだでは受け入れられる行為であった。貧者からの盗みは、浮浪者や「ジプシー」が犯す犯罪であると考えられていた。十九世紀の終わりになると、自由主義国家ポルトガルは、いわゆる不完全就労者が起こす暴力的行為を抑えるために、極めて正統的ともいえる方法を考えついた。すなわち、彼らの一部を、最低賃金ではあるが、大規模な公共事業計画を進めるための労働力として使うという方法である。

公共事業の拡大　一八五一年に「刷新」の時代が始まって以降、ポルトガル政府は驚くほどの勢いで公共事業を進めてきた。まず最初に近代的な郵便制度が構築され、マリア二世が若くして死ぬ直前の一八五三年に、彼女の名を冠した最初の切手が発行された。二年後には、電報が始まり、その後五〇年のあいだに、国内ではほぼ一〇〇万通、国外へは五〇万通の電報が送信されるまでになる。ポンバルが手を着けようとしなかった道路網の整備にも取り組み、他のヨーロッパ諸国にならってマカダム工法による舗装を行なうために、莫大な費用と労働力が投入された。五一年政府が成立した当時は、舗装路の延長距離は二〇〇キロをわずかに超える程度でしかなかった。一カ月にわたりリスボンとポルトを結ぶ幹線道路の交通状況を調査した結果、その期間中に、いずれも悪路と戦いながら、四二台の担い籠、五〇台の馬車、二五六頭のロバ、四三一三台の二輪牛車が通り、さらに三五六九人が馬で、六万三四〇六人が徒歩で通行したことが記録された。それ以来、政府は毎年二〇〇キロの道路を建設するために国家税収を投入し、道路網の整備を進めた。この時期につくられた道路は、一九二〇年代に貨物自動車が登場するまで現役で使用されることになる。こうした道路網の整備よりもさらに劇的だったのは、鉄道システムの建設であった。鉄道は、主にフランスからの莫大な外国資本を使って建設され、スペイン経由でポルトガルと中央ヨーロッパとを結び、ポルトガル国内の交通を高速化した。見事な土木技術によってドーロ川に巨大な橋が架けられ、ポルトとリスボンが鉄道でつながった。列車はトンネルを通って都市の中心部まで乗り入れるようになり、リスボンでは、マヌエル一世の王宮をまねて崖の中腹に建てられたロシオ駅のプラットフォームへ乗客を運び上げるために水圧式のエレベーターがつくられ、ポルトでは、駅舎が豪華絢爛たるタイル壁画によって飾られた。

二大政党の時代

ポルトガルの近代化を推進したのは「刷新党」であった。なかでも中心的な役割を果たしたのは、公共事業担当大臣フォンテス・ペレイラ・デ・メロである。メロはもともと技術者で、三五年にわたりポルトガルの政界に君臨し、刷新党の先頭に立って公共事業を計画したばかりでなく、資金調達のためにヨーロッパ諸国をまわって融資を募った。メロの所属する刷新党は、九月党の流れを汲む「歴史党」と交替で政権をとった。刷新党が一八四〇年代の保守的な官僚政治を受け継いでいたのに対し、歴史党は、近代化については似たような考えをもちながらも、一八二〇年代の民主的理念にやや強く傾いていた。故マリア二世の夫君サクス・コバークのフェルディナントと、その息子ペドロ五世とルイス一世は、二つの政党が交替で政権をとることが役人にとって有利に働き、政党間の争いが過熱するのを防ぐという利点があると考えていた。議員の選挙は通常、政権が交替した後に——前にではなく——行なわれた。選挙では、次に政権を担当する政党が、地方の有権者を束ねる有力な党員に政府内の役職と引き替えに票を集めさせるなどして、常に勝利を収めた。歴史党は、引き続き老侯爵サ・ダ・バンデイラが指導力をもっており、彼の影響のもとでしだいに左傾化し、バンデイラ自身が改革主義者となるに至って改革党と合同し、「進歩党」と名を改め、最後には台頭する社会主義と共和主義に呑み込まれる恰好になった。かつて自由主義者たちの理想であったポルトガル植民地における奴隷の違法化を、一八六九年、多分に名目的ではあるがついに達成したのは、他ならぬサ・ダ・バンデイラの政治力であった。しかしその翌年、彼の後継者が、ヨーロッパの経済不況により悪化した経済危機を解決できないことが明らかとなると、またもやサルダーニャ公爵が登場し、突如として前時代的な方式であるクーデターにより政府を打倒し、政権の座に就いた。

一八七〇年は、ポルトガルが近代化を遂げるうえで重要な転換点となった。地主貴族や中産階級を形成する商人たちが初期ビクトリア調の優雅さや平和な繁栄を謳歌した時代が終わりに近づくと同時に、エリート主義的な二大政党によるブルジョア君主制民主主義が一時的な揺らぎを経験したのである。この政治上の乱気流は、ヨーロッパにおける政治的変化とある程度の繋がりがあった。ドイツおよびイタリアの統一を受けて、イベリア半島にも統一の機運が生まれ、議論が沸騰するなか、スペインにおける共和主義勢力を抑えつつ半島を統一する目的で、スペインの王座が故ポルトガル女王の夫君フェルディナンドに差し出されたのである。ポルトガルの代表者としてマドリッドに赴いたサルダーニャは、スペインの共和主義もイベリア半島の統一も、どちらもそれぞれポルトガルにとって国家存亡の危機を孕むものであることに気づいた。ところが、それよりもいっそう差し迫った危機をはっきりと示す劇的な知らせがフランスから届いた。第二帝政が崩壊寸前となり、パリで「共産主義者」の臨時政権が成立しそうだというのである。その少し前には、アメリカの内戦で、「自由主義」の北部が「保守派」の南部を打ち負かしていた。こうした一連の出来事に大いなる危機の予兆を感じ取った保守派の老将軍サルダーニャは、ただちにリスボンへ戻り、王宮へ駆けつけ、時の権力者たちに向かって、忍び寄る社会主義と共和主義の脅威を一掃するよう求めた。しかしポルトガルにとって真の脅威は、世界的な経済不況であった。

六〇年代の経済不況

一八五〇年代にはワインは高値で取り引きされており、ポルトガルの経済は安定し、繁栄期を迎えていた。一八六〇年代になると、地中海地域の産物に対する需要が世界的に落ち込み、一方では輸入小麦の価格が上昇を続けたため、ポルトガルの経済は大いに圧迫を受ける。こうして始まった経済不況は繊維産業にも影響を及ぼし、一八六八年には、政府に対して減税と王室給付金の削減を要求する抗議行動が都市部で起こった。政治家たちは再び、国内経済の発達を促すための戦略を練った。まず何よりも、諸外国、特にイギリスに対する経済的な依存度を低減させなければならない。イギリスは、ポルトガルの総輸出量の八割を占める支配的な貿易相手国となっていた。経済改革を目指す政治家たちは、生産力を向上させるためには、ひどく低水準にある国民の教育レベルの向上が不可欠であることを認識していたし、また、労働者を代表する人々の声を聴き、政治的権利の拡張に関して過激な要求を自粛してくれさえすれば、彼らを行政に参加させる必要があるだろうという認識すらもっていた。しかし、プロレタリアートの指導者たちは、産業界を支配する資本家たちに対して待遇の改善を要求する一派と、労働者階級のために広く政治的な活動基盤を手に入れようとする一派とに分かれており、連帯を欠いていた。そのため、経済状況が上向くにつれてブルジョアジーの再組織化を許す結果となり、体制打倒に向けての急進的な運動は三〇年ほど先送りされることになった。

工業化と投機熱

一八七一年を境に、かつての議会主義者たちが表舞台に返り咲くようになった。これは、産業革命が波及し、機械による生産が職人の手による生産と競い合うなかで製造業が成長したこと

図20　コルク　　ポルトガルは現在もなお世界のコルク供給量の半分を生産している。コルクガシの幹からはぎ取られたコルクは、かつては板状のまま輸出されたり、手作業で瓶のコルク栓や家庭用品に加工された。

と大いに関連する出来事であった。機械類の輸入は六年間で一〇倍に増え、機械関連の設備投資額は、全企業の資本総額の三分の一を占めるまでになった。フォンテス・ペレイラ・デ・メロが公職に復帰すると、株式への投機熱が異常なほどの高まりを見せた。メロの対抗勢力は、国内経済に強い影響力をもつ外国資本が無制限に流れ込むことに対して強い危機感を表明したが、それでも外国の投資家たちは、政府の保証がつけられた鉄道事業に投資を行なった。そうなると国内のポルトガル人投資家は、鉄道事業とは比べものにならないほどリスクの高い投機的事業に資本を投入する以外になく、ワインの価格動向に目を光らせて、自分たちの製品にどれだけの需要が集まるかを常に予測していなくてはならなかった。フランスのブドウ畑が病害によってほぼ壊滅状態になると、ポルトガルワインは新たな市場を獲得し、しばらくは高値が続いた。農業から上がる収益もまた、安価で信頼性の高い鉄道という輸送手段を得てしだいに上昇し、同時に工業生産も、「刷新資本」の強力な後押しを受けて三倍にまで伸びた。一八五一年にはポルトガル全体で一〇〇〇馬力相当の動力しかなかったのが、三〇年後には九〇〇〇馬力に急増する。綿産業は一〇〇〇台の動力織機を稼働させ、小さな工場では、ガラス、陶器製のタイル、コルク製の調度品などが盛んに生産された。ポルトガルはいまだに工業国としては大きな存在ではなかったが、それでも着実に成長し、政治的にも無視できない国になりつつあった。

九〇年代の経済危機　一八九〇年に再び経済危機に見舞われるまでの繁栄の時代に、ポルトガルの経営者と労働者は、どちらもそれぞれ、労使間の衝突に対処する新たな戦略を学んだ。ポルトの煙草業界でストライキが起こると、経営者はそれに対抗して熟練労働者を解雇し、弱年労働者にも簡単に操作できる機械を導入した。労働力の四分の一が十五歳以下で占められるような業種では、賃金と労働条件の改善を要求する成年労働者にとって、子供が常に脅威を与える存在となっていた。コルク業界でも、労働者の交渉力は同じような形で低下していた。この業界では、イギリス資本の企業が子供を雇い、鋭利なナイフを

図21　オベリスク　　1640年革命によるポルトガルの刷新を記念に、1886年、リスボンにオベリスクが建てられた。

使って一時間に何百ものコルクを削り、瓶のコルク栓をつくるなどといった危険な仕事までさせていたのである。女性の労働力もまた、男性の賃金を低く抑えるために利用された。リスボンでは、煙草工場で働く者たちの組合が、女性労働者の受け入れを拒否した。というのも、労働者が生計を立てられるだけの賃金を得るために一日につき最低十時間の労働時間を保証させるべく組合が努力しているにもかかわらず、女性のなかには短時間でも喜んで仕事をしたがる者が多かったからである。ストライキと街頭デモが一八九〇年の経済危機を象徴する現象となった。ほかにも、ワイン輸出の落ち込みやブラジルにおける奴隷制の廃止、コンゴとザンベジ川流域でアフリカにおける貿易拠点を失ったこと、ブラジル革命により南米のブラガンサ家が権力の座からひきずり降ろされたことなどが重なって、ポルトガルの経済を危機に追いやった。

ポルトガルの後進性

一八九〇年の経済危機は政治家のあいだに議論を呼び、次に歴史家たちが議論を引き継ぎ、論点は、後進性と経済依存に束縛された状態を脱するためにポルトガルがとるべき最良の方策はどのようなものだったのかという過去の分析に移っていった。ポルトガルはイギリスの支配に苦しめられている、というのが支配的な見解であった。ポルトガルのビクトリア時代における輝ける世代の知識人のひとりであり、当時でももっとも優れた小説家であったエサ・デ・ケイロスは、その時代の見解を極めて簡潔に表現している。すべては輸入品だ、と彼は言う。「法律、思想、哲学、議論の主題、美的価値、科学、様式、産業、流行、礼儀作法、冗談、とにかくすべてのものが郵便船で小さな木箱に詰められて我々のもとに送られてくる」。とはいえ、彼の言葉は多分に誇張されたものといえよう。というのも、十九世紀のポルトガルは、イギリスはおろか産業化以前のフランスやドイツと比べても資本投下が低く、インフラの整備が遅れてはいたものの、それ以外のヨーロッパ諸国に比べると大きな差はなかったし、近代化に向けた政策も「刷新党」の政治家によって次々と進められていたからである。しかし、一八九〇年ごろになると、ポルトガルは他国に遅れをとるようになり、一九一三年には、世界全体で見るとそれほどではないにせよ、ヨーロッパの経済水準から見ると明らかに後進的な国になってしまった。

ポルトガルの後進性を生んだ背景としては、まず第一に、揺籃期にあった産業界を保護するための適切な関税障壁を設けず、イギリスの圧力に屈して原材料を供給し製品を買いつづけたことがそもそもの原因なのだという解釈が広く受け入れられていた。次に、ポルトガル経済における第二の構造上の欠陥と考えられたのは、南部の大土地と北部の分割所有地のどちらにも農業の近代化を浸透させられなかった点であった。近代化を遅らせる要因として、さらに深刻な問題とされたのが、アンシャン・レジームが一掃された後も十分な改善が行われずにいた教育の停滞であった。金融に関しては、上流ブルジョアジーが貴族との前時代的な関係を捨てず、依然として土地や建物や爵位の獲得に資金をつぎ込んでいた点が大きく問題視された。第三世界の国々と同様に、中産階級の下層に位置する人々の多くは、小規模な製造業を営むよりも、公務員になって俸給を得ることで生活の安定を図ろうとした。ポルトガルの近代化を阻んでいたもうひとつの障害は、政府の財源が相変わらず輸出入品に課せられる関税収入に依存しているという点であった。これによりポルトガルは、国家財政に対する商業ブルジョアジーの影響を惰性的に容認しつづけることになり、自給的な経済国家を目指して新たな収入源を確保できるような新たなシステムをつくり出そうとする動機を欠いたままになっていたのである。そのほかにも、ポルトガルの産業構造は農業中心でありながら、土壌も貧弱で気候に恵まれているわけでもないため、農民は、土地が狭く地主不在のヨーロッパ北部でさえ農業生産力を飛躍的に向上させた「窒素肥料革命」の恩恵を受けられるほど大きな収益をあげられなかったという点も問題とされた。

ポルトガルの後進性を改めて分析した結果、ポルトガル政府はヨーロッパやアメリカ合衆国と同等に高率な関税をかけて保護主義的な政策をとっているのだということが明らかになった。またポルトガルは、同等の国力をもつ国に比べて貿易総額が低く、国内総生産に占める貿易関連生産高の割合も、それらの国々に比べて半分の七パーセントを僅かに超えるにすぎないことが明らかになった。輸入を抑えて国産品でまかなうことこそ小国の産業が目指すべき理想の姿であるとする考え方は根強かったが、ポルトガルの市場は非常に小さく、スケールメリットが働くほどの規模をもつ業種は少なかった。たとえば機械や機械部品の市場は、ポルトガル全体を合わせてもイギリスのイプスウィッチにある機械業者一社の売上にも満たない額の取引しか行なわれていなかった。また、ポルトガルにおける鉄鋼の消費量は四万トンだったが、これはイギリスの製鉄所が一箇所で生産する量を下回る数字であった。さらに印象的な数字を挙げると、ポルトガル国民一人あたりの綿織物の消費量はヨーロッパ諸国の平均に比べてわずか二分の一にすぎず、金額で見ると、国民全体で国家収入の一パーセントしか綿織物を買っていなかった計算になる。要するに、織物業は成長産業の目に見えた柱になっていたわけではなく、また繊維製品の輸入によって莫大な外貨が流出していたわけでもなかったのである。国家に富をもたらす可能性を秘めていたのは、どちらかというとコルクやイワシ漁といった地場産業であった。とはいえ、コルク産業は数多くの発展の機会を見逃し、生産量の九〇パーセント以上を未加工の原材料として輸出していたし、イワシ漁のほうも、とれた魚を缶詰にして、乳製品や食肉といった北ヨーロッパ諸国で生産される高蛋白製品と競合させて大きな収益をあげようという発想は出てこなかった。結局のところ、ポルトガルでは、依然としてワインが政府の浮沈を握る最大の産業だったのである。

理論上は、ワイン製造により国内産業全体に刺激を与えることも可能であった。ブドウ園が近代化された結果、国内に、鋤、噴霧器、樽、剪定鋏などの市場が生まれ、同時にまた、それらの製品を輸送するために鉄道の発達も促された。ワインは小麦の三倍の収益を生み出し、余剰利益をもたらす生産物としても自給用としても盛んに生産されるようになった。国全体の生産量を二倍にしていれば、国家の貿易収入は増加し、有力な商人たちを満足させるだけの利益があがっていた計算になる。だが、十九世紀の終わりになって国際市場におけるワインの取引が長期にわたり停滞したことで、売買高は一年につき三パーセントしか伸びなかった。これは、他国が生産する主要農産物に比べて二分の一から三分の一の伸び率でしかない。ポルトガル産のテーブルワインは、ポートやシェリーなど、アルコールを添加した加工ワインは別として、通常のワインについては品質管理が一切行なわれていなかったため、品質は依然として不安定であった。さらに、リスボン産のワインはアルコール含有量が高く、フランスやイタリアのワインに慣れた市場では好まれなかった。こうした状況を改善しようにも、最低の生活状態に置かれていた十九世紀ポル

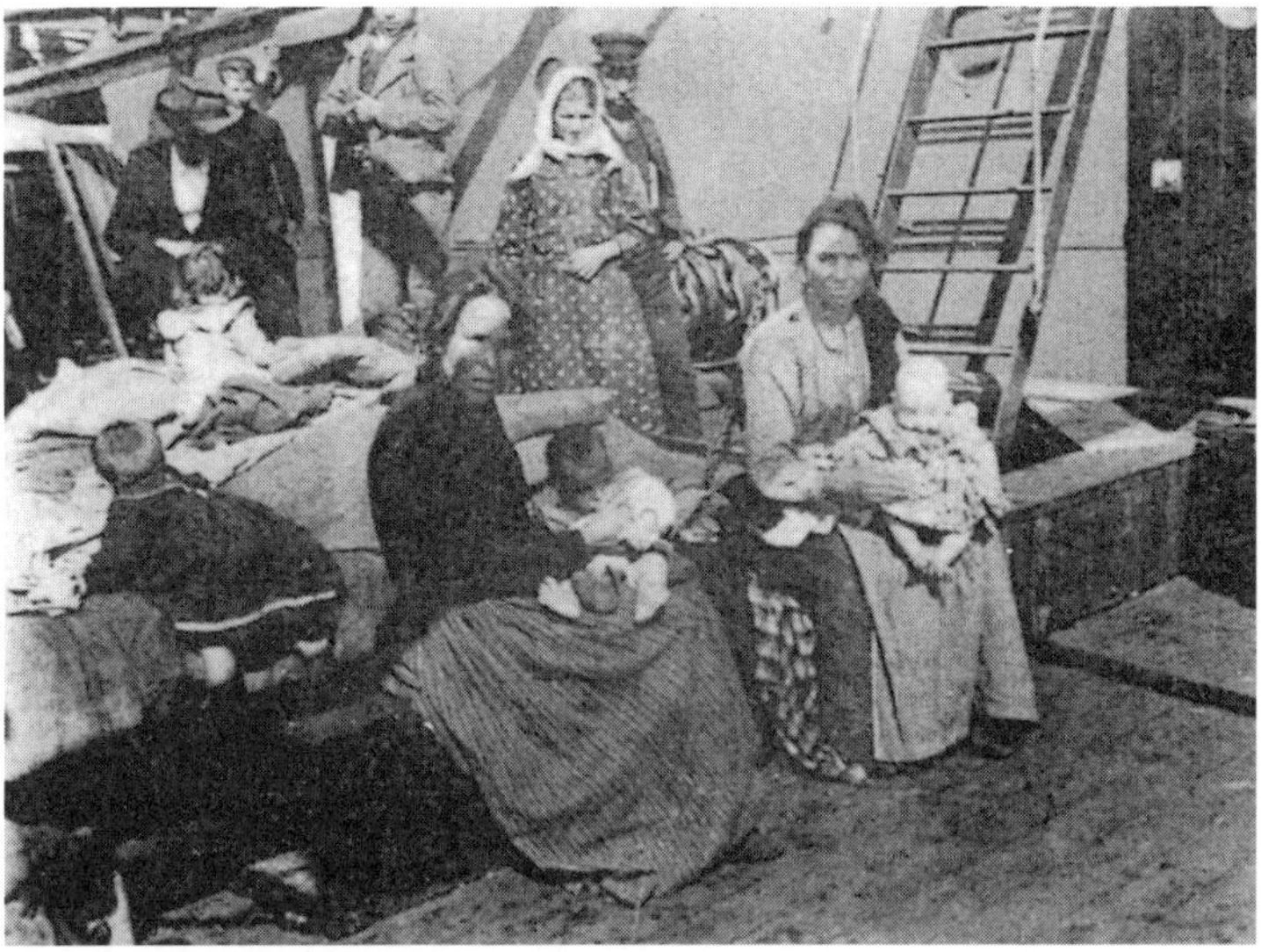

図22　ブラジルに向かう移民船　　19世紀半ばから世界恐慌下の1930年代まで、ポルトガルの労働者階級の多くが外国への移民を余儀なくされた。

トガルの農民たちは、生産力を高めるために新しい技術を導入すべく連帯して運動を起こすだけの教育を与えられていなかったし、また、農民の側に立つ有能な生産管理者を育て上げ、そうした人間の指揮のもとに、宣伝から輸送、販売まで含めた市場活動全体を効率化し、農村経済の後進性を改めるといった手だても持たなかった。こうしてワイン産業に不況が広がりはじめた一八九〇年、さらに切迫した問題がポルトガルを襲うことになる。

農民の流出　農業の近代化に失敗した結果、多数の農民が経済難民として農村から流出した。彼らのうち、いくらかでも教育のある者はリスボンやポルトで事務系の職を得るようになり、ブルジョア君主制が支配する二大都市の人口は二倍に拡大した。しかし、都市で事務職を得た人間に比べて十倍の数の農民は、合法的に、または秘密裡にブラジル行きの船に乗り、祖国を離れる以外に道はなかった。「白人奴隷貿易」が組織的に行なわれるようになり、手配師たちは、出国管理官や船長、領事館の査証係官などに賄賂を与え買収した。二〇〇トンの小さな帆船が、四二八人の密航者を運び出そうとして捕まったという記録も残っている。この船で大西洋を渡ろうとしていた移民たちは、アフリカから輸送される黒人奴隷と大差のない状態でぎっしりと詰め込まれていたのだという。一八八八年にブラジルで奴隷制が廃止されて以来、ポルトガルから労働力を補充しようという動きが強まり、ついには年間で二万五〇〇〇人が公式に、さらにそれよりもずっと多くの人々が非公式な経路でブラジルへ渡ったが、彼らに与えられる仕事といえば、期待に反して収穫期の短期的な季節労働ばかりであった。政府は、人口の流出を阻止するか否かについて態度を決めかねていた。というのも、ブラジル移住者からポルトガルの家族のもとに送られてくる仕送りが、政府としては移民を容認せざるを得ないほどの金額にのぼっていたからである。このままブラジルへの移民を容認する以外に唯一魅力的な選択肢は、新たな帝国をアフリカに建設することだけだった。

アフリカのクレオール社会

十九世紀のポルトガルにとって植民地がどのような意味をもっていたかについては、これらの植民地を国家の利欲が招いた不経済な果実であるとする歴史家と、ブラジルにおける利権の縮小を埋め合わせるために新規に始められた積極的な事業であるとする歴史家とのあいだで、これまで数多くの議論が重ねられてきた。当時のアフリカには、人種的には概ねアフリカ人ではあるがポルトガルの文化を受け継いでいるクレオール社会が存在したおかげで、依然としてポルトガル的な色彩が色濃く残っていた。なかでも、カボ・ヴェルデ諸島とサン・トメ島のクレオール社会はポルトガル的な特質をもっとも強く備えており、アフリカの植民地内で極めて大きな影響力をもっていた。これらの地域では、ポルトガル語に発したピジン語が、口承文学ばかりか文字を使った文学作品をも生み出していた。モザンビークでは、クレオール人が長年にわたりインドと良好な関係を築いており、そうしたことから、この地域には、商業の世界で強い影響力をもつアジア人の社会が成立していた。アンゴラでは、ポルトガル語を話す黒人のクレオールたちがカトリックを信仰し、大陸法を受け入れ、植民地の政府機関に勤め、植民地の軍隊を率い、ブラガンサ朝の統治権を認めていた。クレオールの商人たちは、白人と同様、小規模ながらも収益性の高い沖合のサン・トメ島のコーヒー園やカカオ農場に、最初は認可を受けて、後には「契約労働者」であると偽って、奴隷を売っていた。自由主義者が王室によるアフリカ貿易の独占を廃止すると、クレオール人はポルトガルからの流刑囚と同じく象牙の売買を始め、さらには既存の市場に入り込み、蜜蝋のロウソク、オルチルから採った紫色の染料、生ゴムなどを売っていた。とはいえ、それらはどれもポルトガル本国にとっては新しい帝国を建設する動機となるほど大きな利益を生み出してはおらず、ポルトガル人の旅商人たちは、アフリカに行って冒険的な事業に手を出すよりはアマゾンで河川輸送や金貸し、ゴムの売買などをするほうがよいと考えるのが普通だった。

アフリカ帝国の建設

一八七〇年の経済危機により、ポルトガル上流社会のアフリカに対する態度は大きく変化した。経済危機は一時的なものと見られていたが、ワインと果物を生産する地中海世界と工業製品や乳製品を生産する北方諸国とのあいだの力関係は、ポルトガルに対して決定的に不利な方向へ変化してしまったため、海の向こうに新たな富を探すことが緊急の課題となったのである。自由主義の新興貴族たちが、ビクトリア風の豪奢な地理学協会のクラブハウスに集まり、探検家を招いてアフリカの話を聞き、過去の征服の栄光を思い出しては、熱帯に新たな事業を興そうと計画を練った。しかし貿易統計上では、一八八〇年になってアフリカからのゴムと象牙の輸入がブラジル産の木綿、砂糖、獣皮の輸入を上回るようになったとはいえ、南米移民から本国へかなりの額の送金があったため、統計外の数字を加えると、一九三〇年の大恐慌の時期まで、ブラジルはアフリカよりも経済的に重要な存在でありつづけた。アフリカとの貿易が盛んになり、またキニーネを使った治療法が開発されたことによって以前よりも風土病に罹患する危険性は低下したものの、書斎派の地理学愛好者が胸をときめかせたアフリカへの憧れを、無学な移民や狡猾な商売人に共有させることはできなかった。それでも政治家のなかにはアフリカ帝国建設の夢をもちつづけた者もいた。彼らは、アフリカでの勢力拡大に努力することが、二度とスペインに呑み込まれずにいるための現実的で有効な選択肢のひとつだと考えたのである。スペインからは鉄や石炭などの原料を輸入することも可能だったし、建設が終わった鉄道網を使って製品を売りさばく有望な輸出相手国になる可能性もあった。しかしまた一方で、スペインとの関係を深めると、ポルトガルの社会的安定が破られる恐れもあった。そこで貴族政治家たちは、アフリカという新しい選択肢を追求するほうが得策であると考えたのである。

図23　ロビート湾（アンゴラ）の港　「アフリカ争奪戦」の結果、ポルトガルは5つの植民地を支配することになった。その中でもっとも大きな面積をもっていたアンゴラでは、鉱山が開かれ、農場がつくられ、イギリスの鉄道が走り、ベルギーの商業資本が出入りした。この図版は、ポルトガル国営の汽船が停泊できるように十分な水深を確保してロビート湾に建設された新しい港の広告に使われた図案である。

アフリカ大陸に大帝国を建設しようというポルトガルの夢は、同じ野望をもつ二つの競争相手、つまりベルギーと南アフリカのケープ・コロニーの不意打ちを受けて粉砕された。ポルトガル王室とは従兄弟どうしの関係にあるサクス・コバーク家のベルギー国王レオポルト二世は、ポルトガルが商館を置いていたアフリカ西岸の植民都市の背後に広がるコンゴ＝ザイール全土の領有権獲得に成功した。彼は入念に準備を整えたうえで外交上の奇襲をかけ、象牙とゴムを産出する一〇〇万平方マイルの領地に加え、古くから豊かな埋蔵量を誇るカタンガの銅鉱を手に入れたのだった。その結果、ポルトガルはかろうじてザイール川河口の北にあるカビンダ湾の領有権を認められるのみとなった。とはいえ、この六〇年後に沖合で油田が発見されると、カビンダ湾はポルトガルの植民地のなかでもっとも豊かな領地となった。しかし、その後ポルトガルは、コンゴ＝ザイールに続いてアフリカにおける鉱物資源と市場を失うことになった。イギリスの半自治的植民地ケープのダイヤモンド王セシル・ローズがイギリスの支持を取り付け、ケープによるザンベジ川流域の領有権を主張したのである。ローズは狡猾にも、探検家リヴィングストンの伝導事業を熱心に支持する者たちを使って、イギリス人たちのあいだに植民地に対する好戦的愛国主義を煽った。その結果、英国首相ソールズベリーは世論に押され、ポルトガルに対しモザンビークの内陸から撤退するよう強硬に要求せざるをえなくなった。ローズにとっては不満が残る結果となったのだが、ポルトガルは沿岸の港を引き続き保有することが許され、後にそれらの港とローズの鉱山や農園とのあいだに交易ルートを手に入れることになる。とはいえ、薔薇色の地図はお蔵入りとなり、王立アフリカ横断鉄道を建設しポルトガルの企業により運営するという計画は棚上げにせざるをえなくなった。

図24　風刺画（19世紀末）　中国、インドネシア、モザンビーク、アンゴラの植民地の「娘」を連れたポルトガル人の老紳士を、ポルトガルの植民地を欲しがるイギリス人とドイツ人の紳士が羨ましそうに眺めている。

規模が縮小されたとはいえ、一八九〇年代のアフリカ帝国には、まだまだ探検と征服を行なわなくてはならない地域が残されていた。モザンビークでの征服戦争は激しいものだったが、長くは続かなかった。ポルトガルは諸地域を制圧した後、外国の企業に領域内のほぼ全域の統治を任せ、ポルトガルの監督なしに税金を徴集したり男性移民労働者を徴用したりする権限を与え、さらには私企業の営利事業として、女性を使い強制的に米や綿花の栽培をさせることも許した。こうした権限は、付与される企業によってさまざまに異なっていた。たとえばある会社は、一九四〇年まで統治権の保持を許されて過酷な搾取を続けたし、また別の会社は、南アフリカに送り込む鉱山労働者の徴用を統治地域内で一手に独占する権限を、植民地時代を通じて与えられていた。アンゴラでもポルトガルは道路の建設やコーヒー栽培を目的として奴隷制度に似た政策を採用し、時代錯誤的な植民地政策を展開した。この擬似奴隷制度のもとで行なわれる年季契約労働者の売買はあまりに非人道的な面が強かったため、君主制の末期には諸外国から激しい非難が浴びせられた。こうして一九一〇年に人道主義の立場から批判が起こったことや、一八九〇年に王権が崩壊したことを考え合わせると、アフリカ帝国はポルトガルの歴史において議論すべき重要な問題点を含むものであるだろうし、同時にまたポルトガルに共和主義が台頭する大きな要因であったともいえるだろう。

共和主義の台頭

帝国主義に含まれる二つの要因が、ポルトガルにおける共和主義の覇権確立を加速させた。一八八九年、ブラジルでブラガンサ朝が倒れ共和国が成立したことにより、ポルトガルに革命のモデルが与えられた。翌年、ポルトで反英暴動が起こると、ヨーロッパのブラガンサ朝もまた大きく揺らぐことになった。この一八九〇年の暴動は、表向きには中央アフリカにおける帝国領地の喪失をめぐるものであったが、実際には、経済不況による打撃と小独立国の無力さに対する絶望感の合唱であった。政権を握る刷新党の長老たちは、革命を求める声に先んずるため――より具体的にいうと、親英的といわれるポルトガルの王室を排除せよという要求に先んずるために――早急に選挙制度を見直し参政権を拡大する必要に迫られた。産業化に伴うプロレタリアートの勢力拡大とともに、共和主義の圧力は一八九〇年代を通じて増大を続けた。共和主義者は、参政権をもたない都市部の大衆から支持を得るために、初期の社会主義者と同盟関係を結んでいた。社会主義との関係に加え、さらに危険なことに、共和主義は、伝統的に国王直属の最高司令官に忠誠を示してきた軍部にまで根を張るようになっていた。実際、共和制樹立の

図25　カルロス１世の即位式　1890年、リスボンの市庁舎でカルロス１世の即位式が行なわれた。その18年後、カルロスは、この付近の路上で暗殺される。

幕開けとなった一九一〇年のクーデターを先導したのは、軍の下級士官であった。しかし間もなく、一八二〇年革命の時と同様に知識人や法律家などの中産階級が前面に立つようになると、労働者階級の影響力は弱められた。

十九世紀を通じてポルトガルにおける政治思想の流れを方向づけたのは、共和主義であった。だが一方で、国王憲章もまた、ジャコバニズムを食い止めつつ保守派を納得させるだけの柔軟性をもち、有力な思想として政治に影響を与えていた。共和主義者の理念は、一八三六年に九月革命を成功させた急進派や、一八四六年のポルトの反乱指導者たちによって前面に押し出されたものの、一八五一年、階級間の妥協と同盟により革命の時代が終わりを告げると、その後ほぼ五〇年にわたり、英国ビクトリア朝さながらの安定が続いた。しかし今度は、医者や教師、官吏などの知的専門職に就く階層が、再び共和主義に動きを与えるようになる。そこに至る過程で、これらの知的階級は、もう一方の共和主義勢力をなす機械技師、出納人、農園主などを相手に政治的な覇権をかけて闘わなくてはならなかった。それよりも下の社会階層では、王政に対する民衆の怒りが鬱積し、労働組合の発言権とストライキ権を求めて連帯が形成されていた。議会主義の立場をとる新興貴族は、共和主義と社会主義を危険な破壊的運動としてひとまとめにして捉えていたが、実際のところ両者は思想的に対立する点が多く、急進勢力としての共通意識を形成できず、社会主義を奉じる労働者とプチ・ブル共和主義者のあいだに横たわる溝を埋めることができなかった。共和主義者が最初に政治的な成功を収めたのは、社会改革の分野ではなく知的ナショナリズムの分野であった。一八八〇年、彼らは、ポルトガル最大の愛国詩人カモンイスの没後三〇〇年記念祭を組織することにより、文化上のイニシアチブを握ったのである。彼らは、大学教授や軍の将官たちの支持を得るにつれ、急進的な面はむしろ後退し、国民の信頼を受けるようになっていった。そうして、初めて議会で議席を獲得し、フリーメイソンの有力なメンバーを編集者に据えて、愛国的な国民新聞を発行するようになった。

共和主義者はまた、一八九〇年にイギリスがポルトガルに突きつけた最後通牒に抗議するポルト暴動のなかで国家主義的な指導力を発揮する機会に恵まれた。しかし、この暴力的な抗議行動は、やがて穏健な指導によってコントロールできるほど生ぬるいものではなくなり、やがて一八九一年、ついにポルトで急進派の共和主義者による反乱が発生するに至る。これにより、王政派の政治家は反撃の機会を得、反乱を壊滅させ、将来にわたって民衆感情の表現を抑えるべく、厳しい報道検閲制度を設けた。反政府勢力はアナーキストとして告発され、植民地へ流された。他方で国王は、再び組織された衛兵部隊の銃剣で守られるようになった。選挙区の割り振りも、都市部から選ばれる議員の数が少なくなるように改められ、その結果、知識階級が構成する旧共和党は、一九〇一年に議会から排除され、やがて解散に追い込まれることとなった。だが、そのわずか八年後、不意にポルトガルの王政が倒れると、政治家たちはこぞって共和主義の衣装を身にまとうようになる。中産階級が地主となって次々と爵位を得、地方選出の議席を獲得していたにもかかわらず、ポルトガルにおける政治的活力を握っていたのは、依然として都市部、とりわけ都市の政治的影響力が伸張し変化を見せていた首都リスボンであるという事実を、王政派の人間たちは見過ごしていたのである。

立憲王政の終焉と共和制の成立

一九一〇年の共和主義革命はリスボンで起こった。この当時、国内の教師、医師、会計士の半数はリスボンに暮らしており、仕立屋、薬剤師、石炭商の多くもリスボンに集まっていた。工場労働者の三〇パーセントが、農場労働者の一〇倍の賃金が得られるリスボンの市内や郊外で働いていた。市内には六八八軒の床屋が店を構え、それとほぼ同数の売春宿や、数えきれぬほどの居酒屋が店を構えていた。リスボンの成年男子の識字率はポルトの二倍、郡部の四倍だった。リスボン市内の居酒屋には、こうした男たちが集まり、何種類もの新聞を読んでは議論を交わし、完全に男ばかりの政治文化が育っていた。噂好きのプチ・ブルたちは、自分たちが聖職者や政治家、資本家に隷属させられ、屈辱を受けていると感じていた。リスボンの「ラテン区」には、しだいに焦臭い空気が漂うようになり、ポルトよりも頻繁にデモ行為が行なわれるようになった。テージョ川対岸の工場地帯では、労働者の数が増えるにつれて戦闘的な意識が高まっていた。その奥地に点在する農村では、識字率の低さもあって政治的な意識に乏しく、川向こうの首都リスボンで王政が軍部の陰謀により崩壊しようとしていることなど、まるで知る由もなかった。

王政打倒の先頭に立ち、共和国宣言を行なったのは、陸軍の下級士官たちだった。彼らは十九世紀はじめにイタリアから入り込んだ秘密結社のメンバーであった。彼らは、上流階級に浸透していたフリーメイソンのように大聖堂の建造者からシンボルを借用するのではなく、木こりと炭焼きの言葉を借りて、自らを「炭焼き人《カルボナリ》」と称した。入会に際して参入者は目隠しをされ、専制君主を倒すことと、各支部のヒエラルキーを通して伝えられる組織の指令にのみ従うことを誓った。彼らもまた教会に対して敵意を抱いていたため、共和主義にとっては反教会主義の支柱となった。この結社の指導者たちは下層社会の生まれであったが、なかには上流階級に属する者も含まれていたといわれており、カルボナリとはまったく異なる立場にたつメイソン・ロッジの前グランド・マスター、サルダーニャ公爵が、変化に満ちたその生涯の一時期、カルボナリのポルトガル支部に入会していたという突拍子のない話も伝えられている。王政末期に投獄されていた四〇〇人のカルボナリのうちもっとも多かったのは工場労働者であり、ジャーナリストや官吏、軍人はほんのわずかであった。陸軍内部での反乱は小規模なもので、国王の専制と上級士官の独裁的権力を打倒しようとするアナーキスト支持者だけが動いたにすぎなかった。それに対して海軍には驚くほど多くの共和主義者が含まれており、一九一〇年一〇月四日、戦艦アドマスター号で、ついにカルボナりの先導による革命の狼煙が上がることになる。

ポルトガルは、一八七一年のフランスに続いて、ヨーロッパの国としては二番めに、永続的な共和主義政府の樹立を宣言した国であった。ポルトガルはフランス型の共和主義体制をモデルとしながら、イギリスの自由主義政府がブラガンサ朝の復活を狙って介入に乗り出したり、スペインが同様の動きに出ることのないよう手を打たねばならなかった。しかし革命が起こってみると、大きな混乱は生じず、イギリスの外務当局は事態を静観する構えをとった。一方、共和党のリーダーたちは、革命があまりに素早く成立したために、完全に不意をつかれた恰好となった。国王は、帰国前にブリッジを楽しみにやって来たブラジル大統領とともにカード遊びの前の豪華な食事を楽しんでいるところだった。彼は革命の知らせを受けてブリッジを取りやめ、急いで王宮を離れ、隠れるようにして船に乗り、イングランドへと逃れた。それとほぼ同じ時刻に、リスボン市街では、カルボナリの勢力が浸透した二箇連隊が上級士官をパジャマ姿のまま逮捕し、兵舎の外で、さほど乗り気ともいえない民衆に武器を配った。共和党の政治家たちは、一夜明けると期せずして革命を担う存在となっており、あわてて市街の巡回警備や私有財産の保護を命じたり、アナーキズムの芽を片端から摘むように指令を出すといった状況であった。こうしてリスボンの支配権は無血革命により共和主義者の手に移り、他の都市や地方も、電信により送られた指示にしたがって王家の旗を降ろし、共和党の旗を掲げた。郡部は共和主義政権を熱狂的に支持したわけではなかったが、抵抗の姿勢を見せるというほどでもなかった。王政を守る立場にあるはずの陸軍も、連隊の晩餐会に何度となく出席を賜っていたにもかかわらず、自分たちが王のカリスマ性や評価を高めようとしてこなかったことに

図26　1910年革命　　武装した共和主義者たちがリスボンの街路を封鎖した。彼らは市民の財産保護のための警備にもあたっていた。

ついて何の負い目を感じることもなく、国王を救おうともせずに、亡命を座して眺めるのみだった。労働組合が発行する新聞も、この革命を大きく取り上げることはなかった。

コスタの改革

中産階級の下層から生まれたポルトガル共和国は、その誕生直後、都市部の統一的なスローガンとして反教会主義を標榜する中産階級の上層に引き継がれた。知識層は、自らの党派でもっとも信望のあるメンバーを大統領に任命した。だが、共和党に君臨する最大の指導者は、共和国成立後まもない一九一一年に司法相となったアフォンソ・コスタであった。彼はコインブラ大学で教鞭を執った経験をもつ法律家で、リスボンに法科大学を創設した人物だった。一八九一年、コスタが率いる青年共和党は、不首尾に終わったポルト蜂起に参加した。一九〇五年、コスタはフリーメイソンに入り、一九〇八年には国会に議席を得た。ひとたび公職を得ると、彼は自らの自由思想を実現すべく、宗教界の特権を制限した。教会外での僧衣の着用を禁じ、修道会を再び解散させ、教会と国家とを分離し、離婚を認め、女性と子供の権利を無理のない程度に認めるなどの諸改革を実行した。さらに次のステップとして、蔵相の職を引き継ぎ、通貨制度を改革し、国家の負債を減らし、商業振興のためにフランスの高等専門学校《グランドゼコール》をまねた教育機関を設置した。しかし彼は、首相に就任してからでさえ、共和制の樹立とともにプロレタリアートのあいだに燃え上がった経済面での大きな期待感を満足させることはできなかった。外交政策に関しては、コスタはイギリスとの親密な結びつきを優先した。コスタは、このことが自分に対する支持を失わせる恐れもあることを知ってはいたが、アフリカにおけるポルトガル植民地をドイツの貪欲な拡張主義から守ることができるのはイギリスだけだという事実を無視することはできなかった。イギリスへの見返りとして、一九一七年に遠征軍を徴集し、フランスへ送り込まなくてはならなくなったとしても、それはポルトガルにとって支払うべき必要な対価であるとコスタは考えたのだった。こうして、ポルトガルの財政と政治にとって破壊的ともいえる第一次世界大戦への参戦を決めたことにより、コスタの政府は倒れるのだが、彼自身は、ベルサイユ条約など一連の講和条約を定めたパリ平和会議に派遣され、さらにはジュネーヴで国際連盟の総長に就任するなど、存分にその存在を誇示した。その後ポルトガルでファシズムが台頭すると、コスタは亡命生活を余儀なくされる。ポルトガル国内でのコスタに対する評価は二つに分かれていた。教会の迫害者として非難される一方で、ポルトガルの旧弊な諸制度を解体した啓蒙的指導者として熱烈な支持を集めてもいたのである。

シドニオ・パイス　アフォンソ・コスタの民主的共和主義の対極に位置したのが、シドニオ・パイスの軍事独裁主義であった。パイスがポルトガル共和国の表舞台に立った期間は短いものだった。彼はプロイセン型の政治体制を確立してから一年も経たないうちに暗殺者の手により命を奪われたのであった。しかし、長期的な視点から見ると、一九一〇年から二六年にかけて共和主義の時代に生まれた人道的な流れが二十世紀ポルトガルで一時代を画する現象にまでなったのは、むしろパイスの独裁主義のおかげであるとさえいえる。パイスが絶対的な独裁者として登場するには、それなりに歴史的な流れがあった。君主制の末日、後にパイスが範とした独裁者ジョアン・フランコが政権の座を追われた。国王カルロスは一九〇七年、議会の承認を得ずにフランコを首相に任命したのだが、皮肉なことに、国王が意図していたのは自由主義的な政治体制であった。当時イギリスは政府の管理のもとに社会革命を遂行し、政治的な革命を回避することに成功していた。カルロスは、こうしたアングロサクソンの政治風土の変化に影響を受けていたのである。議会主義者は激しい抗議活動を展開し、最後には王政が廃止されるにいたった。王により任命された首相フランコは、新たな社会正義を導入しつつ民主主義を改革するのではなく、ポルトガル近代における最初の独裁制を敷いた。その結果、共和主義者による暴力的活動が激化し、国王カルロスが長子ルイス・フェリペとともにその最初の犠牲者となって、一九〇八年に暗殺された。

カルロス暗殺の一〇年後にあたる一九一七年にアフォンソ・コスタの政府を倒した時点では、シドニオ・パイスの独裁制に自由主義的な要素は一つも見られなかった。数学の講師をしながら軍人としての生活にあこがれ、戦時下のドイツに大使として赴任した経歴をもつパイスは、一時期フリーメイソンでありながら今ではフリーメイソンを弾圧し、かつては共和国政府の大臣でありながら共和制を嫌悪する独裁的政治家となっていた。プロイセンに長く暮らしたことが彼の政治家としてのスタイルを決定づけたといえる。彼はベルリンから帰ると、強引に自らを共和政府の首班に任命した。このクーデターは、当時イギリスの法外な要求に憤りを感じていた者たちの支持を得た。イギリスはポルトガルに対して、リスボンに停泊中のドイツ艦船を押収し、その船に四万五〇〇〇人のポルトガル人を乗せて兵士としてフランスに送り込み、塹壕の中で戦死させるべし、としか受け取れないような要求をしていたのである。王政派はパイスを支持した。この人物なら、亡命を続ける若い国王マヌエル二世を帰国させられるはずだと考えたからである。教会の特権を取り戻してくれるだろうと期待する司教や、再び自分たちに富を集中させることができるだろうと期待する地主も、パイスを支持した。彼はまた、反戦を叫ぶ労働組合の声に乗って支持を拡大する一方で、その労働組合の勢力を抑えてくれるだろうと期待する産業資本家からも支持を得た。しかしパイスは、矛盾し合う要求を調整しつつ各層を政治的にまとめることができず、パン暴動が発生すると血の粛清を行ない、いっそう独裁的な決定を押しつけるようになった。大統領制を確立しようとする彼の試みは、一九一八年一二月に挫折する。王政派の反乱を鎮圧すべくポルトへ出発する際に、リスボンのロシオ駅でパイスは暗殺されてしまったのである。

共和体制下の社会　短命に終わったシドニオ・パイスの独裁制は、共和制にあっては異質なものだった。一八二〇年から五一年にかけての革命期と一八五一年から一九一〇年までのブルジョア君主制の時代を通じて、政治的な旗印は規律ではなくむしろ民主主義だった。しかし一世紀に及ぶ穏健な自由主義体制の後にも、厳しい社会格差は一向に縮まってはいなかった。民衆は、しだいに中産階級の特権を侵していった。保守層における階級の再編は、彼ら自身の失敗にではなく、むしろ成功に起因するものであった。共和主義者は、妥協のない現実主義によって第一次世界大戦後の金融危機に対処した点で不評を買いつつも、一九二〇年代の半ばには、国内経済をかなり安定した状態に戻すことに成功した。しかし、共和主義政府のとった緊縮財政は軍の上級幹部の利権と対立するものであったため、軍部は文民政治家の評価を貶めるための活動を組織的に展開し、一九二六年、カトリックの勢力が極めて強い都市ブラガで軍事クーデターを起こして政府の転覆に成功した。とはいえ、共和政府の犯した失敗は、こうした軍の動きを看過したことでも、教会を迫害したことでもなかった。彼らのほんとうの過ちは、リスボンこそがポルトガルだと思い込み、国民の幸福が都市部での階級間の小競り合いによってではなく、農業の改革によって実現されるのだということを認識できなかった点にある。農地の固定化、生産の停滞、非効率的な大土地所有制《ラティフンディオ》、小規模農民の細切れにされた所有農地、こうしたものすべてが原因となって、読み書きができない農業労働者は悲惨な生活状態から抜け出せずにいた。その結果、彼らは、旧中国の苦力《クーリー》と同様に、世界の労働市場を求めて次々と国外に出ていったのである。

　共和制の下でポルトガルの人口は増加を続けた。空前の規模で移民が流出し、一九一八年の肺炎の大流行により六万人の命が失われ、第一次世界大戦のあいだに一万人の健康な男子が死傷したにもかかわらず、ポルトガルの人口は増えつづけたのである。この人口増加により、小麦をめぐる問題が引き続き政治上の最大の争点となった。一八九九年の「飢饉法」を含めて王政末期には保護立法がいくつも立てられたが、新しい耕耘法が広く使われるようになり、蒸気機関による脱穀も一部で導入されたにもかかわらず、自給率を高めるきっかけとなるほどには国産小麦の価格は上がらなかった。政治家たちは都市部のプロレタリアートのために安価な外国産小麦の輸入に踏み切ったが、皮肉にも戦争により輸送が途絶え、ついにはパンを求める暴動が起こる始末となった。第一次世界大戦後、政府は製粉所に助成金を交付し、暴動を沈静化することには成功したが、依然として小麦の生産量は増えず、食糧不足は解消されなかった。南部の地主の多くは、相変わらずリスボンに居を構え、不在地主として生活し、農場の近代化には依然としてほとんど興味を示さなかった。一九二五年、土地の管理はそこで働く人間の手に委ねられるべきだとする提案が、社会主義者により出された。共産主義者や無政府主義者たちもこれを支持したが、しかしこうした急進的な考えは時期尚早だったのだろう。一九二六年のクーデターにより社会から一掃され、ほぼ五〇年間におよぶサラザール体制が倒れた後、第二共和制の時代になってからやっとポルトガルの社会に実現されることになる。

共和主義体制は地方の活性化に手を着けず、農業を無視して労働力の国外流出を許しはしたが、一方で、都市部の支持者に対しては大いに意味のある変化を生み出した。ポルトガルには、ラテン諸国に特有の男性優位の文化が浸透していたのだが、共和制の下で、女性の社会的地位が上昇したのである。また、賃金労働者も、社会主義者の活動の助けを借りて、他のヨーロッパ諸国より数年早く八時間労働を獲得した。教会による道徳的規制が思想の自由に置き換わり、教育を受けられる層がいくぶん拡大されたことで、検閲や低識字率により狭められていた国民の政治意識が広がった。また、共和制の時代には、君主制の最後の遺物であるアフリカの帝国に大きな関心が寄せられた。共和国政府は、本国では有給職に就かせることのできない都市部の下層中産階級の共和制支持者たちのために、アフリカに小役人としての働き口を数多く用意した。技能も資本も持たない人間が、食い扶持を求めて大挙して植民地に乗り込んだ。彼らは後先も考えず、手前勝手な民族主義を振りまわして現地生まれのポルトガル系クレオールの役人たちから役職を奪い取ろうとした。植民地に関しては、共和国政府は自由主義とはほど遠い態度をとった。現地で最大の有力者であった総督ノルトン・デ・マトスは、アンゴラで新たに始めた奴隷制度によって経済的な基盤を築き、有望な植民地投資家に安価な黒人労働力を供給するための施策であるとして、これを正当化した。

共和政府の財政

ポルトガルの共和政府は、数年遅れて英国に初めて成立した労働党政府と同じく、財務政策については驚くほど保守的だった。街頭の革命指導者たちは、自らは無産者でありながら、図らずも、有産階級が所有する商業銀行を略奪から守るという皮肉な役回りを演じていた。伝統的な価値を守ろうとする動きは、共和主義者たちが社会的地位を求め、ケインズ以前の均等配分予算を追求するといった深い部分にまで及んでいた。共和主義政権は、第一次大戦下で待ったなしの状態に置かれてもなお、通貨を切り下げ国債の発行額を増加させることには消極的だった。そうするうちに、政府の財務担当者は、こともあろうに前代未聞の詐欺的行為に引っかかってしまった。ウォータールー・アンド・サンズという抜群の信用を誇る英国の印刷会社が大量のポルトガル紙幣を印刷するよう注文を受けたのだが、これはポルトガル政府の承認を得ずに不正に依頼されたものだったのである。ポルトガル紙幣への信頼は取り返しがつかないほど損なわれ、預金や投資資本が海外に流出する結果となった。共和制が崩壊するころには、国家の準備金は危険な水準まで低下していた。金融不安に対してもっとも敏感だったのは、戦争から利益を得ていた投機家ではなく、定収入で暮らしていた人たちだった。財政の引き締めとインフレによって、彼らのささやかな資産は大きく目減りしてしまった。彼らは、ファシズムを台頭させるべく努力していた右翼活動家たちにとって最高の支持基盤となっていく。共和政府に仕事を与えてもらいはしたが、いつになっても物価の上昇に追いつかない程度の給与しか支給されなかった小役人たちは、共和制のもとで二倍に増殖し、共産党の温床となっていたリスボンのプロレタリアートを弾圧しようとする政府の方針を大いに歓迎した。

教会　宗教は民衆にとって生活の中心をなすものであった。教会は、先に見たとおり、一八三〇年代には厳しい弾圧を受けたが、第一回のバチカン会議の後、一八七〇年代になって息を吹き返していた。ポルトガルが再び宗教に対して寛容になると、新たに聖人が出現し、いくつもの教団が復活して、自由思想家を厳しく批判するようになった。修道院が再び合法化され、あげくには、イエズス会がエリート層や信心深い王室の教育を取り仕切るまでになった。このように聖職者が政治的な勢力をもつことに対して共和主義者は激しく反発し、その結果、修道院は再び解散に追い込まれたばかりでなく、これまで教会に対する攻撃にさらされながらもかろうじて生きながらえてきた各地方の教区司祭の任が廃止されるまでになった。一九〇五年のフランスの例を追いかけるように、一九一一年、ポルトガルの教会と国家は法的に分離され、結婚は市民法の範疇に収められることになった。政府はこれに反対した司教を追放し、バチカンと再び断絶した。しかし、北部農村地帯に特に数多く存在した敬虔な人々は、ミサに出席するのをやめようとしなかった。教会への強烈な敵対意識の背景のひとつに、ポルトガルのフリーメイソンに伝統的に存在していた反教権主義があった。共和制の時代には、一〇〇カ所を超えるメイソンのロッジが四〇〇〇人以上の会員を集めていた。彼らは大部分が社会のエリート層に属し、首相経験者の半数以上がメイソンの会員であった。ポルトガルが第一次世界大戦に参戦すると、共和主義政府の教会に対する敵意は和らいだ。参戦をきっかけに、政府は、組織化された宗教の価値を認識するようになり、イエズス会の復活さえ許したのである。しかし、カトリック側は共和主義政府の態度を完全に信用したわけではなく、聖職者の多くは政府を打倒すべく準備を進め、一九二六年、カトリック教徒の兵士たちがついに共和制を倒し、同時に、軍の同僚である一部の将校の抵抗にあいながらも、メイソンのロッジを違法とした。

教育改革

共和主義者の教会への攻撃は、前世紀の自由主義者のそれと同様に、国家による教育機関設立の必要性を痛感させた。王政期には少数を対象とした中等教育の改革が行なわれたが、さらに進んで初等教育を拡充し、民衆に読み書きを教える教室を開き、学外生用の「大学」の講座を盛んに開設し、研究会や討論会の開催を後援したりしたのは共和党政府であった。共和主義体制はまた出版社に呼びかけて、労働者階級向けにペーパーバック版の文学書を出版させたり、『資本論』の縮約版の出版と販売を許したりしたのだが、これに対してコインブラ大学出身者を中心とする右翼諸派が腹を立て、「国民の教育」というものは国家の安寧を損なうものなのではないかと考えるようになった。教育が広がるなかから生まれてきた政治思想系の学派のなかで影響力を獲得したのが、一九二一年に結成された「新たな収穫（セアラ・ノーヴァ）」だった。この運動体は民主社会主義と国際平和主義を標榜し、個人の権利と人民主権、あるいは経済発展といった自由主義的概念を否定する「ポルトガル原理主義（インテグラリスモ・ルシターノ）」と思想的なライバル関係にあった。原理主義者たちは、亡命中の国王マヌエル二世の憲法主義さえ否定し、空位となっている国王の座を埋めるべく、ミゲルが追求したような絶対主義を提唱しさえした。

彼らはまた、一九二〇年代にヨーロッパに広まっていた反ユダヤ主義を、部分的にポルトガル政治に採り入れようとしていた。

反共和主義勢力　共和主義体制は一九二六年に幕を閉じた。この短い共和制の時代に、対立する諸勢力は国家を手中に収め、自らの信じる方向へと導くことを目指してそれぞれに力を伸ばしていた。そうした勢力のなかで最大の影響力をもっていたのは教会だったのだが、国民のあいだにある国家への忠誠心をすべて吸収すべく急速に勢力を拡大していた新手の国家主義者たちにその座を脅かされつつあった。下層中産階級もインテリ層の大仰な理念に不満を抱く勢力のひとつであった。彼らは、ささやかな蓄えを守るために、労働者階級よりも自分たちを優先し、この先もホワイトカラーの仕事が続けられるよう保証してくれる政府を歓迎した。一九一〇年革命によって下士官に寝首をかかれた恰好となっていた軍の将校たちもまた、かつての影響力を取り戻そうと躍起になっていた。彼らは、軍内部での指揮権とは別に、社会的地位を高めたいと望んでいたのである。共和党政府の打倒へ向けて最初に行動を起こすための武力をもっていたのは、彼ら軍部の将校たちであった。彼らこそが、共和主義体制を揺さぶり、脅かし、ついには政府の転覆を成功させる可能性を秘めた存在だった。

第六章　サラザールの独裁とアフリカ帝国

この時代の主な出来事

1926	ゴメス・ダ・コスタのクーデタ——第一共和制の崩壊（5月）
	カルモナ将軍、コスタを追放し軍事独裁を敷く（7月）
1927	リスボンとポルトに軍部・民間人の共和主義者による反政府運動
1928	カルモナ大統領のもとでサラザールが蔵相に就任
1932	サラザール首相に就任
1933	「新国家」憲法の公布
	国民労働規約の制定——労働者のストライキを禁止
1936	サラザール独裁体制の確立
	ポルトガル軍団の結成
	ポルトガル、スペイン内戦のフランコ軍支持を表明
	ポルトガル青年団の結成
1937	サラザール暗殺未遂事件
1938	サラザールがフランコ政権を承認
1939	イベリア協定——スペインとの間に相互不可侵条約を結ぶ
1940	バチカンとの協約締結
1943	連合国側（イギリス）にアゾレス諸島の基地を貸与
1944	各地で農民暴動、食糧不足によるストライキが頻発
1945	国民議会選挙——雇う「民主統一運動」は選挙をボイコット
1946	アメリカ合衆国とアゾレス空軍基地貸与協定を結ぶ
1949	NATO 加盟
1951	植民地を「海外州」として再編
1955	国連加盟
1958	大統領選挙でサラザール派のアメリコ・トマスが野党候補のウンベルト・デルガドに辛勝する
1961	アンゴラで植民地戦争が始まる——国連がポルトガルに植民地解放を勧告
	ポルトガル領インドを喪失
1962	アレンテージョで農民暴動
1963	ギネ・ビサウで PAIGC が闘争を開始
1964	モザンビークで FRELIMO が闘争を開始
1965	デルガド将軍死亡
1968	サラザール首相引退——カエタノ首相就任
1970	サラザール死去
1972	国連がFRELIMOとPAIGCを承認——ポルトガル政府が海外州に自治権を認める

1973	PAIGC書記長カブラルの暗殺
	PAIGCの共和国宣言
	大尉運動の結成
1974	大尉運動が発展し、国軍運動に改称
	国軍運動のクーデタに始まる四月革命（カーネーション革命）の成功
	――「救国評議会」結成

一九三〇年の大恐慌は、他のヨーロッパ諸国と同じくポルトガルにも深刻なダメージを与えた。それまでの対外経済は、消費財を提供するイギリスと、移住者が故郷へ送金するという形でマネー・サプライヤーの役割を果たしていたブラジルという、南北の二方向にわたっていた。この二つの国に依存したシステムは大恐慌により終止符を打たれ、ポルトガルは国内経済の自立性を高めると同時に、国外に新たな貿易相手を探さなくてはならなくなった。国内の変化に伴い、行政面でも大幅な経費削減が必要となった。ブルジョア君主制と共和制が試みた自由主義的改革は放棄され、新たに支配的地位についた独裁政権は労働者の権利を縮小し、教育と公益に関する支出を削減し、さらには警察による監視を強めて世論を抑圧した。政治はしだいに、サラザールという名の独裁的指導者の手に握られるようになる。彼は前時代的な軍上層部の野心を満足させつつ政治の現場から軍を切り離すことに成功した。そうしてサラザール体制の下で、イタリアのファシスト政権やナチス・ドイツの厳格な政治支配を密かに賛美する上層中流階級のカトリック教徒が新世代の政治家となっていく。彼らはアフリカにも目を向け、ワインと繊維製品の独占的な市場として、さらには熱帯産の安価な砂糖や綿花の供給源として、アフリカ帝国から新たな富を引き出そうとした。独裁政権は、第二次大戦の勃発と中立諸国にも及んだ海上貿易の規制によって、いっそうの財政難

に陥る。一九四三年、ポルトガルは第一次大戦下の一九一七年と同様に、中立を曲げて英国の対独戦争を支援せざるをえなくなり、アゾレス諸島の軍事基地を大西洋岸の連合国に解放した。サラザール体制は、その反共姿勢から戦後も連合国の黙認を受け、独裁を維持したが、非民主主義国家であるという理由で当初は国際連合への加盟を許されなかった。第二次世界大戦後のポルトガルは、サラザール体制の強力な統制力のもとに、戦後のギリシャが陥ったような内戦状態こそ免れたものの、イタリアを復興させたような投資や産業を引き寄せることはできなかった。一九六〇年代に入ると、活力を取り戻したアフリカ帝国に加えて「ヨーロッパの奇跡」と呼ばれた経済発展がポルトガル人移民労働者に大きな市場を提供し、社会は急激に変化していった。独裁政権は、そうした変化に対応しうるだけの柔軟性を示しはしたが、しかし産業資本家も軍部もしだいに急速な近代化を望むようになり、ついに一九七四年、無血クーデターによって軍事政府が成立した。この政府は短命に終わったが、独立戦争が激しさを増していた植民地帝国を放棄し、ポルトガルをヨーロッパ共同市場へと向かわせた。こうして民主派の政治家は、一九二六年に失った政権を取り戻すことになった。

◆

アントニオ・サラザール　不況下にあった両大戦間のポルトガルの歴史は、当時の首相サラザールの政治理念を抜きにして語ることは不可能である。政治家サラザールについて論じる前に、ここでまず彼の生い立ちから見ていくことにしたい。アントニオ・サラザールは農場管理人の息子として生まれた。母親は息子の将来に対して大きな野心を抱き、最上の教育を受けさせるべく神学校へ入学させた。しかし聖職者への道は容易ではなく、故郷の村では「アントニオ神父」と呼ばれたものの、単式誓願以上に進むことはなかった。彼は神学よりもむしろ法学に秀で、一九一七年からコインブラ大学で教鞭をとるようになった。青年期のサラザールは趣味がうるさく、伝えられるところによれば、女性とシャンパンが大好きであったという。しかし一方で、都会の友人ととる豪勢な食事が田舎の家計に過度の負担をかけはしないかといつも気に病んでいたらしい。少ない資金を慎重に運用して故郷に小さな土地を買い、つましい家で後日リスボンの大枢機卿となる若い司祭と共同生活を始めた。保守的なカトリック党に加わり、国家財政に関する論文をマスコミに発表した。一九二一年には国会議員に立候補して当選したが、処女演説は行なわず、リスボンの政治家とは意図的に距離を置き、コインブラの尊大なエリート集団との交際を好んだ。そうして象牙の塔に身を置くことで、財政に関しては全知であるという神秘的なイメージを築きあげ、共和主義者の無能ぶりを嘲り、一九二六年の政変で共和派に取って代わった将軍たちの経済政策上の自信を揺るがせた。軍政府がアドバイスを求めてきても、サラザールは彼らと距離を保ち、閣僚の椅子に数日座っただけで辞任をし、その後も独自の見解を発表して絶大な威光を放つ存在となっていった。ついに軍事政権は、唯一サラザールだけが国の赤字を処理することができるのだと考えるようになった。サラザールが一九二八年に蔵相を引き受けた条件は、他のすべての省庁にも及ぶ完全な財政管理権であった。ひとたび権力を手にしたサラザールは、時には将軍たちの虚勢に対して辞職をちらつかせ、元通り軍人たちで勝手にする

図27　アントニオ・サラザール（新聞に掲載された写真）　サラザールは1920年代、新聞を利用して、自らの財政政策が絶対的な信頼性をもつものであるというイメージを国民に植え付けた。さらに1932年から68年まで、軍部や教会と連携し、首相としてポルトガルを「支配」した。

がいいと脅しつつ、軍の下級士官が企てた一〇を超える陰謀や政変未遂をも乗り越え、四〇年にわたって権力を維持しつづけたのであった。

「新国家」体制　サラザールが築き、彼自身が「新国家」と命名した政治体制は、イタリアのムッソリーニ政権やスペインのプリモ・デ・リベラ（兄）政権と同時代のものので、一般に反対勢力からファシスト体制と評されていた。しかし、「ファシスト」という言葉をこのように安易に使うと、一九三〇年代のポルトガル政府の独自性や、他の二つの西地中海国家に誕生した独裁政権とのあいだの内容や形態の違いを見失ってしまうことになる。実際、サラザール政権は政治的な多元性を許容する自由民主主義を嫌悪し、対抗勢力には暴力的に対応するというファシスト的な性質をもつ一方で、イデオロギーの面では他のファシストと異なる面をもっていた。とりわけ、「民衆の敵」を排除するために大規模な政党を組織して扇動を行なうことがなかったという点を見逃してはならないだろう。サラザールは、政権の座についた当初から、積極的にリスボンの街へ出て民衆に向かって演説をしようとはせず、たまにそうしても、同時代の他国のカリスマ的指導者に比べると、その演説はあまりにも地味なものであった。宣伝部隊は、国民の前に姿を現さず隠者のようになったサラザールを、知的な修道僧、国の救世主として民衆に印象づけた。ポスターには手に十字軍の剣を持った姿を描き、歴史書では祖国解放のヒーロー、ブラガンサ王朝のジョアン四世を継ぐ愛国的英雄として描かれた。反体制思想の弾圧は、ナチス式の暴徒ではなく訓練された警察官が秘密裏に請負った。とはいえ、ファシズムとの類似性も明らかに見られる。反宗教を唱えた共和政治に代わってキリスト教道徳をすべての点で奨励したにもかかわらず、反体制勢力を封じ込めるために強制収容所をつくり、失業者に強制労働を課すことを制度化した。フランスの辛口評論家ジャック・ジョーゲルは、サラザールを指して、真のファシストというよりは「プチブル独裁者」であると評している。

ポルトガルの政治体制にファシズムのレッテルを貼るのは的はずれである。なぜならそれは、全体主義であり、警察国家、組合国家であり、反自由主義、反民主主義、反議会主義、反集産主義であり、さらには、敵対者を虫けらのように排除する政府だからである……要するにそれは、ファシズムのあらゆる特性を剥奪されたファシズムだったのだ。並外れて権力欲が強く、四〇年のあいだ政治家として孤独のうちに生き、集団を前にすると気分が悪くなるような人物によって、こせこせと支配された一種の模造品であった。その人物は、特殊な使命を果たすべく運命によって選ばれた人間であると自ら宣言した。彼は控えめな容貌の陰にプライドを燃え立たせた人物、国民の幸福について極めて特異な考え方をもち、それを通して自らの天才を証明しようとした人物、誰もがいうとおり、祖国と国民を破滅に導いた人物だった。

Jacques Georgel, *Le Salazarisme: Histoire et Bilan 1926-1974* (Paris,1981) p.302

ここで見据えるべき問題点は、一見したところ孤独なカトリック教徒にすぎない一介の財政学講師が、近代化と発展という経済学のセオリーに反しながら、いかにして経済不況のなかであれほどの権力を獲得し、第二次世界大戦が終わった後も何年にもわたって権力を保持できたのかという点である。その答えは、軍部、都市中産階級、王政派、教会といった勢力の利益を見事に手玉にとった彼の政治手腕を分析することによって導き出すことができる。サラザールの政府が国民にたたき込んだ大いなる理想は、愛国主義、パターナリズム（父権による家族的支配）、慎ましさといったものであった。愛国主義は、共和制そのものと共和制がもつすべての価値観を拒否することと、アフリカ植民地の「列強」の一角としてポルトガルが担うべき役割に対して新たな情熱を燃やすことに集約された。パターナリズムは、復権したカトリック教会を含む権威とその執行者に対して無条件に絶対的な敬意を払うよう要求した。慎ましさは労働者や農民にとって倹約と堅忍の美徳として称揚されたが、豪華な晩餐を楽しみ朝遅くまで眠る有閑階級には適用されなかった。こうした綱領は、サラザールを権力の座につけた軍部高官の大多数を満足させるものだった。ただし、軍部のなかでもメイソンの同胞は例外だった。彼らのうち、政府と相容れない立場にある反カトリック勢力が弾圧の対象となったからである。ともあれ、サラザールはこの綱領によって、経済不振の原因となっていた地中海貿易の低迷に対して、痛みをともなう大手術を断行する力を手に入れることができた。鉄壁の社会統制は、地方の雇用が落ち込んだ時にも秩序を失わなかった。飢饉が迫り、結核が蔓延し、妊婦と幼児の死亡率が上昇し、移住の道が閉ざされても、政府は公的資金を福祉や医療にはまわそうとしなかった。

サラザール体制下の宗教

ポルトガルの民衆が温暖なヨーロッパよりも熱帯のアフリカに近いといえるほどの貧困を絶望のうちに受け入れるように仕向けたのは、伝統的な教会位階制度の高位にいる聖職者だった。独裁政権と教会との関係は複雑だった。教会側が、熱心なカトリック信者の独裁者のもとでかつての威信をすべて取り戻そうと考えていたのに対し、独裁者のほうは、国家の優位性を確立しようとしていたのである。両者とも貧民層が従順でなければならないと考えている点では共通の意識をもっており、共和制時代の宗教弾圧から生まれたファティマの奇跡崇拝を力を合わせて促進した。神話ができあがるにつれて、その奇跡は、聖処女マリアの選ばれた使者である子供たちと、隠れたメッセージの守護者である教皇に下された秘密の啓示であると考えられるようになった。奇跡への畏怖が迷信深い民衆のあいだにさざ波のように広まると、ファティマには数多くの巡礼が訪れるようになった。教会は民衆の心をこめた礼拝を損なうほど大がかりな儀式を奨励し、政府はファティマを国の聖地と定めて巨大なバシリカを建造した。スペイン内乱の際には、ファティマのお告げは強力な反共メッセージとなり、「宗教にはファティマ、郷愁にはファド、そしてポルトガルの栄光にはサッカー」というスローガンとともに独裁者サラザールの政治的シンボルのひとつとなった。一九五〇年代、ファティマには世界から筋金入りの反動政治家がしばしば集まるようになった。

一九六〇年代には教皇をファティマに迎え、サラザールは無上の喜びにひたったが、自由主義圏のカトリック教徒は逆に大きな失望を味わった。国家と教会の利益は完全に一致しているわけではなかった。サラザールが独裁体制を打ち立てた一九三二年には、他のすべての政治団体とともに彼自身が属していたカトリック党を突如として廃止し、さらに進んで、かつてはひとつ屋根の下で暮らした枢機卿さえも、自らの政治的優位を確立するために遠ざけてしまった。一九四〇年の教政条約によってバチカンとの関係が修復されたあとも、国家と教会は依然として明確に分離されたままだった。

軍部と王政派

サラザールは王政派に対しても、彼らの支援を必要とする反面、あまり大きな政治力をもたせたくないという意図から慎重な態度をとっていた。しかし、亡命中の国王が一九三二年に死亡すると、サラザールは時を置かず自らの地位を強化し、蔵相と植民相の座から首相へと昇格した。そうすることで、それまで政府を取り仕切っていた軍将校の影響力からも自由になった。とはいえ彼は、軍部に対しては、自尊心を傷つけることなく、社会的・金銭的野心を満たせるよう常に気を配っていた。軍部は、一度はサラザールに与えた権力を再び剥奪するだけの武力をなおも備えていたからである。

「御しやすい国民」　聖職者、王政派、軍人がサラザールの権力を支えるエリート集団に巧みに組み込まれた一方で、教育のない大多数の国民は、マネタリズムによる倹約政策としてだけでなく、社会を統制するための方法として、相変わらず無学のまま放置された。子供たちは四年間学校に入れられたが、それも名目的なもので、実際には学校が遠かったり機能していなかったりすることも多く、幼い労働力として貧困に喘ぐ農場に縛りつけられていた。ポルトガル人は怠惰であるという神話――外国人に広まり、ポルトガル農民をアメリカ大陸の「善良な黒人」や南アフリカの「幸せな原住民」と同類のものとしていた神話――を信じ込まされていた少数のエリート層、つまり堅固なサラザール支持体制の成員になるには、教育を受ける以外になかった。狭量な支配層が発した馬鹿げた愚民政策を、ゴンザギュー・ド・レイノルドは一九三六年に次のように考察している。

ポルトガルの農民は信仰に篤く、不道徳にも反聖職者を唱えた共和政治によって心に傷を負ったにもかかわらず、その信心深さは今後も変わらないだろう。一方で迷信深くもあり、時には悪魔崇拝とも関わりのあるような太古の異教信奉のなごりを信じている。余分の金がなければしらふで過ごし、欲張らず質素に暮らす。一握りの大地主を除いて誰もが貧しい生活を送っているが、けっして不平は言わない。ポルトガルの農民には、幸福感とはいわないまでも満ち足りた雰囲気があり、見ていて心地よい。まことに御しやすい国民である。

Jacques Georgel, *Le Salazarisme: Histoire et Bilan 1926-1974* (Paris, 1981) p.82

政治警察

ポルトガル人が完全に「御しやすい国民」になったのは、一九三〇年代、全国に広がるドイツのゲシュタポに似た政治警察によってであった。この政治警察は大きな組織ではなく、正式に登録された職員は二〇〇〇人を大きく超えることはなかったが、このほかに一万人ほどの人間が、いわば非常勤で、ありとあらゆる集落や団体に配置され情報収集にあたっていたようだ。政治警察は法律や政府をも超えた存在で、一九六八年にサラザールが発作に倒れる当日まで、彼一人にだけ従う組織として存続した。死の床にあったサラザールのそばで権力の空白をどう埋めるか決定したのは大統領でも軍司令官でもなく、政治警察の長官だった。秘密警察が拷問や拘禁や暗殺すら行なっているという噂が広がったことで、政治に関する議論は抑えられる結果となり、後に植民地に恐怖を広める有効な手段を用意することとなった。サラザールは「テロリストに自白を促し、罪のない命を守るための多少の暴力」を正当であるとしたが、恐怖は彼の手にかかって研ぎすまされた武器となり、警察署の前を通りかかった者は、拷問にかけられている拘留者の悲鳴を聞かされることになった。ポルトガルは、一九三〇年代のソビエトやナチスのような形で「必要以上の」数の人々を殺すことはなかったし、スペインのように大虐殺が起こることもなかったが、しかし、指導者への不信や不平等な社会秩序に対して異議を表明する者には、破壊分子あるいは共産主義者として抑圧が加えられた。政治警察の重要な役割のひとつに厳格な言論統制があった。微に入り細にわたる検閲を通らなくては何ひとつ出版することも放送することもできず、新聞も、世論を動揺させたり国の尊厳を傷つける恐れのあるものは、すべてゲラ刷りの段階で差し戻され、当局に都合のよい記事に差し替えられた。政府の発表があたかも社説のように伝えられ、スポーツ新聞でさえ、大仰な愛国的表現が十分に使われているかどうかチェックを受けた。

サラザールの軍隊

一九二六年に反乱を起こした軍部に代わって、ドイツ式の政治警察が国家の「煽動政治家」を「浄化」する任を果たすようになったため、共和制から引き継がれたフランス式の憲兵隊には「法と秩序」を守る役目が与えられた。将校は教育のない徴集兵に得々として威張り散らしたが、その軍隊はヒトラーの軍隊よりもルイ十四世の軍隊に似ていると皮肉られる程度のものでしかなかった。それでも、士官の生活は周到な社会工学をもとに慎重に秩序づけられており、軍部を裕福で教養あるエリート支配層に繰り込むため、彼らの結婚相手は学歴や資産のあるカトリックの子女に限定された。士官は教会挙式が義務とされたため、保守的な軍人であってもキリスト教会を否定する者は徹底的に排除された。このことは、たとえば第一次大戦ではポルトガル軍を率い、共和国時代にはアンゴラで高等弁務官をつとめ、非合法組織フリーメイソンの大本部長にもなったノルトン・デ・マトスのような大物でさえも例外ではなかった。サラザールにとってきわめて手強い政敵だったマトスは、もしもカトリック主導の政治家たちが保守派のコンセンサスを保てなかったとしたら、フリーメイソンが主導する軍部と市民の連合派閥の中心人物になっていたはずだった。一九四八年、ノルトン・デ・マトスは大統領選に立候補するが、選挙権が厳しく制限されているうえに政治的自由も名ばかりであったため、結局は途中で出馬を断念せざるをえなかった。

ポルトガルの軍国主義は、軍人や警察官に限られたものではなかった。「ポルトガル青年団」が組織され、サラザールのイニシャルであるSの文字を縫いつけた制服に身を包んだ若者を、後にサラザールの後を継いで首相となる法学教授カエターノが指揮した。この青年組織では、飛び抜けて裕福な特権階級の子弟を除いて軍隊式の規律が課せられた。ポルトガル青年団の成人版が「ポルトガル軍団」で、こちらは黒いシャツに身を包み、公共秩序を維持するために動員された。とりわけ、海外からの視察団に「選挙」を行なっているところを見せ、政府が「信頼に値する」ものであることを納得させる必要があるときには、積極的に秩序を維持するための活動を行なった。選挙権をもつごく少数の者たちは教育も財力も十分であったため政府と対立する立場をとるはずもなかったが、それでも選挙は社会を動揺させる危険をはらんでいたのである。ポルトガル軍団は、ファシズムを推進するための準軍事的運動だったわけではなく、また、サラザールが全政党を廃止しながら自らの身辺に組織した「国民同盟」のような単一の団体でもなかったが、人口の八六パーセントを占める政治的発言権をもたない国民を管理するうえで必要な腕力を政府に与えるという役割を果たしていた。ポルトガル軍団はまた、一九三六年にスペインの「ナショナリスト」が自国の民主共和政府に攻撃を仕掛けた際に、フランコ軍の側に連帯を示すための兵力としても使われた。

経済的安定

「犠牲のうえに成り立つ安定」を受け入れたことにより、ポルトガルは長期にわたり独裁体制を存続させることになった。投資家はインフレにより損害を被ったが、流行遅れとなっていた金貨を基礎とする硬貨制度を守り抜いたサラザールの裁断は、共和制時代にはない経済上の安定をもたらした。国のプライドを強調することも、独裁政権を受け容れる裾野を広げるうえで効果的だった。「新国家」は、大量の建築事業を行なうことでその権威を誇示した。不況下の失業者を使って、ファサードに社会秩序を象徴する新古典様式を施した公共のビルディングをいくつも建設することにより、失業者が共産主義者の「煽動」に心を動かされる危険を最小限にとどめた。仕事に飢えていた建築家は、忘れられた存在になるよりもモダニズムを放棄することを選び、サラザールの新国家という観念を都市の景観に表現する手助けをした。堂々たる住宅街が首都の一等地に建設され、工科大学は手の込んだ建物に建て替えられた。ポルトガルの栄光とポンバル侯に代表される過去の独裁者の権力を記念して、次々と歴史的モニュメントが建設された。その最後を飾ったのが、国の先人のなかで最大の英雄、エンリケ航海王子の没後五〇〇年を記念してテージョ川の河口に立てられたコンクリート製の巨大な白亜の塑像であった。

アフリカ帝国——植民地政策

サラザールが植民地相の任にあった一九三〇年、ウォール街での大暴落の結果、植民地帝国は突如として、以前よりもはるかに大きな経済的価値を有する存在になった。それまでは、輸出品を買い、移民を受け入れ、大勢の移住農民がささやかな貯えを送金してくるブラジルが、ポルトガルの対外関係の柱とされてきた。しかし一九三〇年には、ブラジルへの門戸が閉じられたばかりか、ニューイングランドやカリフォルニアに経済難民による大規模な共同体が組織されはじめた合衆国からも閉め出されることになった。ヨーロッパとの貿易もイギリスを含めて低迷しており、そのため南北アメリカ大陸に代わる新たな移民と商品のはけ口を探すことが緊急の課題となった。唯一の選択肢と目されたのはアフリカだった。サラザールは新たな植民地協定の案出に取りかかった。彼の狙いは、外国の特許会社による間接的な植民地支配を終わらせ、ポルトガル本国に有利な新しい経済的ナショナリズムを打ち立てることにあった。とはいえ、その理念は実利を優先して加減された。モザンビーク南部では、南アフリカとのあいだで、鉱山に請負労働者を派遣して報酬を金で受け取るという内容の条約が再確認された。モザンビーク中央部では、この地域の港、鉄道、郵便といった事業の利権を独占していた英国企業に対して、当地からローデシアまでの営業権を一九四〇年の契約満了まで継続して認めはしたものの、それ以降はイギリスも含めてポルトガル以外の国がこの地域を統治することは許さなかった。他国との関係でさらにデリケートな問題となっていたのは、宣教団体の存在だった。彼らは植民地に衛生管理や教育といったものをもたらしてくれたのだが、ポルトガル政府の目には、植民地の隷属民に望まれる国への忠誠心を蝕む危険な存在のようにも見えていたのである。プロテスタントの宣教師は新しいナショナリズムにとって目障りな存在ではあったが、十九世紀後半のアフリカ分割の時点では、ポルトガルが帝国領土を獲得した当初から尊重されてきた彼らの権利を剥奪するのは得策とは思えなかった。サラザールがアフリカ大陸から植民地の富を引き出す新しい手段を得ようとするうえで最優先されるべきものは、実利主義だったのである。

植民地で最初に経済的なてこ入れが行われたのは、綿花栽培農場である。不況にともなって移民からのドル建ての送金が途絶えると、合衆国の綿花を買い付けることはポルトガルの経済にとって大きな負担となった。政府はその穴を植民地の綿花で埋めようとしたのである。織物工場はこれに反対した。植民地産の綿花は合衆国産に比べて品質が悪く、繊維が短いわりに値段が高かったからである。しかし政府は織物業界に対して、外貨を節約し、新たな帝国の発展を助成するための手段として是が非でも植民地産の綿花を買い入れるよう強制した。アフリカの農民たちも、綿花栽培では家内用の食用作物を植えるより低レベルの生活しか望めないと抗議をしたが、政府は強硬姿勢を崩さなかった。変わりやすい天候が生むリスクを度外視し、また国家管理の買付会社が穀物の代わりに生活できるだけの金額を支払う見通しもないままに、政府はアンゴラとモザンビークの農夫に種子を配給し、それを彼らの土地に彼ら自身の手で植えるよう強要したのだった。綿花栽培のリスクが白人の商業移民から黒人の隷属農民へと転嫁されたことにより、植民地では深刻な政治的対立が生まれた。一九四五年、アンゴラの綿花農場で、飢饉が引き金となって反乱が起こった。サラザールは、植民地相を務めていたカエターノとともに暴動を調査し、飢饉は怠惰で知られる「原住民」の想像が生んだ作り事にすぎないと報告した。植民地の役人たちは、帝国社会が危機的な状態にあることを把握していたが、一九六一年に綿花地帯で再び飢饉が起こり、革命的な動きへと発展するまで、何ひとつ意見を述べようとはしなかった。この革命は、ついにポルトガル帝国全体を瓦解させることになるのだが、そうした事態に至るまでに、ポルトガルは数々の手段を講じてアフリカからヨーロッパ本国へと大量の富を移動させることに成功したのである。

一九三〇年まで、ポルトガルからアンゴラへ渡る移住者には罪人が目立ち、鎖の拘束具をつけてルアンダ市の路上で草取りをする姿が見られた。サラザールは植民地から流刑地のイメージを払拭し――とはいえアフリカ人は、その後も三〇年間、鎖で一列につながれて労働を強いられたのだが――、民間人にも貧困から逃れてアフリカへ渡るよう促した。しかし、移民の大半は決して喜んでアフリカに渡ったわけではなかった。彼らの多くは無学で、アフリカ人に対して強い差別意識をもっていた。内陸部に散らばって小さな商店を経営し、無抵抗な召使いの黒人少女にたくさんの子供を産ませ、地元の農家に高利で掛け売りをし、腐りかけたワインを手渡すかわりにトウモロコシやコーヒーを手に入れた。高利貸しで成功した者の多くは、返済の滞った客から農地を取り上げ、奥地から強制移住労働者を入れて耕作にあたらせた。強制労働者に対しては賃金をトークンで支払ったが、そのトークンで買えるのは農場内にある店の高価な腰布とグロッグ酒だけだった。トラックやガソリンが不足している時には、最寄りの鉄道の沿線までポーターが収穫物を頭にのせて運んだ。トウモロコシは、南大西洋産の魚の干物とともにベルギー領コンゴの工業地帯でさばかれ、コーヒーはリスボンのドル準備高を建て直すためアメリカに輸出された。アフリカ帝国の東岸地域では、プランテーション会社が農民からココナッツ園を買収し、元の所有者を賃金労働者として雇い入れ、また奥地から強制労働者を連れて来てサイザル麻やサトウキビを栽培させた。こうしたまさに植民地的なシステムは、急場しのぎのものではあったが、有効に機能し、一九五〇年代に入るころには、植民地に住む従属民の大多数が不本意ながら「ポルトガルのために働いている」という状況を、サラザールは確実に築きあげていた。

アフリカ帝国の目的のひとつは、鉱物資源を発見し、それをポルトガル本国の工業化推進の資金とすることであったが、南アフリカやベルギー領コンゴに比べると、ポルトガルの帝国領地は鉱脈に恵まれていなかった。しかし一九一七年、アンゴラの半未開地にダイヤモンド鉱の存在が確認されると、有力なダイヤモンド貿易カルテルであったデビアーズの関連企業が採掘権を獲得し、鉱山を開いた。このダイヤモンド鉱山は、植民州の内部にほぼ完全な自治権を備えた一個の州のような存在となった。一方、モザンビークでは、南アフリカの業者に金の採掘作業を依頼し、輸送用の鉄道列車を走らせるに十分な石炭を調達してもいたのだが、金脈はすべてセシル・ローズによって英国との境界線の向こう側に繰り入れられてしまった。第二次大戦後、アンゴラ南部から鉄鉱石を運び出すための鉄道使用権が他国の企業に与えられたが、このプロジェクトは鉄価格の一時的な高騰に乗り遅れ、それほど大きな収益を生み出すにはいたらなかった。鉱物資源の開発から富を得ようとする試みがようやく大きな進展を見せるようになるのは、一九五四年、アンゴラ北部の飛び地カビンダで深海油田が発見されてからのことである。油田が発見されたことを知って、サラザールの胸中は複雑だった。石油産業というのは、他の鉱業に比べて国家の管理に収まりきらない面が多く、他国政府の外交的な支援のもとに外国資本を導入しなければ、その潜在価値を富に転換できないからである。だが結局、油田は開かれ、ポルトガル南部の新しい工業用地に、将来を当て込んで石油精油所が建設された。しかしカビンダ油田は、帝国の末期はおろか、独立後のアンゴラに起こった支配をめぐる戦争の最中にも、一貫してテキサス資本の管理下に置かれることとなった。

国際情勢の変転

サラザールの閉鎖的な帝国世界に変化が起こりはじめたのは、一九四三年のことだった。当時、イタリアではムッソリーニが失脚し、スペインではフランコ将軍が、内戦で背負ったドイツへの借款を独伊枢軸への加入という形で返済することを拒みつづけていた。北アフリカではイスラム諸国がアメリカの支配に下り、中東でもイスラム諸国の原油運搬航路を掌握したイギリスが支配力を強めていた。リスボンでは、イギリス情報省からローズ・マコーレーが派遣され、ポルトガル人が実際にはヒトラーとチャーチルのどちらにより大きな好意を抱いているのかを調査した。彼女は、学者として一分のすきもない綿密な調査を行ない、粗末な服を着て灼けた敷石の上を駆けまわる新聞売りは、客の好みを当然のように見分けて、ダス・ライヒ紙とデイリー・エクスプレス紙のうち相手が欲しがっているほうの新聞を差し出しているのには感心するけれども、国民のなかに心底ドイツびいきの人々が大勢いるとは思えないと報告した。とはいえ、サラザールがやむをえず中立を曲げて英国軍にアゾレス諸島への出入りを許可したことは、ポルトガル国内のドイツ人社会と、ドイツを支持するポルトガル人の中産階級を大きく動揺させ、また、その二年後、サラザールがポルトガル国旗を半旗にしてヒトラーの死に哀悼を示したときには、ポルトガルに暮らす英国人や、英国びいきのポルトガル人たちのあいだに同じような動揺が起こった。

このころからポルトガルをとりまく世界は急速な変化を遂げる。イギリスは一九五六年にスエズで敗北を喫し、アフリカの植民地を放棄することになった。さらにイギリスは一九六〇年に首相を南アフリカに送り、白人の民族主義者に向かって、多数派を占める黒人に権力が移行するのは避けられないことなのだという警告を発した。この英国首相のメッセージに対して大きく明確な反応が現れたのは、ケープタウンではなく、意外にもアンゴラとモザンビークであった。この両国が南アフリカでの出来事に反応し、民族解放を求める反乱が起こったことで、二つの世界大戦のあいだにも長い眠りから目覚めることのなかったポルトガルの上流階級を、自己充足的な状態から引きずり出すことになったのである。

反対派の弾圧　国内の政情不安は、植民地戦争が勃発する二、三年前からすでに始まっていた。一九五五年、ポルトガルは民主政治の実績がほとんどないにもかかわらず、国連への加盟を認められた。白人の反共国家であったため、西側の先進国、つまり米政府に依存する南米諸国や白人国家である英連邦諸国の側に一票を投ずるだろうと期待されたからである。国内での民主化が進行している証拠を示すよう西側の支持国から要求されるなかで、一九五八年、ポルトガル大統領選が実施された。政府は、独断的で暴走の恐れがあった現職の大統領を辞職させ、これといった取り柄のない海軍提督アメリコ・トマスを後任候補に立てた。対する野党勢力は、軍が全幅の信頼を寄せるウンベルト・デルガード将軍を対立候補に立てた。彼はポルトガルのＮＡＴＯ代表を務め、一九四三年には対英同盟の再交渉にあたった人物である。大統領候補となったデルガード将軍は、選挙用に特別に発効された検閲制度の小さな隙をついて、当選のあかつきにはサラザールを罷免すると公言した。精力的に街頭演説を行なうデルガード将軍の選挙活動に呼応して、投票権をもつ裕福な中産階級のあいだには、三〇年間続いた厳格な圧制からの解放を求める声が意外なほど強く聞こえるようになってきた。しかし、選挙に際して当局は投票用紙に明らかな不正工作を行ない、将軍は果敢な挑戦もむなしく亡命に追いやられることになった。サラザールはこれでは満足せず、将軍を完全に排除するため執拗に手をまわし、ついには秘密警察を使ってスペインでデルガード支持者による架空の謀議を仕組み、そこに将軍をおびき出して暗殺してしまった。しかし、独裁制を打破しようとしたデルガード将軍の戦いは、軍の内部に新たな政治的野心を生み出すきっかけとなった。一九六二年には、下級士官たちが無謀なクーデターを企て失敗に終わる。しかしそのころには、軍上層部は帝国を壊滅と侵略から守るという新たな役割を見出すようになっていた。

植民地戦争　長年にわたりサラザールの手厚い保護金に寄生して安楽を貪ってきた軍部は、植民地戦争で三〇年ぶりに実戦に復帰すると、出だしからつまずいてしまった。中国では、サラザールもナショナリズムの力を軽視すべきではないと悟り、一九五〇年、共産党政府とのあいだに、マカオの小植民地に関して実利を重視する内容の合意を結んだ。これによりマカオは準植民地として統治され、金融とギャンブルで栄えるようになり、サラザールは日の没することのない帝国を支配する気分を味わうことができた。

それに対して、インドではナショナリズムとの対立ははるかに厳しく、植民地戦争に早々と敗れたポルトガルはその対応に追われることになる。インド独立後の初代首相ネールがポルトガルの植民地領ゴアに道義上正当な民主主義を要求することを断念し、武力侵攻により併合を行なうと、ポルトガルは不当な蹂躙を受けたとして激しい怒りを表明した。ゴアにおけるポルトガルの敗北は、インド軍に対して命を懸けて抵抗するよう求めるポルトガル政府と、インド軍の圧倒的な勢力を前に即座に降伏した軍人とのあいだのギャップを露呈した。さらに滑稽なのは、ゴアにソーセージを送れという要請に対し、「ソーセージ」が砲弾を意味する暗号であることを忘れてポーク・ソーセージを送ってしまったという参謀本部の無能さを露呈する失敗談が伝えられていることである。ポルトガル最古の植民地ゴアは、こうして、流血のうちにではなく、なじり合いと茶番のうちにインドによって制圧された。一方アフリカでは、はるかに陰惨な泥沼のごとき植民地戦争がくりひろげられていた。

ポルトガルにとって、アフリカで勃発した植民地戦争は、愛国主義ばかりでなくまっとうな経済的理由からも鎮圧しなくてはならない反乱であった。朝鮮戦争の軍需景気以来、とりわけアンゴラの入植者は豊かになっていた。急速に拡大したコーヒー農園が新たな富の基盤をなし、その富が運ばれていったポルトガルの町や村では、植民地投機家たちの資本によって粗末な木製の足場を組んだ細長い高層アパート群が建設された。一九五〇年代に入ると、妻や家族を連れて海を渡る新世代の移民によってポルトガル領アフリカの移民人口は倍増し、ワインや繊維製品などの伝統的な製品はもとより、復興しつつある戦後経済が生産する新種の消費財を吸収してくれるポルトガル専用の植民地市場を形成するようになっていた。ここでもまた「イギリス人好み」の偽善的な伝統にならい、またかつてフランスが熱帯で実践した例を借りて、ポルトガルはアフリカの領土を表向きには「海外州」と改名し、国際的な監視下におかれるべき植民地ではなく、ポルトガルを構成する一地域であるという建前をとった。とはいえ、移住者のふるまいは初期の入植者と何ひとつ変わることがなかったため、一九六一年、アンゴラにアフリカ人による暴動を招くことになる。住民たちは、独立を要求するアフリカ人に対抗して自警団を組織した。彼らは血みどろの奮闘を繰り広げたが、命を懸けたアフリカ人の反植民地運動を抑えることはできなかった。ポルトガルは大規模な遠征軍をまずアンゴラへ、続いてギニア・ビサウとモザンビークへ派遣し、その後一〇年間、かろうじて帝国を維持することができた。

社会の変化

一九六三年の植民地戦争は、一九四三年の第二次世界大戦を超える劇的な変化をポルトガル社会の文化構造にもたらした。「大ブルジョアジー」の超保守的な伝統は、孤立と威厳を保って二度の大戦を乗り越えたが、そうした気風もしだいに緩んでいった。かつては豊富であった安価な労働力も、一九五〇年代の植民地への移住や一九六〇年代の徴兵制や徴兵からの脱走者の影響で手に入りにくくなっていた。召使いも以前のように好きなだけ雇うことはできなくなっていたが、それでも、大貴族の私邸では小間使いが一日十六時間働き、お仕着せを着た少年たちがせっせとホテルのドアを開けた。政府は公認売春婦の登録更新を打ち切るとともに、弦楽四重奏団が音楽を奏でる中で若い女性たちがサラザール時代の上流階級の秘めた性的嗜好を満たす場となっていた高級クラブの公衆衛生認可を廃止することによって、社会の近代化をアピールした。だが一方で、下層階級の男たちの楽しみといえば、観光バスに揺られて海岸へ行く程度のことだった。海辺で全身を覆い隠す水着が、女性のみならず男性にとっても、なくてはならないものだった。社会の変化が始まったとはいえ、夜遅くオペラから帰る有閑階級に市電の車掌が安い切符を売って稼ぐ金は、英国の通貨に換算して、相変わらず週に一ポンド程度だった。人員過剰で、しかも原始的なシステムしか備えていない政府は、労働者に福祉や年金といった恩恵を与えることもなく、また、彼らが十分な教育を受けられるような体制を整えようともしなかった。こうして退屈な生活を送る労働者階級のなかには、軍隊を歓迎すべき冒険と受け取る者もいたようだ。しかし一方で、軍隊に

図 28　植民地戦争（1961 ～ 74）　植民地解放軍から没収した武器を前に並べて写真に収まるポルトガル人の徴集兵とアフリカ人の補充兵。

入って四年のあいだ危険なアフリカの密林で過ごすことを恐れる気持ちから、毎日の単調な仕事を捨ててフランスへ移民しようとする者もいた。一九六〇年代の終わりには、アルジェリア人やトルコ人に混じって、一〇〇万人のポルトガル人がヨーロッパ大陸の各地で働いていた。彼らは相変わらず長時間労働に従事していたが、重苦しい階級制度から解き放たれ、帰国する時には、上流の紳士と見れば丁寧にお辞儀をするといった卑屈な条件反射も幾分うすらいでいた。彼らは外国での生活を通して新しい文化や経済に対して期待を抱くようになっていたのである。

移民の急増　植民地戦争でとりわ

け大きな犠牲者となったのは、地方在住のポルトガル人だった。教育のある都市出身者は、下士官としてアフリカに行けば、本国にいるよりも大きな出世を望むことができた。これに対し、文字を読めない職人が最寄りの街道筋まで商品を頭にのせて運んでいるような北部の農村出身の徴集兵にとって、アフリカに望めるものは退屈と危険の繰り返しでしかなかったのである。男たちが徴集されて村を出ていくと、残された女たちは以前にもまして重労働を負わされることになった。生活は孤独で厳しく、置き去りにされた大勢の恋人たちは、男不足の社会で独身を通すか、徴兵逃れの者と一緒に山を越えてフランスで職を探すかのどちらかだった。フランスの労働市場が飽和状態になると、新たな夢を抱いてベルギーやドイツ、スイスといった国々に移っていった。成功をおさめた移住者は、二つの高級品を購入した。ひとつは自動車で、なかには休みのたびに得意げに車で帰省をし、村の水くみ場近くに駐車して、隣人からの羨望の視線を浴びる者もいた。もうひとつはコンクリート製の家で、夏に帰省をするたびに家族の土地に新しい家を少しずつ建てていったのである。夢にまで見た新築のコンクリート家屋に屋根を乗せると、彼らは村に電気が通じることを見込んで、ステレオ、洗濯機、テレビ、冷蔵庫などの電化製品を「ヨーロッパ」から持ち帰った。ヨーロッパ諸国への移民が、こうしていくら高級品に金を使っても、十九世紀のブラジル移民の場合と同様、ポルトガル北部の生活に変化をもたらす大きな要因とはならなかった。その代わり、祖国で農作業に従事する母親へフランスから送られてくる郵便為替が、小さな土地で少しばかり家畜を飼い、習慣を守って教区教会に寄付をする田舎の人々の経済を支えていたのである。

北部出身の女性の多くは、国内で農作業を続ける者であれフランスで家政婦となった者であれ、都市部

図29　パリのスラム　1960年代、パリには数多くのポルトガル人が、この写真のような小屋に暮らしていた。さらに、パリを除いたフランス全土に暮らすポルトガル人の数は、ポルトガルの植民地に居留するポルトガル人の総数とほぼ同じであった。

の解放された女性たちとはまったく正反対の運命を背負わされていた。中流家庭の娘たちは、大学に通い、飛行機で旅をし、植民地でやりがいのある仕事についた。良家の令嬢に付けられる養育係はアフリカの開放的な開拓社会では不要とされ、面倒な家事は地元の黒人少女が代わってやってくれた。彼女たちは、家庭教師に伴われ正式な交際相手にエスコートされてリスボンの闘牛場へ出かけるのではなく、高価なスクーターで南国のビーチへ遠乗りに出かけては自由を満喫していた。マドリッドに代わって、リスボンのクラブチームが一九六〇年代のヨーロッパで最強のチームになると、国民のサッカー熱は階級を超えて、男たちばかりか女たちの間でも盛り上がった。解放された学生たち、とりわけ女学生が堂々と政治を議論した。こうした裕福な若者たちは、窮乏や弾圧を身をもって経験してはいなかったものの、禁制のイデオロギーを夢想し、革命が起こると街へ出て、工場労働者との一時的な連帯に陶酔に近い興奮を感じた。

工業化の進展

ポルトガル社会の変化は、フランスやアフリカへの移民によって引き起こされただけではなかった。国内の工業化によっても、さらに広範囲にわたる変化が社会にもたらされた。サラザールの頭の中で国民が身をゆだねて生きていた時代錯誤の田園理想郷では、植民地帝国を維持するための戦費を捻出することができなかった。サラザールの側近のひとりが思いもかけず柔軟性を発揮し、経済の近代化を求めてアメリカ合衆国に目を向けた。一九四三年にアゾレス諸島の空軍基地を英国に続いて使用して以来、アメリカはポルトガルに対し絶えず援助を行ない、一九四五年に各国の独裁者が倒れた後もサラザール体制の存続を許し、NATOへ加盟させ、さらには一九六一年のアンゴラ暴動以後も植民地の保有を認めた。その見返りとして、ポルトガルは経済ナショナリズムを緩和し、本国と植民地双方で新たな海外資本を受け入れたのである。同じころ、ポルトガルの金融界を支配する財閥一族に後押しされた新世代のポルトガル人企業家が、サービス業と工業に国内投資を行ない、急成長させた。繊維、酒類、電子機器、プラスチック製品、建築資材、加工食品といった国産品が、いくらか開放的になった政治風土のなかで生産量を伸ばし、旧弊な社会的制約をうち破るようなミニチュア版消費社会が生まれた。同時に、造船所で働く熟練金属工たちも、一九二六年の共和制崩壊とともに失ったストライキ権を公式には取り戻してはいなかったものの、少しずつ力を回復していた。

独裁制末期に起きた工業の急激な発達は、王政末期に起こった産業発展と似た点が多い。発達の度合は過去のポルトガルの基準からすれば飛躍的ではあるものの、ライバル国にはなお遅れをとっていた。十九世紀の王政期における工業化政策は三パーセントの成長率を達成したが、帝政ロシアの八パーセントには及ばなかった。サラザール時代の経済復興では、輸出部門で一九六〇年に衣類と織物が石炭と木材パルプにとって代わった。繊維はその後すぐに食品と農産物をも追い越すことになる。一九七〇年代には機械と化学薬品も農産物の輸出を上回ったが、ポルトガルの豊かさのレベルは、依然としてファシズム国家スペインを下回っていた。こうした工業発達の限界は、産業資本家の数が限られていたことからきている。ポルトガルの全人口のうち、選ばれた少数に属すると見られる者は、わずか一パーセントでしかなく、社会が彼らの贅沢を支える一方で、一〇の名門貴族が一六八の企業を所有し、国全体の富の五三パーセントを支配するまでになった。経営者が集中する一方で工業生産は拡散し、革命が終わり大規模な国有化計画が進められた一九八〇年代でさえ、従業員数五〇〇人に満たない企業が全体の九八・五パーセントを占めており、しかもその大部分が従業員数にして五〇人以下の小規模な企業であった。独裁制末期における産業の発達は、このように限られた規模ではあったが、それでもやはり、靴工場や砂糖精製所、金属加工所や製粉所などの建設により、穀物を丘の上の風車まで苦労して運び、ブーツを年じゅう街角の靴屋に修理に出していた古い社会に大きな変化をもたらすことになった。

観光産業の発達

工業化にともなう緩慢な社会変化と並行して、一九六〇年代に入ると、旅行産業の出現によって、はっきりと目に見える変化が起こるようになった。北ヨーロッパがますます裕福になり、南ヨーロッパの陽光の下で休暇を過ごしたいという欲求が高まるにつれ、保守的なポルトガル社会は方向転換を迫られることになった。特権階級が優雅にポルトガルを訪れるのは常に歓迎されていたし、旧王族や廷臣たちが集まるエストリルでは舞踏会が開かれ、地元の上流人士が娘を社交界デビューさせる場となっていた。だが、他国から庶民が休暇旅行にやってくるのは、まったく別の問題だった。観光業は外貨を稼ぐ手っ取り早い手段ではあったが、一方で、かつては非常に「御しやす」かった「従順な」労働者たちの物欲を掻き立てたのである。新しい音楽、新しいドレス、新しい贅沢、新しいレジャー、新しい髪型、新しい道徳観念、これらはすべて閉鎖社会にとって脅威であった。とはいえ、ポルトガルには自然のままのビーチ以外には売り物になりそうな観光資源がほとんどなかったため、結局はアルガルヴェの旧王国一帯を観光地として開発するために、リスボン川に橋を架け、自動車道路を整備し、滑走路を新設して、海外からホテルを誘致することになった。こうして生まれたリゾート地帯がいつまでも外国人専用のままであるはずもなく、しだいにポルトガル人投機家や旅行好きの人々も頻繁に利用するようになった。一九七四年にアフリカのポルトガル帝国が崩壊すると、植民地のホテル経営者も、行き場を失った事業欲を観光事業に注ぎ込むようになった。植民地の開放的な道徳意識は、地元住民の生真面目な道徳観よりも、観光客のほうに近かった。ホテル経営者は、観光客の集まるコスタ・ブラヴァや南洋の島々に旅行者が戻って行ってしまわないように、宿泊客をつなぎ止めるため、懸命の努力を続けた。リスボンから訪れる中流の行楽客は外国のスタイルを模倣し、それは社会の解放を一段と進める革命的な圧力となった。

教会の立場

教会は、一九六〇年代にポルトガルを襲った社会変革をなかなか受け入れようとしなかった。南部には隠れたコミュニストや反教権主義者が数多くいたが、北部では依然として聖日に宗教行列が行なわれ、ファティマの奇跡が人々の意識に強い影響力をもっていた。教皇ヨハネス二十三世と第二バチカン公会議の改革に対して、ポルトガルの教会は、自分たちの階級制度が根底から覆されるのではないかという恐れを抱いた。だが、一九六三年に教皇が改革半ばにして死去すると、ポルトガルの教会関係者のあいだには、あからさまな安堵感が広がった。南米の「解放神学」の概念はポルトガルでは受け入れられず、教会を社会的責任の意識に目覚めさせようとしたポルトの司教は、その労もむなしく追放の憂き目にあった。モザンビークでは、独自の意識にもとづいて急進的な活動を行なっていた司教が、帝国のプロパガンダへの支持を怠ったとして激しい非難を受けた。教会と帝国の関係は大いに問題を含んでいた。ポルトガル教会は帝国領内の伝道に熱心ではなく、ポルトガル人の移民のための教区活動に専念し、被支配民である黒人の改宗や教育は外国人司祭やプロテスタントの聖職者に任せきりだった。植民地解放戦争のあいだ、イタリア、オランダ、スペインの司祭たちは、民族運動に対するポルトガル植民地政府の弾圧が厳しさを増すなかで、アフリカ人教区民の幸福を守るために理不尽な努力を重ねなくてはならなかった。アフリカ系住民への経済的搾取や政治的弾圧に対して「不敬」にも非難を行なうポルトガル人聖職者は、政府から特に激しく非難を受けた。それでもなお、教会はアフリカにおける政府の独裁体制を糾弾しつづけた。これにより、諸外国の目はポルトガルに集まり、革命の気運が大いに高まることになる。

アフリカの植民地戦争

アフリカの戦争は、ポルトガルに大きな影響を与えるものとなった。この戦争は、最初のうちはサラザール政権の延命に貢献し、その後一九七四年になって同政権の四八年間の歴史を終わらせる原因となったのである。延命は、老化した政権には意外なほどの政治的な柔軟性により成し遂げられたものだった。ポルトガルは、合衆国のアフリカ政策の方向を一八〇度転換させた。アメリカは、イギリス、フランス、ベルギーの各植民地で強硬に貫いてきた黒人国家のブルジョアジーの台頭と植民地統治からの解放を支援するかわりに、アフリカの領土を再攻略する許可をポルトガルに与えたのである。アゾレス諸島の空軍基地の使用権を更新する見返りとして、アメリカ合衆国は、北大西洋防衛のための武器がポルトガルの植民地遠征に転用されることを黙認した。ポルトガルの政府軍は軍備を拡張し、大規模な戦争を戦い抜くための資金を手に入れた。士官たちは、赴任先の植民地で出世をし、私腹を肥やす機会を手に入れた。士官のグループは、貨幣のブラック・マーケットを支配して甘い汁を吸い、そのおかげで、アフリカで任務につくたびに高層アパートを建てていた准将もいたほどだった。それとは対照的に、植民地の反乱軍は、攻め入ってきた政府軍の容赦ない攻撃を受けてアンゴラだけで数千人もの死者を出し、それよりも多数の兵士がザイールへ逃れる難民の列に加わった。植民地の北部一帯はほとんど人も住まない荒れ地と化し、その後十三年にわたり反乱軍の孤立地帯となった。政府軍の最大の職務は、東アンゴラの広大なサバンナのパトロールだった。この一帯は、敗走した反乱軍兵士が数多く潜伏するゲリラ活動の拠点だったのである。皮肉なことに、パトロールは、しだいに黒人徴集兵の仕事となった。彼らは自分自身の親類や同胞を敵と見なし、白人の植民地を守ることで報酬を得ていたのである。

アフリカの植民地戦争は軍部のプライドを回復しただけでなく、ポルトガルの経済も活性化した。ポルトガルからアンゴラとモザンビークに移り住んだ国外追放者や入植者――アンゴラは二五万人、モザンビークはおよそその半分の数がいた――は、他の熱帯植民地にはほとんど例をみないようなサービス産業や製造施設を築いた。建設業が盛んになり、観光業者はインド洋のリゾート地にまで手をのばし、航空測量によって牛の放牧場が設計され、巨大な水力発電所の建設が進められた。白人の農民は水田に水を引き、トロール工船は魚を冷凍し、油井は原油を汲み上げ、醸造所は生産量を増やしていった。このアフリカにおけるポルトガル帝国は年に二五万トンのコーヒーを産出し、米ドルやオランダ・ギルダーといった良貨を稼いでいだ。こうしたバブル経済は一九六〇年代になっても崩壊の兆しを見せず、一九六八年、ポルトガル本国と帝国の監督権は好景気のなかでサラザールからカエターノへと、意外なほどスムーズに受け渡される。老いたサラザールは大きな発作に襲われ肉体に障害をかかえながらも余命を保ち、彼の政策もまたカエターノを通じて生き延びていった。軍部は、舞台裏での政治的影響力を保てるように、サラザールの後継者は文民であるべきだと主張した。当時の大統領アメリコ・トマス提督は、サラザールの後継者として首相に指名されたカエターノが左寄りの兆候を示している点を懸念したが、実際には新首相は過去を継承する路線をとり、自由への締め付けをむしろ強化し、制度上の改革も表面的なものにとどまった。とはいえ、改革を求める側の圧力は強く、一九七〇年代に入ると、植民地移住者の経済的繁栄に翳りが見えはじめたことに呼応して、アフリカのナショナリズムが再燃した。今度の舞台はアンゴラではなくモザンビークだった。

一九六〇年代の後半、モザンビークの解放運動は二度にわたって大きな打撃を受けた。北部の「解放地区」の一部が植民地軍に奪回された時と、「モザンビーク解放戦線（ＦＲＥＬＩＭＯ）」の指導者がオフィスに届いた小包爆弾で暗殺された時である。彼らは新たな指揮官を選出し、モザンビークのポルトガル人居住地への攻撃、ローデシアとのあいだを結ぶ鉄道の破壊、ザンベジ・ダム建設工事の妨害などを内容とする新たな作戦を計画した。ザンベジ・ダムの完成後は南アフリカに安価な電力が提供されることになっていたため、南アフリカおよびそのヨーロッパの同盟国が、モザンビークを解放勢力から守るためにポルトガルの側に立つことは明白であった。モザンビーク解放戦線の戦略は部分的に成功を見た。ダム工事を遅らせることはできなかったが、ゲリラ軍はザンベジ川を渡って中央モザンビークにおける通信と流通を遮断した。植民地の治安維持軍は、威信回復のため、ベトナム戦争で使われたテロリスト対策をまねて村を焼き払い、農民を保安区域に集めた。宣教師たちは虐殺の事実を公表し、おびただしい数の死体を埋葬する様子を子細に報告した。軍部は、植民地戦争が結局のところ軍のイメージにとってプラスになるのかどうか疑問を感じはじめていた。

スピノラ将軍と「大尉運動」

サラザールの死後、植民地維持に関する公然とした批判が、騎兵隊将軍スピノラから発せられた。スピノラは、ギニア・ビサウを戦場としたポルトガルの第三次アフリカ戦争で総司令官をつとめていた人物だったのだが、祖国の解放を目指す革命軍「ギネ・ビサウ＝カボ・ヴェルデ独立アフリカ人党（ＰＡＩＧＣ）」の明確なイデオロギーに対抗するのは不可能だという確信に達していた。将軍の部下のなかには、敵であるはずのＰＡＩＧＣの政治思想に敬服する者さえ現れた。ＰＡＩＧＣの指導者もモザンビークの指導者と同じく暗殺されてしまったのだが、貧しい農業国の政治解放を論じた生前の著作は、ポルトガルの政治改革にも大いに共通する問題点を含んでいるように思われた。ギニア・ビサウで民族解放運動を鎮圧すべき立場の将校のうち左翼的な思想をもつ者たちが抱いたイデオロギー的な疑問、モザンビークで敗北した将校の士気の低下といったものが、ポルトガル本国の将校のうち労働組合運動に関心の深かった者たちを揺り動かし、若手の将校を中心とした「大尉運動」が起こった。彼らはおおむね市民階級の出身であり、上級士官として徴用された高学歴で裕福層出身の者によって、自分たちが昇進して裕福になるチャンスを奪われ、アフリカでの実績が傷つけられているのだと感じていたのである。一九七四年二月に出版された著作のなかで、スピノラ将軍は、英連邦のような共同体制をとるほうが、植民地として隷属させるために戦いを続けるよりも、ポルトガル帝国の未来にとってよい結果を生むのではないかと問いかけた。このメッセージに下士官たちが反応し、政治組織「ピクニック」を結成して、警察の監視の届かない田園地方で政変の計画を練った。一九七四年四月二五日の未明、ラジオから流れる反戦歌「自由の大地」を合図に、戦車が隊列を組んでリスボンへ進軍し、手に手にカーネーションを手に

図30　スピノラ将軍　　片眼鏡をかけた騎兵隊将軍スピノラは、ポルトガルがもはや武力で植民地帝国を維持することは不可能であるということを公然と認めた最初の人物だった。

した民衆に狂喜して迎えられた。大統領と首相は直ちにブラジルへ逃れ、スピノラ将軍は、マルクス主義の下士官たちの不似合いなマスコットに祭り上げられた。この四月革命（「カーネーション革命」とも呼ばれる）は、その後劇的な展開を見せ、二年後には反クーデターによって終息し、ポルトガルはその後ゆるやかな軍事管理下におかれた民主主義体制へと移行していく。

第七章

民主主義とヨーロッパ共同体

この時代の主な出来事

1974	国軍運動のクーデタに始まる四月革命――「救国評議会」の結成
	スピノラ将軍が臨時大統領に就任――パルマ・カルロス内閣が成立
	ヴァスコ・ゴンサルヴェス（国軍運動）の軍人内閣成立
	ギネ・ビサウの独立を承認――独立国家ギニア・ビサウ共和国の誕生
	スピノラ大統領辞任。ゴメス・コスタ将軍が大統領に就任
1975	アンゴラの独立を承認
	スピノラ将軍のクーデタ失敗
	救国評議会が革命評議会に拡大
	産業の国有化
	農地改革法成立
	制憲議会選挙――社会党が第一党になる
	社会党と共産党の対立が激化
	ゴンサルヴェス首相辞任――政治の主導権が共産党から国軍運動穏健派=社会党に移る
	軍部急進派のクーデター、陸軍中佐ラマーリョ・エアネスにより鎮圧
1976	共和制憲法（1976年憲法）の公布
	ラマーリョ・エアネスが大統領に就任――極左勢力の一掃
	マリオ・ソアレス社会党政権の成立――民主派内閣の成立
1977	EC 加盟交渉開始
1979	社会民主党のサ・カルネイロが他政党と連帯して「民主同盟」を結成――総選挙での圧勝により民主同盟内閣が成立
1980	総選挙で再び「民主同盟」が圧勝――この年以降、社会民主党（中道）と社会党（左翼）の２大政党がポルトガルの政治の軸となる
1982	第一次憲法改正
1983	総選挙で社会民主党が第一党の座を奪回――ソアレス社会党=社会民主党連立内閣成立
1985	EC 加盟条約に調印
	総選挙で社会民主党が勝利――カヴァコ・シルヴァ社会民主党内閣の成立
1986	EC 加盟
	ソアレス、大統領に当選
1987	総選挙――第２次カヴァコ・シルヴァ内閣成立
1988	国営企業の民営化が始まる
	農地改革法の改正――集団農場の解散
1989	憲法改正

1990	国営企業の民営化が本格化
1991	ソアレス大統領再選
	総選挙で社会民主党が過半数を制する
1992	ヨーロッパ統一通貨制度承認
	ポルトガル中央銀行、資本の完全自由化を承認
1995	総選挙で社会党が勝利
1996	ジョルジュ・サンパイオが大統領に当選
	ブラジルを含む旧植民地７カ国による「ポルトガル公用語圏共同体」の創設
1998	リスボンで万国博覧会開催
1999	マカオ、中国に返還

一九七四年の四月革命はポルトガルに幸福の光をもたらし長いあいだポルトガル社会の特徴となっていた憂鬱を吹き飛ばした。もの哀しいファドの調べは観光地でしか聞かれなくなり、解放された新世代の若者は二〇世紀のビート音楽に夢中になった。リスボン・ブック・フェアが開かれ、以前は闇で売買されていた思想書がリスボンの目抜き通りであるリベルダーデ大通りにあふれ、出版社もマルクス主義や現代小説ばかりでなく、心理学や社会史などの禁じられていた分野の本を手軽なペーパーバックに翻訳するようになった。共産党が企画した大がかりなサマー・フェスティバルには世界有数の演奏家や楽団が招かれ、詰めかけた群衆は広大な会場に散らばる露店をまわって飲食し、音楽に耳を傾け、誰はばかることなく談笑して心地よい夜を過ごした。数人の秘密警察が正体を暴かれて投獄されたり、また、実業界の成功者のなかに、一部の政治家に倣って少しのあいだブラジルへ身を隠す者が現れたりもしたが、こうした陶酔の絶頂にあっては、旧体制への復讐や迫害を考える者はほとんどなかった。革命を成功させた兵士たちにとって、安定した政治体制を築くことは、共和制を倒した一九二六年の軍人たちと同様に

難しいことであったため、サラザール体制のマネタリズムに代わって新たにマルクス主義の確実性を望む者が現れた。こうした状況を背景に、一九七五年一一月、コミュニストが反民主主義的な方向へ暴走することを恐れた中道保守の兵士たちが、二度めのクーデターを起こした。翌年、将軍アントニオ・ラマーリョ・エアネスが選挙により大統領に選ばれ、その後一〇年に亘って憲法の番人としての役割を果たし、民主化のプロセスは軍の干渉を受けることなく少しずつ進められていく。選挙における共産党の得票は、右派の得票数と並んで低水準にとどまり、穏健派の二大勢力である社会党と社会民主党が交互に政権をとるようになった。国内景気は一九七三年の石油危機と一九七四年の政変の際に一瞬落ち込んだ以外は好調を維持していたが、一九七九年の原油価格高騰の直撃を受けて不況に陥り、ポルトガルの経済成長は一気に失速する。この経済危機は社会党政府の努力によって社会に混乱を招くことなく乗り切ることができた。しかし社会党は、その後、選挙の結果を受けて、民主主義の原理に則り潔く政権を明け渡す。政治は徐々にヨーロッパの標準に近づき、一九八五年には、工業製品の販売経路を確立するまでのあいだ、一時的に小規模農業を保護することが許される協定をECとのあいだで取り結んだ。一九八六年にはECへの加盟が実現し、それとともに経済が華々しく復興を遂げた。スペインとのあいだの国境論議は部分的に影をひそめ、スペイン企業は低賃金で不動産投機に有利なポルトガルへ資本を移すようになる。六世紀におよんだイギリスへの従属とスペインとの敵対の歴史は終わりを告げ、スペインはポルトガルにとって最大の市場と大量の観光客を供給してくれる大切な国となった。勤勉な保守派の首相カヴァコ・シルヴァは、四月革命の熱気のなかで国営化されていた公共事業を一部民営化するなど、穏健な西欧風の経済政策を採用した。また、アフリカの戦争で受けた傷が癒えてからは、ヨーロッパ外でのポルトガルの影響力を取り戻す道を以前よりも慎重にたどりはじめた。またこの時期、ＥＣ加盟と同じ一九八六年に、社会主義政治家の長老マリオ・ソアレスが大統領に選任され、国家の父ともいうべき存在となる。

◈

共産党　革命の主役として最初に名乗りを上げたのは共産主義者であった。共産主義者は、ほぼ唯一、独裁時代を通じて生き延びた非合法の政治勢力だった。ポルトガル共産党は、マルクス主義の純粋性を離れ民主主義に迎合しようとしていたヨーロッパ大陸の共産主義とは異なり、強硬路線を放棄することがなかった。一九六〇年に脱獄してモスクワに亡命していた銀髪の英雄的指導者クニャルが熱烈な歓迎を受けて帰国し、西側のユーロ・コミュニズムはおろか、フルシチョフ時代のソビエトの軟化政策すら認めないポルトガル共産党に君臨して専制的な支配力をふるうことになった。強硬路線は、民主社会主義者にとっても左翼知識層にとっても魅力に欠け、カトリック色の強い北部では忌み嫌われる存在ですらあった。共産党の得票は有権者全体の八分の一程度を上下し、主に二つの地域に集中した。ひとつはリスボン周辺の工業地帯で、ここでは労働者が労働組合を猛烈な勢いで自らの手に取り戻しつつあった。もうひとつは、以前からカトリックの地盤が弱く、無神論に対する反感を農民から効果的に引き出す聖職者がほとんど存在しない南部の大農場地帯だった。南部の農場労働者は、土地の管理権を不在地主から実際の耕作者に移すという、五〇年前に共和政府が提示した政策案の実行を待ちつづけていたのである。

農地改革

「農地改革」は、四月革命政府がもっとも精力的に取り組み、同時にもっとも大きな議論を呼んだ政治課題であった。都市部では、企業経営者、銀行家、株主らが、社会変動に巻き込まれるのを嫌って一時的に国を離れ、なかには、より保守的な金融環境にあるブラジルへ永住する者さえ現れたが、地方では土地の共有と国営化について長期にわたり論争が行なわれた。共産党の分派がリスボンの通りを練り歩き、凝ったスローガンに赤ペンキの缶を振りまわしていたころ、肝心の土地所有の改革は川のずっと先にあるアレンテージョ地方で決着した。革命を進める急進的な大尉運動の幹部たちが、農業省を一時的に共産党に預けることにしたのである。共産党は、南部に暮らす農民の生活を向上させようと懸命に努力したが、農村社会からは十分な理解を得られなかった。その後、共産党が着手した農地改革により引き起こされた混乱の収拾にあたった社会党の農業相は、一九七五年という年を次のように振り返っている。

改革の二年間を通して、さまざまな改革案が際限なく夢想され、あらゆることが可能であるように思われた。「中庸」は常に旧秩序の復活と同一視され、自由と復讐の境界は曖昧だった。平等と専制のほんのかすかな違いさえ判然としなかった。社会階級、隔世遺伝的な圧制、人権、法制度など、あらゆることが議論された。社会的な騒乱のなかにあっては、過去に自由を手にしたことのない人々のあいだですら、権力闘争が自由への闘争を圧倒した。すべての革命がそうであるように、正義と不正が渾然一体となっていた。社会的、政治的活動はますます極端に走り、ひとつの勝利がまた別の征服すべき方向を指し示した。ようやく一九七七年になって、ひとつの結実点、というより平衡点が、前進と後退と妥協とによって見出されたのだが、そのバランスが安定したものかどうかは予測不可能だった。アレンテージョの賃金小作農がなにがしかの権利と特典とを獲得した反面、土地と灌漑設備の所有者はなにがしかを失った。中小の自作農が得たものはほとんどなく、むしろ社会的な身分を失う場合もあった。革命は権利を生み出し抑圧を破壊したが、革命の論理が常に正義を重んじているわけではなかった。

Antonio Barreto, *Memoria da Reforma Agraria* (Publicacoes Europa-America, Lisbon) vol.1 p.14

マルクス主義革命理論の神話では、農民と労働者は肩を寄せ合う盟友として位置づけられていたが、ポルトガルの平野部では、両者は農地改革をめぐる闘争において敵同士だった。サラザール時代の名ばかりの「協調組合主義」国家は、最小規模の事業主に対して一切の援助をおこなわず、そこから農民が得たものは皆無に等しかった。一方共産主義は、農場主であるというだけで、事業規模にかかわらず、抱えている労働者から搾取を行なう「ボス」であると見なした。このような土地所有者と農場労働者との対立のなかで、小作農民はどちらの側からも閉め出され、つらい圧迫を受けた。名もなき群衆に属するこうした農民のひとりが、少年時代を次のように記している。「学校までの一一キロの道のりを、ケープ代わりに肥料袋をまとって裸足で歩き、女教師が妊娠した時には、一一歳で仲間の教師役となった。一九四〇年代の終わりには、見つかれば警察でむち打たれることを承知で道路沿いに落ちているコルクの破片を拾い、かろうじて飢えをしのげるだけの現金に換えた。地主に小作期限の打ち切りを思いとどまらせるため、老いた小作人の父と一緒に水田に苗を植えた。豊かになったのは、労働力が不足した一九六〇年代だった。一九七〇年代になると、自分の土地をもち、それを賃貸したり、また自分のトラクターを買って二十五人の人手を雇い入れることができるようになった」。ところが突然、一九七五年一〇月に、彼は資本家、搾取者として追い立てをくらったのである。「兵士」や「学士」に率いられた「労働者」が都会からやってきて、革命と改革の名のもとに彼の農場に侵入し、公式措置として農地を没収したのである。一年半後、この地方にも反革命が及ぶと、警察は彼の小さな農地を取り戻す手助けをしてくれたが、その態度には刺々しさが残っていたという。

農業の集団化

農地改革の綱領に採用されたスローガンは、ある種の人々にとっては経済的な圧迫が労働条件を向上させる要素となっているのだという点をまったく認識していないようなのものだった。労働力が不足すると、労働者を夜明けから日暮れまで働かせるのが難しくなるため、革命の以前からすでに週四八時間労働が実現していた。賃金は値上がりし、一部の土地管理者は有能な労働者をつなぎとめ、あるいは徴兵を終えた労働者を呼び戻すために、父親的温情で彼らに接した。その一方で、農場労働者は組合の時短要求を必ずしも歓迎してはいなかった。一日八時間労働が保証されると「四時間分腹をすかせる」ことになるのではないかと恐れたのである。改革が始まっても搾取は残り、南部の労働者の一部は、大農場やいくつかの中小農場をまとめて集合的な生産単位とする革命的な政策を歓迎した。けれども、都市から来た軍人が推し進めた新しい集団農場は成功を見ず、経験豊富な労働者が、経験も熱意もない労働者にそっくり入れ替えられることも少なくなかった。いくつかの集団農場では運営が順調に進み、労働者の協議体制が効果的な形で確立された。同時に、役所は投資と機械化のための資本配分を行った。だが、運営体制が安定するにつれて慎重さが薄れ、二度めの収穫期にあたる一九七六年度は不作となることが決定的となった。社会党政府は懸命にこれを乗り切らねばならず、不在地主以外の自作農民を呼び戻すという集団農場化に逆行する政策をとったため、共産党とその支持者たちの怒りを買った。多くの労働者は生活を守るために元の地主のところへ戻り、賃金が大幅に上昇してもインフレには追いつかないという状況を受け容れざるをえなくなった。イデオロギーに熱をあげた兵士たちは排除され、代わりに憲兵隊が警察任務について私有財産の保護にあたった。

産業の国有化

共同所有のもうひとつの試みは都市を舞台に行なわれた。暫定的な革命政府が広範囲にわたって産業の国有化を計画し、推進したのである。この計画もまた土地改革と少なくとも同程度の政治論争を引き起こすことになる。四月革命の最初のヒーロー、片眼鏡のスピノラ将軍は、ポルトガルの大企業家一族と親密な関係にあった。アフリカ先住民を経済的に満足させてギニアの植民地システムを近代化しようとした際、将軍は、ポルトガル最大の産業複合体を支配し植民地に莫大な資本を所有しているメロ家の友人に援助を要請した。ポルトガル本国で革命が起こると、スピノラ将軍は、産業政策を最初は穏健なものにとどめておいて、数カ月のあいだ大資本家の利益を軍幹部内の協力者の手を借りて効果的に保護することに成功した。だがほどなく、より急進的な改革を求める声が軍の大尉たちや労働組合の指導者のあいだから上がるようになると、スピノラはこれを黙らせるため、勢力を増しつつある「無政府主義」と労働組合に対抗するデモを組織するよう「声なき多数派」に呼びかけた。彼が試みた右派人民主義運動は失敗に終わり、スピノラは大統領を辞任する。続いてクーデターを企画し、一九七五年三月一一日に決行が予定されていたが、これも失敗に終わり、スピノラは一時スペインに亡命した。こうした右派反動の脅威が去った後、このころには自ら「国軍運動」と名乗るようになっていた四月革命当時の左翼大尉たちは、政治に対する影響力をさらに強めていった。共産主義に触発された一連の国有化政策が採択され、それは、水道や電力などを供給する個人所有の独占企業を国家管理に移すという当初の予定をはるかに超えた大規模な改革へと発展する。

労働者と社会全般の利益のために国有化の最大の標的となったのが、スピノラが懸命に守ろうとしたメロ家のビジネス帝国だった。メロ家はイベリア半島最大の財閥であり、ポルトガル全体の資本の一〇パーセントを占有していた。この他にも、銀行や保険業を事実上独占していた同族企業群も正当な法手続きに則って国有化された。同じく大資本家が牛耳っていたマスコミも政府に引き渡されたが、これを宣伝目的に利用しようとする試みは、非識字者が住人の大勢を占める地方でも、読者が新聞の虚言に長いこと慣らされてきた都市部でも大した効果をもたなかった。革命政府による改革がもっとも盛んに進められた一九七五年には、国有化への移行はさらに進み、石油精製、鉄鋼圧延、煙草包装、ビール醸造、肥料製造、造船、医薬品の供給までもが国家の管理下におかれるようになった。むろん、道路、鉄道、飛行機といった輸送施設も例外ではなく、ポルトガル産業のおよそ二〇パーセントが政府の所有か、もしくは政府によって管理されるようになった。かつての中産階級はこうした国家権力の増大に恐れを抱き、一万人にのぼる有産者や投資家がブラジルやヨーロッパの他国へと避難した。企業の経営者や重役クラスが国外に脱出したことで、専門知識を有する者が不足し、その結果、政府は国営事業の運営に支障をきたすようになる。農地改革と同様、国有化計画も、一九七六年に撤回されるのは避けられないことだった。共産党に代わって臨時革命政府の内閣を組織し、国政を担当することになった社会党は、企業家一族に対し、教育と経験の乏しいポルトガルに資本主義だけがもたらすことのできる技術が戻ってくるように、ブラジルからの帰国を訴えた。

急進派の後退

革命を推進してきた急進派の勢いに初めて翳りが見えたのは、一九七五年四月二五日だった。権力を手中にした急進派たちは、四月革命の一周年を記念して、国軍運動を制度化し民主憲法を準備するため憲法制定議会の選挙を実施した。ところが、いざ開票してみると、極左翼は右派カトリックと並んで、さまざまな派閥の民主社会主義者をほとんど下回る意外な結果に終わった。圧倒的な勝利を収めたのはマリオ・ソアレス率いる社会党だった。ソアレスの父親は共和制時代の政治家であり、旧体制の欺瞞を海外に公表しポルトガルに泥を塗ったとされて、サラザールによってアフリカのサン・トメ島に追放されるという汚名を着せられていた。社会党は選挙に勝利したが、軍が支配する政府を掌握するには至らなかった。ソアレスは、選挙で示した政治力を表向きだけ認めた恰好で差し出された内閣の椅子を早々に辞退する。そうして彼は、共産主義者の労働組合が社会党系の新聞社に対して行なったとされる妨害行為に抗議して、リスボンで大規模なデモ活動を展開した。農地や産業改革の折衝で軍がますます過激になっていくにつれ、中央の政治家のあいだでは現体制に代わる選択肢を求めて内密の話し合いが始められ、ソアレス率いる社会党とスピノラの周辺にいた亡命中の新保守派が手を結ぶ可能性すら浮上した。だが結果的に、共産主義の市民と国軍運動の大尉たちとの合同支配体制に終止符を打ったのは、政治家ではなく、軍部内の穏健派だった。一九七五年一一月二五日、軍部内の極左勢力が反乱を起こした。このクーデターは陸軍中佐アントニオ・ラマーリョ・エアネスによって鎮圧される。エアネスはその後すぐに陸軍参謀長に昇格すると、軍部内から左派勢力を徹底的に排除して軍の実権を握り、翌七六年には共和国大統領に選出される。こうしてエアネスが国政の実権を握り、また同年の総選挙で社会党が第一党となってマリオ・ソアレスが民主派の政治家としては四九年一一カ月ぶりに首相に任命された時点で、急進主義は姿を消すことになったのである。

二年にわたる革命の進展を、世界はさまざまな期待と不安をもって見守ってきた。各国の外交筋にとって、独裁者サラザールの伝統を踏襲しようとしていた首相カエターノを中心とする寡頭政治の崩壊は、完全に不意打ちのような出来事だった。諜報機関も情報をつかんでおらず、ポルトガルがモザンビークの植民地戦争を有利に進めているというプロパガンダを米国のＣＩＡですら信じているようだった。一方、各国の金融界は変化を望んでいた。革命の五日前にオランダ女王の夫君の後援で開かれた西側蔵相会議で、スピノラと親しいリスボン造船所長から政変の可能性について報告があった。その二日後、ロンドンで開かれた銀行家の晩餐会では、目前に迫ったモザンビーク植民地の崩壊に関心が集まり、驚くほどの洞察力というべきだろうが、変化はリスボンから起こるとの予想が示された。リスボンで政変が起こると、合衆国は、NATOの軍事情報にアクセスできる同盟国のひとつが共産主義者を内閣に迎え入れることを懸念するようになる。一方、ポルトガル新政府は、合衆国が南米で行なったのと同じような理不尽な干渉をしてくるのではないかと危惧しはじめた。だが当時のアメリカ大使は、過去にザンジバルの革命を切り抜け、後にアメリカ国防相にもなった慧眼の人物だった。静観するようにとの大使の助言があったのは明らかで、一時的にワシントンとモスクワに芽生えたデタントの動きもあってアメリカはポルトガルに対して一切の行動を起こさず、そのうちにポルトガルの革命は、大使が予言したとおり自然に燃え尽きた。もしもアメリカが介入していたら、ポルトガル共産党は息を吹き返していたかもしれない。しかし現実には、モスクワと緊密に結びついていたがために、共産党の政治的な実績は国民から十分な評価を得られなかったのである。共産党に対する民衆の評価は最高時でも全投票数の一五パーセントでしかなく、以後はしだいに減少していく。

アフリカ植民地の独立

革命を終結させた反革命が起こったのは、偶然の一致かもしれないが、植民地帝国の精算が完了してからわずか二週間後のことだった。植民地戦争をどうすべきかという問題は、革命の遂行を目指した一連の暫定内閣に常に立ちふさがる最優先の差し迫った政策決定事項であった。軍の方針は、植民地の徴集兵が白人も黒人もともに帝国のために戦うことを拒否した時点で決したも同然だった。アフリカ人の民族自立主義者たちが相当な戦闘力をもっていることが明らかになると、すぐに停戦が受諾され、ギニア・ビサウでは数週間、モザンビークでは数カ月のうちに独立が確約された。政権の移譲は何年にもわたって激しい対立があったと思えないほど平和裡に行われ、社会の変化も当面のあいだは穏やかに人種の差別なく進行した。ただし、アンゴラでは経済的利害が大きくからんでいたため、事情がやや複雑であった。ポルトガルは、「アンゴラ解放人民運動」「アンゴラ完全独立民族同盟」「アンゴラ解放民族戦線」という三つの有力なアフリカ人解放勢力が連立を組んで政権を担当し、その下で白人移住者が第四の勢力としてバランスを保つように画策した。この計略は失敗し、一九七五年七月には、移住者の九〇パーセントにあたる数の人々が、運べるものはすべてトランクに詰め、持っていくことができないものは断腸の思いで破壊してアンゴラを後にした。移住者が去った後、それと入れ替わるようにして、対立する三つのアフリカ人政党がそれぞれに援軍として呼び寄せた遠征軍がアンゴラに入り込み、これに諸外国の介入が加わって内戦はいっそう激化した。ポルトガルは内戦の仲裁を断念し、一九七五年一一月一一日の独立の日に最後の兵力を暗闇に紛れて引き上げさせた。この時、アフリカ最後の植民地総督は、「我々は権力を一つの政党に託すのではなく、『総体としてのアンゴラ人民』に託していくのだ」と述べている。これら「人民」のうち首都に住む人々は、ある朝、ザイールと南アフリカの軍隊が次々と庭先に撃ち込む砲弾の音で目覚めることになる。この時、国境の内側で人民を守るべく応戦したのは、アンゴラ解放人民運動を支援すべくアンゴラ国内に残った数千人のポルトガル人の支援を受けるキューバの歩兵大隊だった。ポルトガル政府は、これ以後の一〇年間、アンゴラにはほとんど関心を示すことはなくなった。

植民地からの人口流入　ポルトガルに引き揚げてきた人々は多様な人種を含んでいたため、ポルトガルの社会は国際色豊かなものになった。これも帝国の遺産のひとつといってよいだろう。十八世紀から二十世紀半ばにかけて、リスボンに暮らす黒人はごく少数で、大学や植民地経営を教える学校で教育や訓練を受けるためにやって来た混血の植民地エリートが主だった。一九七〇年代に入ると植民地からの移住者が数多く受け入れられるようになったが、なかでも、サハラ砂漠周辺に起こった大旱魃の被害を受けた沖合の諸島、カボ・ヴェルデからの移住者が多数を占めた。経済難民のすべてが、目的地として希望した親類のいるニューイングランドの旧捕鯨植民地に行き着けるわけではなく、そのためポルトガルへの移住が許可されたのである。ポルトガルに入った難民は、フランスへ行った出稼ぎ移民の代わりに低賃金の臨時雇いや召使いの仕事を手に入れ、リスボン郊外の掘っ立て小屋や旧市街の薄暗い安アパートに住むことも厭わなかった。帝国の崩壊にともない、カボ・ヴェルデ出身者であふれる騒々しい市街地のスラムや周辺の漁村に、突如飛行機で押し寄せた五〇万人の引揚者が加わった。当時のリスボンは、ヨーロッパでもっとも美しく、もっとも貧しい首都だった。無教育な白人引揚者や黒人難民は、以前から住み着いていた貧民と数少ない仕事を争って、小さなハンマーでモザイクの歩道を補修するといったような肉体労働にありついた。若年層の引揚者は、現代のアフリカ音楽のビートで首都に活気を与え、これはやがてヨーロッパじゅうの流行となった。

帝国から帰国した貧民層は、すでに深刻な社会問題となっていた住宅不足をいっそう悪化させた。一九七四年には、ポルトガル人口の三〇パーセント近くが、住環境としては最低水準の住居にさえ窮していた。一九六〇年代の経済成長がリスボンやポルトといった都市への人口流入を招き、かつては漁港だったリスボン南部の町セトゥバルをポルトガル第三の都市へ変貌させた。政治的な言論が規制されていた時代が終わると、都市部の各地域は社会的刷新を目指して直ちに行動を起こした。住民委員会の活動のなかには、企業の労働組合や農業労働者でさえも実現できなかったようなやり方で、階級間の溝を越えてしまうものもあった。家族は収入の一〇パーセント以上を住居に費やすべきではないという理想のもとに、家賃設定の支配権を握ろうとした。また、深刻な住宅不足を克服するため、革命を逃れて所有者が放置していった空き家の占拠と配分を行なった。彼らの草の根運動を代表した政治家は、国軍運動の後押しを受けて、市や国が十分に果たせずにいた行政の役割を奪っていった。住民委員会は健康増進と児童保護のためのキャンペーンを行い、「活気あふれる」各支部を通じて自立運動を組織化し、全員が意見を持ち寄り延々と議論を行なった。こうした活動は新しい民主主義の基礎を築くことになった。彼らは、革命のさなかに、徹底して銃を使用せず公開討論によって相違点を調整したのである。

旧アフリカ植民地との関係　革命後のポルトガルは、フランスの「新植民地」帝国のような方式でアフリカでの利権を復活させたいと望んだわけではなかった。いくつかの商社はザイールと貿易を行ない、引揚者のなかには一旗あげようと再びポルトガルを出て南アフリカに渡った者もいたが、全般的には国じゅうが深い記憶喪失に襲われたかのように、アフリカとの関係が表面化することはほとんどなかった。リスボンの民主政治家のうち社会主義者はかつてのアフリカ植民地に魅力を感じなくなっていたし、産業界の重鎮たちの視線は、一九八六年に自分たちもその経済共同体の一員となったヨーロッパにばかり注がれていた。ビジネス重視型の政府が旧植民地の政治に再び関与するようになるのは、一〇年の空白を経た後のことである。モザンビークで、ザンベジ川の水力発電事業を運営していたのはポルトガルの企業だった。そのためポルトガルは、プレトリアへの電力供給ラインを建て直し、収益を回復するために、この旧植民地で続いている戦争を終わらせ、政情の安定化を図ろうとした。モザンビークの人民主義政権もしだいに平等主義的な理念を曲げてポルトガルの利権を考慮するようになり、一九九一年には、イタリアとバチカンの支持を得たポルトガルの調停に応じて停戦を受け入れた。こうしてポルトガルは、同じ言語を話すアフリカ人の共和国との貿易を復活させ、投資活動を再開することができるようになった。

アンゴラは新植民地的な標的としてモザンビーク以上に魅力的だったが、初めのうちは内部対立が激しく、手を出そうにも火傷しそうな情勢にあった。一九八〇年代後半になって、南アフリカが敗北し、東側におけるソビエトの支配体制が崩壊し、キューバが四万人の兵を引き上げたあたりで、アンゴラはポルトガル人が入り込めるような状態になったのである。かつてアンゴラを支配したポルトガル人の入植者や産業資本家は、植民地解放後の内戦を戦う勢力のうちアメリカ製の武器を入手するために毛沢東主義を放棄したUNITA（アンゴラ完全独立民族同盟）のイデオロギーを強力に支持した。しかし実際には、油田も、都市行政も、ソビエトの武器を配備した空軍も、産業化を受け入れる余地を秘めて膨張を続ける首都も、すべてが準マルクス主義の政府に握られており、この政府とポルトガルは、やや冷淡ではあるが適正な距離を保って関係を維持していくことになる。都市部と農村、親米派と親ソ派、ポルトガル語を話す中流階級と現地語を話す族長や農民との間にあった激しい対立が終結する見通しが立ったことで、アンゴラの政治家は、一九七五年にポルトガル人が放棄したままに荒れ果てていた農園や鉱山を復活させ、未完成のままに放置されていた灌漑用ダムの建設を再開しようと夢見るようになった。国情さえ安定すればアンゴラにはこうした潜在価値があるため、ポルトガルは自国の新たな発展の機会を優先的に手に入れるべく、この国に平和をもたらす仲介者となるよう懸命に努力した。

ＥＣへの加盟

アフリカに背を向け、ヨーロッパとの関係を深めることで、ポルトガルはさまざまなものを手にした。ＥＣへの加入もそのひとつである。一九七〇年代後半、社会党政府によりＥＣへの加盟申請がなされ、その後一九八〇年代に入って保守政権——革命直前の一党制議会で小さな「リベラル」派を構成していた政治家が復帰して率いていた——が実際の交渉を行なった。ヨーロッパの一員となることは、民主主義国家としての信頼のしるしを獲得することであり、同時に新たな経済成長への扉を開くことをも意味した。ヨーロッパ各国は、ポルトガルの国内生産高がヨーロッパ全体の生産高の一パーセントに過ぎないということもあって、ＥＣに取り込んでもさしたる影響はないだろうと考えていた。しかしながら、ポルトガルは、競争の激しいヨーロッパの地中海型農業地帯に、あえて参入を申し込んだのである。

スペインとの関係

新時代の自由がポルトガル農村部にもたらした最大の変化は、生産者協同組合の発達であった。これはとりわけワイン産業で顕著に見られたのだが、この変化によって、それまで私企業に頼っていた農民たちが社会的に保証された流通システムを獲得し、さらには、政府が出資する農業拡大計画の恩恵を受けることになった。農民の暮らしが安定するにつれて、ポルトガルワインの質も向上した。サラザール体制崩壊後のポルトガルにおける一人あたりの国民生産高は、スペインの半分、ヨーロッパ平均の三分の一に過ぎなかった。しかし、これが一九八〇年代末まで毎年ほぼ五〇〇〇ドルずつ増えつづけ、第二次大戦後の時期に比べて一〇倍にも達した。こうした経済上の大転換は、ある面ではスペインとの関係改善によって引き起こされたものだった。

近代ポルトガルは、イベリア連合王国に対して反旗を翻した分離独立王朝として、一六四〇年に産声をあげた。長期にわたって経済成長への道が繰り返し模索され、その過程で、南米とアフリカの二つの帝国が建設され、十七世紀後半、十八世紀後半、十九世紀後半の三度にわたり、いずれも失敗に終わりはしたものの工業化政策が実施され、さらに、スペインからの独立を維持し高級ワインの販路を確保するために、一連の対英友好条約が結ばれた。しかし、こうした状況は一九八〇年代になって一変してしまった。テレビが出現し、ブラジルのテレビドラマがポルトガルのブラウン管に氾濫するようになったものの、ブラジルは忘れられた存在となった。アフリカについては、植民地解放後の長引く内戦の模様が引き続きテレビのニュースで報じられてはいたが、そうした現実がポルトガルの政治行動に影響することはほとんどなく、ジャングルでの戦いに加わった世代は苦い記憶を背後に押しやり、若い世代もアフリカについて無知を装った。過去何世紀にもわたって何度も試みられたポルトガルの工業化は、現代の歴史家にとっては格好の研究テーマとなってはいるが、二〇世紀後半の産業構造は、実際には過去との大きな断層の上に成り立っており、国家主義的な要素の少ない国際的で多国籍的な性格をもっている。イギリス人は、かつてポルトガルを準植民地的に支配した尊大な外国人紳士であり、あざけり半分の敬意を示すのがふさわしい相手として人々の記憶に残っているにすぎず、貿易や科学技術の分野に浸透していたイギリスの影響は、ポンドや平方インチに代わってメートル法が施行されるとともに消滅した。だが何よりも大きな変化は、スペインとの緊密な関係を回復したことであった。

過去三世紀半にわたって、ポルトガルはスペインからの独立を強引に宣言してきた。しかし一九三〇年代になって、両国は独裁政権のもとで関係修復の兆しを見せる。サラザールはフランコ将軍が内戦で勝利をおさめるのに手を貸した。一方フランコも、サラザールが不快な反乱分子と見なした数人のポルトガル人とともにスペイン人の亡命者をスペインに送り返し、処刑を求めた際に、厳しい調査を行なわずにこれらの送還者を引き受けた。しかしそもそもこの二人の独裁者は本質的にいってナショナリストであり、他国と積極的な協調体制を確立しようとする意思はなく、結局のところ、両国の関係が修復されることはなかった。その後、友好的とまでは言えないまでも二国間に協調的な関係が回復するのは、それぞれの後を引き継いだポルトガルの社会民主党とスペインの民主社会党の時代になってからのことである。イベリア自由貿易協定が結ばれ、その後、スペインの対ポルトガル貿易は、アメリカ大陸の旧スペイン帝国領との貿易総額を上回り、ポルトガルの対スペイン貿易はイギリスとの取引高を上回るようになった。一九八五年以後、スペインはポルトガルへの投資も行なうようになり、他のどの国に投入するよりも多くの資本が、短期間のうちにポルトガルに集中するようになった。スペインの旅行者はポルトガルの物価の安さに惹きつけられ、ポルトガルを旅する観光客の半数以上はスペイン人になった。同じイベリア半島の隣国どうしとはいっても、二国間には一〇億ドルもの貿易格差があったのだが、ポルトガルからも、イギリスに向かう旅行者とほぼ同数の人々がスペイン旅行へ出かけるようになった。より緊密な結びつきが相互の利益になるとの考えから、旅行者の集まるアンダルシア南部の都市群とポルトガルとを結ぶハイウェイの建設が計画されるなど、二国間の交通網も整備されつつあった。しかし一方では、多くのスペイン企業が自国の半分ですむポルトガルの低賃金に目を付け、その結果、大量のスペイン資本がポルトガルに流入し、逆に人と物が大量にスペインへ流出するというアンバランスな現象も起こっていた。漁業権や繊維製品にかかわる関税についての論議は決着を見たが、革命期を経て再び民営化されていたポルトガルの銀行は、スペインの銀行が侵入してきたことで新たな脅威に直面するようになった。こうした問題をはらみながらも、幼少期にポルトガルで亡命生活を送ったスペイン国王の公式訪問がついに実現した。スペイン国王は、独立国家ポルトガルの象徴とされている壮麗なバタリャ修道院におもむき公式に敬意を表したのである。イベリア半島の統一をもくろむカスティリャの野望を一三八五年にポルトガルが打ち砕いてから六〇〇年後のことだった。

マリオ・ソアレス

ポルトガルが民主制に移行し、正式にヨーロッパの一員となり、スペインと良好な関係を回復する過程でヒーローとなったのが、社会党の長老マリオ・ソアレスだった。ソアレスは、一九八三年、社会民主党による保守政権が党首フランシスコ・サ・カルネイロの事故死によって解散した際に首相に返り咲いた。一九八六年には軍部が送り出した右派政党の候補者を破り、どちらかといえば無党派の大統領として、ラマーリョ・エアネス将軍の後を引き継いだ。共和国大統領となったソアレスの下で首相を務めたのは、イギリスで教育を受け、国立銀行と大蔵省の両方で経験を積んだ保守派の経済学者カヴァコ・シルヴァである。カヴァコの社会民主党内閣は、二十世紀ポルトガルで最初に議会で安定多数を占めた民主政権となった。この背景には複数の有利な条件が重なっていた。ソアレスの首相在任中、軍人は事実上、政治に口出しできない立場に追いやられ、選挙によって民主的に選ばれた政治家に脅威を与える存在ではなくなっていた。サラザールが蓄えた七〇〇トンにおよぶ金準備は、革命政府の社会と政治に対する実験的な改革のために使われることなく地下の金庫で眠ったまま、一九八〇年代の保守政権のオーソドックスな経済政策を支えることのできる日を待っていた。ポルトガル労働者の大多数は非共産党系の労働組合に加入することを選び、周期的な緊縮政策を理解をもって冷静に受け入れた。フランスのように社会主義の大統領と保守的な首相が共生する政治体制が、ポルトガルの政治に左右両派の歩み寄りと安定を生み出した。二〇世紀半ばの数十年にわたって長く独裁政治に苦しめられてきたポルトガルに晴れやかな春の季節が訪れたのである。一九九一年、ソアレスはほぼ満場一致で再選され、もう一任期を大統領官邸で過ごすことになった。

現在まで　一九八六年にヨーロッパの一員となってから一〇年のあいだに、ポルトガルの国内は急速に変化した。都市の中心部では、外国からの資本も参加して意欲的な再開発計画が進められ、周辺部の開発も盛んに行なわれ、都市郊外の人口は増加を続けた。ECの執行機関である欧州委員会（ヨーロピアン・コミッション）から交付された補助金によって近代的な幹線道路が新たに建設され、狭い田舎道が繋がっただけの不便な道路網が一挙に整備されることになった。また、国民あいだに高等教育に対する欲求も高まり、公立・私立を問わず、数多くの大学が創設された。しかしこの時期にも、農業改革だけは順調には進まなかった。

ポルトガルでは、いまだに伝統的な小規模農場が農業生産の中心となっており、資本を集中的に投下して農場の生産規模を拡大しようという動きはほとんど見られない。EUに参加した国のなかには、こうした改革をポルトガルよりも効率よく急速に進めているところもある。とはいえ、農村部が抱えるこうした問題は、この国の民主政治に混乱を引き起こすことはなかった。社会民主党が一〇年のあいだ政権を維持した後、与党の座は一九九五年の総選挙で四三・七六％の得票を集めた社会党に移された。総選挙での勝利によって、この年、アントニオ・グテーレスを首相とする社会党内閣が成立し、さらに翌九六年にはジョルジュ・サンパイオが対立候補に得票数で二倍の大差をつけて大統領に選任された。

ブラガンサ家およびブラガンサ・サクス・コバーク家

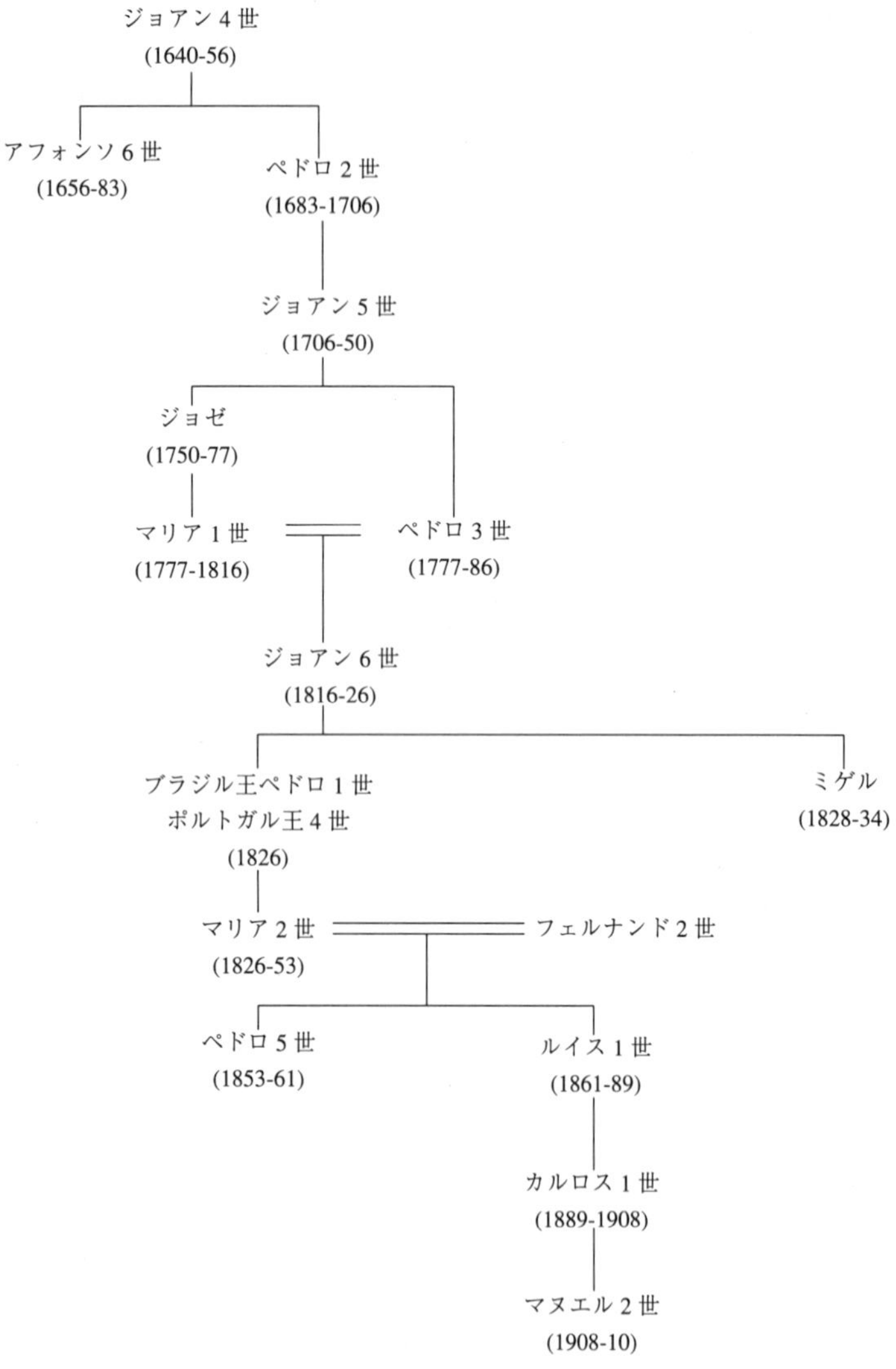

アヴィス家、ベージャ家、ハプスブルク家

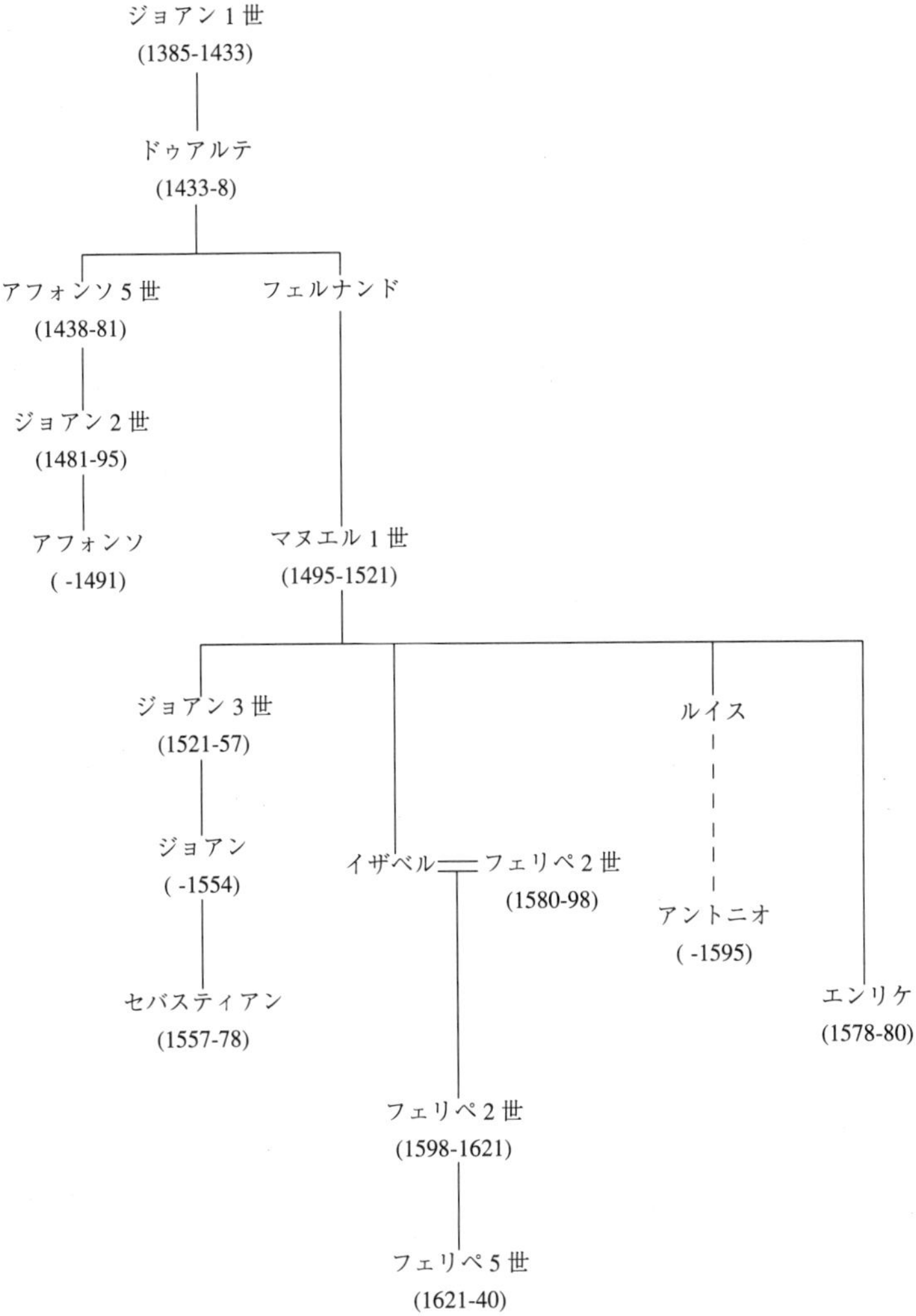
ジョアン1世
(1385-1433)
ドゥアルテ
(1433-8)
アフォンソ5世
(1438-81)
フェルナンド
ジョアン2世
(1481-95)
アフォンソ
(-1491)
マヌエル1世
(1495-1521)
ジョアン3世
(1521-57)
ルイス
ジョアン
(-1554)
イザベル
フェリペ2世
(1580-98)
アントニオ
(-1595)
セバスティアン
(1557-78)
エンリケ
(1578-80)
フェリペ2世
(1598-1621)
フェリペ5世
(1621-40)

高田　有現（たかだ・ゆうげん）

翻訳家。訳書に『ユング・カルト』（新評論）『ゴリラゲーム』（講談社）『企業価値の断絶』（翔泳社）『誰にでも人生の魔法がある』（扶桑社）『ブルガリアの歴史』、『ドイツの歴史』（創土社）などがある。

西川　あゆみ（にしかわ・あゆみ）

翻訳家、コピーライター。早稲田大学教育学部社会科地理歴史専修卒業。洋画配給会社宣伝部を経て現在フリー。様々な映画の脚本、資料の翻訳を手がける。

ケンブリッジ版世界各国史

ポルトガルの歴史

2002年　4月30日　第1刷発行
2007年　7月30日　第2刷発行

訳者

高田有現・西川あゆみ

発行人

酒井武史

発行所

株式会社　創土社

〒165-0031　東京都中野区上鷺宮5-18-3

電話 03 (3970) 2669　FAX 03 (3825) 8714

カバーデザイン　上田宏志

印刷　モリモト印刷株式会社

ISBN4-7893-0106-0 C0026